中公新書 2798

麻田雅文著

日ソ戦争

帝国日本最後の戦い

中央公論新社刊

はじめに

一九四五年八月八日、ソ連は日本へ宣戦布告した。

なぜ、ソ連は第二次世界大戦の終わりになって参戦したのか。

日本はなぜこの直前まで、ソ連に期待して外交を続けていたのか。

玉音放送が流れた八月一五日以降も、なぜ日ソ両軍は戦い続けたのか。

これまでも、こうした問いに答えようと研究が重ねられてきた。その一方で、一九四五年夏にソ連と繰り広げた戦争について、日本ではいまだに正式な名称すらない。ロシアではソ日戦争（Советско-японская война）といわれる。本書では「日ソ戦争」としたい。

日ソ戦争は半月足らずの戦争だったが、残した爪痕は大きい。日本にとっては敗戦を決定づける最後の一押しとなっただけではない。シベリア抑留・中国残留孤児・北方領土問題などはこの戦争を起点とする。広い意味では、朝鮮半島の分断や、満洲で国共内戦が始まったのもこの戦争がきっかけだ。東アジアの戦後は、日ソ戦争抜きには語れない。

そのように重要な戦争でありながら、本格的な研究が始まったのは今世紀に入ってからだ。

紙幅の都合上、先行研究については別稿を参照されたい（「研究動向　日ソ戦争研究の成果と課題」、「書評　日ソ戦争史研究会編『日ソ戦争史の研究』」）。

こうした研究の遅れは、冷戦が大きく影響している。

冷戦期の日本では、大日本帝国を降伏に導いたのはアメリカの軍事力、特に原爆の投下だとのアメリカ発の言説が流布した。そのため、降伏の要因として日ソ戦争は原爆よりも低く評価されてきた。

さらに、日本におけるアジア・太平洋戦争の研究は、戦争への反省から日本の侵略行為に光が当てられてきた。アジア・太平洋戦争は、米英中そしてソ連との戦争が組み合わさった複合戦争である。このうち、米英中三ヵ国との戦争を侵略から読み解くのは無理がない。しかし、先に攻め込まれた日ソ戦争を他と同列に扱えるのか。日本で研究が遅れたのは、そうした位置づけの難しさも一因だろう。

実際、一九四五年の時点で日本側は誰もソ連との開戦を望んでいなかった。むしろ、戦争終結の仲介をソ連に頼んでいたほどだ。しかし、相手を侵略する意志がなくとも侵略されることは、直近のウクライナとロシアの戦争に限らず、歴史上ままある。そうした観点からも、日ソ戦争にはまだ引き出すべき教訓は多い。

一方、ロシアでは日ソ戦争の戦史研究が盛んだ。ただ、ソ連時代から固定された歴史認識が研究の深化を妨げる。それは、ソ連の参戦は米英の要請に基づく正当なもので、アメリカの核攻撃よりもソ連の参戦が日本の降伏に重要な役割を果たしたと要約できる。こうした「愛国的」な歴史認識はいまも根を張り、研究を制約している。

さらに、研究の進展を阻(はば)んできたのは両国の歴史認識だけではない。最大の壁は史料だ。勝者のソ連には当時の公文書が大量に残る。しかし、日本では敗戦前後に大量の公文書が破棄された。ソ連軍も、占領した各地で日本軍の公文書を戦利品として持ち去る。結果として公文書が多数失われた日本側の動向は、回想などの私文書に頼る面が大きかった。

史料の残るロシアでも閲覧となると難しい。現在ではオンラインでの史料の公開も始まったが、史料は愛国心を高めるための道具としても利用されている。それを踏まえて公開された史料を役立てるべきだろう。

本書は、ロシア国防省中央公文書館が保管する鹵獲(ろかく)関東軍文書も利用している。この文書はソ連が満洲から戦利品として持ち帰ったもので、関係者の努力が実り、ようやく本格的な利用が始まった。本書はこれら日露両国の史料に加え、筆者が収集した在米史料も活用している。

最後に、本書の構成を記しておく。

第1章は日米ソの国家戦略だ。何度も論じられてきたテーマだが、従来は重視されてこなかったソ連の外交史料には新たな発見がある。

第2章と第3章では、その国家戦略を達成するための軍事行動を論じる。第2章では関東軍が担任した満洲と朝鮮、第3章では南樺太（サハリン島南部の日本領）と千島列島での作戦と戦術・戦闘を取り上げ、未遂に終わった北海道への上陸作戦も叙述する。

第4章ではソ連の対日戦略を中心に戦後を概観し、シベリア抑留についても考察する。「おわりに」では、「自衛」か「解放」かという二項対立を超え、日ソ戦争を考えるうえで重要なポイントを提示したい。

残念ながら戦争という愚行は人類の不治の病である。今世紀も例外ではない。しかし、過去の戦争を記録し、教訓を得ることができるのも人類だけだ。本書は、いまのところ日本が戦った最後の戦争である日ソ戦争から、未来への知恵を得ようとする試みである。

目次——日ソ戦争

凡　例

・引用文中の漢字は原則として現行のものに改めた。引用文中の片仮名は平仮名に改めた。仮名遣いは基本的に原文のとおりであるが、読みやすさを考慮して濁点を補ったところもある。引用文中のルビは適宜振った。

・本文に合わせ、引用文中も一部の表記を改めた。漢数字の千、百、十は「一〇〇〇、一〇〇、一〇」に改めた。他に「我々」を「われわれ」、「子供」を「子ども」など。

・引用文中の（　）は原文のまま、〔　〕は引用者による補足である。

・引用文中、現在の価値観から見て不適切な表現があるが、歴史用語として引用した。

・邦語と中国語の公刊史料の出典は本文中に記す。ただし書名のみで、副題は省略した。その他の書誌情報は参考文献に記した。ロシア語と英語の文献の出典は文中に記すと読みづらいため、巻末の註記で示す。

・地名は当時のものである。現在と表記の違う場合は、初出に限り、カッコ内に現在の地名を記した。満洲（現中国東北部）など。ただし、原表記が「満州」の場合、そのままとしている。

・人名の肩書きは当時のもので、敬称は略した。父称などミドルネームは省略した。

・日本を含む各国の軍人の階級は陸軍における階級を示す。たとえば「陸軍大将」は単に「大将」と記している。階級は当時のものである。

日ソ戦争当時の日米ソの官制と軍制

日　本

・陸海軍の国防計画や作戦計画、兵力の使用に関する事項は統帥権に属し、統帥権は天皇の憲法上の大権の一つとされていた。

・平時は、陸軍の参謀本部と海軍軍令部が天皇の統帥を補佐した。

・平時編制の参謀本部・軍令部に動員が下令されると、戦時編制の大本営陸軍部・海軍部となった。多くの参謀は大本営に籍を置きながら、参謀本部（陸軍）や軍令部（海軍）での業務を続けた。

アメリカ

・全軍の最高司令官は大統領。大統領は文民である陸海軍の長官と、軍事専門家から構成される統合参謀本部の補佐をうけた。

・統合参謀本部は、陸海軍を統合調整するために一九四二年二月に発足した。陸海軍と陸軍航空隊の各幕僚長を構成員とした会議体組織である。

・米英合同参謀長会議は、第二次世界大戦中に米英両国の全般的な戦略を調整し、組織化するために、両国の陸海空軍の参謀長で構成された。

ソ連

・一九四六年までソ連の陸軍の正式名称は労農赤軍である。本書では、なじみやすさからソ連軍と表記する。

・日ソ戦争時のソ連は、全連邦共産党（ボリシェヴィキ）中央委員会政治局の幹部らで構成された国家防衛委員会が予算配分や兵站など軍政面を、ソ連軍の幹部らで構成された最高総司令部（スタフカ）が作戦など統帥面を決定した。参謀本部は最高総司令部の隷下にある。

・ソ連では一九四六年まで、各国の省庁にあたる組織は人民委員部、そのトップは人民委員、その補佐役は人民委員代理と呼ばれた。例として、外務省に相当するのは外務人民委員部、外相は外務人民委員、外務次官は外務人民委員代理である。

・スターリンは、一九二二年に党書記長、一九四一年に人民委員会議議長（首相に相当）に就任した。同年の独ソ開戦後から国防人民委員・国家防衛委員会議長・ソ連軍最高総司令官を兼務する。一九四三年に元帥、一九四五年には大元帥に任じられた。日ソ戦争当時、彼は党組織・政府・軍隊の頂点に君臨した。

日ソ戦争

——帝国日本最後の戦い

第1章　開戦までの国家戦略——日米ソの角逐

1　戦争を演出したアメリカ——大統領と米軍の思惑

ローズヴェルト大統領の願望

日ソ戦争は日本とソ連の戦争だ。しかし、この戦争を長らく待ち望んでいたのは両国よりもアメリカである。

日米が開戦する五ヵ月前の一九四一年七月一〇日、アメリカのフランクリン・ローズヴェルト大統領は、コンスタンチン・ウマンスキー駐米ソ連大使へこう語った。

貴国の航空機が、天気のよい風の強い日を選んで、厚紙でできた日本の街に大量の焼夷弾を降らせてくれればと願う。日本国民に罪はないが、日本の支配者たちに近年の政策の狂気についていて他にメッセージを送る方法がないのは明らかだ。そうしたら彼らも理解する。私はあなた方が日本人に対し空で優位だと確信している[1]」

ローズヴェルト大統領

「大東亜共栄圏」の名の下、中国や東南アジアで占領地を広げる日本と、アジア市場の「門戸開放」を掲げるアメリカは当時対立を深めていた。日本を牽制(けんせい)するには、ソ連の軍事力は頼りになる。ソ連が日本を攻撃してくれればなおよい。大統領は、雑談のうちに本音をのぞかせたのだろう。

もっともソ連は、前月にドイツに攻め込まれ防戦一方だった。対独戦にはアメリカの支援を必要とするため、アメリカが望む対日参戦にもソ連側は期待を持たせはするが、参戦は避ける。日独との二正面作戦を避けるソ連の戦略を、米軍の統合参謀本部も見抜いており、一九四三年八月の報告書にこう記している。

「ロシアはいずれ対日戦に介入する可能性が高いが、ドイツの脅威が取り除かれるまではそうしない。その後は、己(おのれ)の利益を考えて決断し、わずかな犠牲で日本が負けると思ったときにだけ介入する[2]」

この予想は正しかった。

テヘランでの口約束

アメリカがソ連参戦を必要としたのは、友軍である中国（重慶国民政府）の軍隊が頼りないと感じていたからでもある。一九四三年五月一二日、ローズヴェルト大統領は、ウィンストン・チャーチル英国首相との会談で、対日戦では、中国への支援よりソ連の参戦が「絶大な効果」があると述べている。そして、ドイツ降伏後、四八時間以内に、ソ連は日本へ戦端を開くのでは、と期待をこめて語っていた[3]。

一九四三年一一月二八日、イランの首都テヘランで、米英ソの首脳会談が開かれた。いわゆるテヘラン会談である。ここでヨシフ・スターリン人民委員会議議長は「この戦線〔対日戦〕に友とともに加わるのは、ドイツが崩壊した時だろう」と述べて、ローズヴェルトに参戦をほのめかした[4]。

チャーチル首相

スターリン人民委員会議議長

スターリンの発言には裏がある。中国の蔣介石国民政府主席の強い要望を受け、米英中はビルマ（現ミャンマー）で大規模な反撃に出ようとしていた。しかし、ソ連としては米英にヨーロッパでの戦争を優先してもらいたい。そこで、ドイツを倒したらソ連も日本との戦いに加わると示唆して、米英をドイツに集中させようとしたのだ。

スターリンの狙いは当たり、米英はビルマでの作戦より欧州戦線を優先する。ようやく対日戦の協議が始まったのは、一九四四年夏にソ連軍がドイツ軍の主力を壊滅させてからだ。

ソ連の方針転換

一九四四年九月二三日、アヴェレル・ハリマン駐ソ米国大使はスターリンに、対日作戦についての協議を急かした。スターリンは、テヘラン会談で話したことに変わりはない、ドイツが敗北したらソ連は対日戦に参戦できると述べ、近いうちに話し合いの場を持つとした。[5]

この会談から四日後、チャーチル首相もスターリンへ書簡を送る。テヘランでの約束通り、ドイツ軍が壊滅したらソ連がただちに日本に宣戦布告するのを、ローズヴェルトとともに熱望している。なぜなら、「ロシアが対日戦線を開けば、特に空中戦で日本人を火だるまにして血を流させ、日本の敗北をいちじるしく早めるでしょう」。

九月三〇日付でスターリンは返信する。

「日本に関しては、われわれの立場はテヘランのときと同じです。~~けれどもいまは、去年より、詳細を打ち合わせるべき時ではありません~~[6]」

見え消し線の部分は削除された。ソ連としては、まだドイツとの戦いが最優先だと思わせるためだろう。

一九四四年一〇月、チャーチルは東ヨーロッパについての協議の折に対日参戦の確約を得るため、再びモスクワに飛ぶ。チャーチルを迎えたスターリンは昼食会の席上、日本を「侵略国」と厳しく非難した。手応えを感じたチャーチルは、ドイツ敗北後、ソ連はすぐに日本へ宣戦布告するのはほぼ間違いないと、一〇月一一日付の書簡でローズヴェルトに知らせた。[7]

左からチャーチル，ハリマン（のちの駐ソ米国大使），スターリン，モロトフ外務人民委員（1942年）

このモスクワでの会談で、ついにソ連側は対日作戦計画を米英に提示する。それについては、第2章で詳しく述べよう。

参戦の代償

一九四四年一〇月のモスクワでの会談で、スターリンは対日参戦に見返りを要求した。まず戦闘部隊を支える莫大な兵站だ。ローズヴェルト大統領は、兵站の提供はためらわない。大統領の悩みは別にあった。

一九四四年一一月一七日、ローズヴェルトは帰国していたハリマン駐ソ米国大使に、スターリンがどんな政治協定を参戦前に求めるか質問する。ハリマンは、一九〇五年のポーツマス講和条約の破棄や満洲での港と鉄道の利用権、朝鮮についての何らかの合意だろうと予想した。

大統領はその翌日、ハリマンへこう述べる。日本を敗北させるにはソ連の助けなしではとてつもなく難しく、犠牲を伴う。それゆえ、「スターリンの計画を助けることはどんなことでもしなければならない」。ただ、「ロシア人たちは〔満洲に〕入ったら出て行くのだろうか」とも、別の日にローズヴェルトはハリマンに懸念を示した。[8]

案の定、モスクワに戻ったハリマンに、スターリンは参戦の見返りを求めた。

一九四四年一二月一四日、スターリンはハリマンと会談中、隣室から地図を持参し、遼東(りょうとう)半島、旅順(りょじゅん)、大連(だいれん)を円で囲み、これらの地域を租借し、ソ連内陸部とつなぐための鉄道も支配下に治めたい、といった。

そもそも、大連をソ連に委ねることを、一九四三年のテヘラン会談でスターリンに提案したのはローズヴェルト自身だ。しかしそれは、大連を各国が利用できる自由港にするという話で、スターリンのいう租借とは、植民地にするのとほぼ同じだ。中国の蔣介石が反発するのは必至だった。結局、参戦の見返りについては翌年のヤルタ会談に持ち越される。

ヤルタ秘密協定

一九四五年二月四日から米英ソの首脳が、ソ連のヤルタに集まり、戦後処理について話し合いが行われた。いわゆるヤルタ会談である。二月八日、ローズヴェルトとスターリンは、参戦の見返りについて、おおむね合意する。

その二日後、ソ連の参戦条件をまとめた草案が、ヴャチェスラフ・モロトフ外務人民委員から、アメリカのエドワード・ステティニアス国務長官に渡された（巻末史料1）。二月一一日にローズヴェルト、スターリン、チャーチルが署名した調印文（巻末史料2）と読み比べると、アメリカ側は、草案に三つの修正を加え、中国の利権と主権を守ったことがわかる。

ヤルタ会談，1945年２月　左からチャーチル，ローズヴェルト，スターリン

第一に、スターリンは遼東半島の租借を希望していたが、草案では大連と旅順の二港の租借に限られている。しかし、調印文では、租借地はさらに旅順のみに絞られた。一方、大連は「国際化」されることになった。「自由港」にするのとほぼ同義である。

第二に、モンゴル人民共和国の「現状維持」や、満洲の鉄道や港湾の利権については、蔣介石の同意と、中ソで個別協定を結ぶことを義務付けた。

第三に、日露戦争前に、満洲の鉄道はロシアが単独経営していたように思いこませる草案だったが、史実に基づき、中ソ共同経営に戻すと訂正している。

一方でアメリカは、日本に関連する条項では修正を申し出ず、ソ連側の要求をそのまま容れたこともわかる。草案も調印文も、南樺太は「返還（return）」し、千島列島は「引き渡す（hand over）」とされている。南樺太は、一九〇五年まではロシア帝国領だった歴史を踏まえているのに対し、千島列島は新たに差し出す、という意味だろう。

同じ連合国の中国には配慮したが、枢軸国の日本が失う南樺太や千島列島については、アメリカはソ連に文句をつけなかった。

大統領と米軍の期待

なぜこうした代償を払ってまで、ローズヴェルトはスターリンに参戦を約束させたのか。しばしば死期の迫っていた大統領が判断を誤ったといわれる。しかし、それは浅薄な見方だ。

まず、太平洋で日本軍との死闘が続きアメリカ兵の死傷者が増えていたので、米軍がソ連参戦に期待していた。ヤルタ会談に先立つ一九四五年一月二三日に米英合同参謀本部が大統領に提出した作戦方針でも、「可能な限り早い時期」のソ連参戦を必要としていると記す。[10]

ローズヴェルトも想いは同じだ。アメリカ兵の犠牲を極力抑えて日本を無条件降伏させたい。そのためにもソ連を参戦させたかった。大統領が重視するのは、日本や中国の領土や利権よりもアメリカ国民の命だった。

こうしてソ連の対日参戦が正式に決まるが、ヤルタではそれ以外の選択肢も話し合われていた。

チャーチルは、一九四五年二月九日にローズヴェルトに以下を提案する。日本に無条件降伏を求める声明にソ連も参加させ、米英中ソの共同声明を出す。そうすれば四面楚歌(しめんそか)を悟った日本は降伏に傾く、と。しかし、全土が徹底的に空爆されなければ日本は目覚めないとローズヴェルトは応じなかった[11]。

ローズヴェルトは本章の冒頭で記したように、対日戦では戦略爆撃を重視していた。また彼は、共同声明という「言葉」だけでは日本は無条件降伏をしないと判断していた。

トルーマン大統領の登場

一九四五年四月一二日、ローズヴェルト大統領が病死した。だが後継の新大統領も、ローズヴェルトの対日戦略を継承する。

四月二二日、ホワイトハウスを訪れたモロトフ外務人民委員が、ヤルタ秘密協定はまだ有効か、副大統領から昇格したハリー・トルーマン大統領に確認を求めた。トルーマンは、ローズヴェルトの結んだすべての合意を履行すると答え、モロトフを満足させた。

実際には、ポーランド問題などをめぐり米ソの亀裂は深まっていた。会談の翌日、トルーマンは閣僚や幕僚を招いた席で、ヤルタでの協定の一部でもソ連が破るなら、「全ヤルタ協定は、もはや関係国のいずれをも拘束しないと考える」と啖呵を切った。[12]

ソ連の対日参戦は必要だと大統領を宥めたのが、陸軍参謀総長のジョージ・マーシャル元帥だった。彼だけでなく、ソ連参戦を望む声は軍部で根強い。同年四月からの沖縄での激戦で米軍の死傷者が続出すると、この声はさらに強まる。

トルーマン大統領

トルーマンも頭を冷やす。ヘンリー・ウォレス商務長官の五月一八日の日記には、トルーマンの発言が記されている。ロシア人は無作法な連中だ。けれども、ロシア人たちを日本との戦争に巻き込む最大の目的は、アメリカ人の若者一〇万人の命を救うことにあるのだと。[13]

トルーマンも求めたソ連参戦

ソ連参戦の勧誘と並行して、アメリカは原爆の開発を進めていた。開発を統轄したヘンリー・スティムソン陸軍長官は、原爆はアメリカ外交の「切り札」になると信じていた。トルーマンも、原爆の実験が行われる七月まで、チャーチルとスターリンとの首脳会談を先延ばしにすると語る。[14]

ただ、原爆開発が成功するかは誰も断言できない。そのためアメリカは、ソ連参戦というカードも必要とした。そして、ソ連参戦を実現するために、六月にトルーマンは蔣介石にヤルタ秘密協定を開示し、しぶる中国側を説得して、中ソ交渉の席にもつかせた。

さらに、アメリカは日本本土への上陸作戦も準備する。六月一八日、大統領と軍の代表が集まり、九州への上陸作戦の開始を一九四五年一一月一日と決めた。このときもマーシャル参謀総長は、ソ連参戦を必要とする意見を読み上げている。大統領も、来る首脳会談での目的の一つは、「できる限りの戦争支援をロシアから得ることだ」と語った。[15]

ソ連に参戦を念押しするため、六月二八日に、モスクワで米ソ両軍の連絡役を務めるアメリカのジョン・ディーン少将は、ドイツのポツダムで対日作戦について協議したいというマーシャルの希望を、アレクセイ・アントーノフ参謀総長（同年二月一七日に次長から昇任）に伝えた。[16]

こうして、一九四五年七月一七日から八月二日に、ドイツで開かれたポツダム会談では、対日戦の最後の打ち合わせが行われる。

核兵器時代の幕開け

アメリカ側の最大の関心は、ソ連がいつ参戦するかだ。

ヤルタでの秘密協定は、ドイツ降伏後二、三ヵ月以内の参戦を定めている。したがって、一九四五年八月九日が参戦の期限だ。スターリンも、五月二八日にはアメリカのハリー・ホプキンズ特使へ、八月八日にはソ連軍の準備が整うと伝えていた。

スターリンはこのポツダムで、その予定を変えた。トルーマンは七月一七日の日記に記す。

「彼〔スターリン〕は日本との戦争に八月一五日に参戦するつもりでいる」[17]

トルーマンは七月一八日付の妻に宛てた書簡でも、「私がここに来た目的も果たした。スターリンは八月一五日に無条件で戦争に突入する」と書き送っている。[18]

ソ連が参戦を一週間延期したのに、トルーマンは焦っていない。その余裕の裏には、七月一六日の原爆の実験成功がある。トルーマンは七月一八日の日記で、「ロシアが来る前に日本人が音を上げるだろうと確信する。マンハッタン〔原爆〕が彼らの本土の上に現れたら、そうするのは間違いない」と期待を寄せた。[19]

ジェイムズ・バーンズ国務長官も方針を変える。彼の部下の日記によると、バーンズはポツダム会談中に、ソ連が日本へ宣戦布告するのを期待していた。しかし、原爆の実験成功で考えを変える。日本に「降伏か破滅か」二週間の猶予を与える声明を、米英で出すことにした。それだけ時間があれば、原爆を使用する準備が整うからだ。[20]

七月二三日にバーンズと話したチャーチルも、「いまやアメリカが、ソ連の対日参戦を望んでいないことはきわめて明白だ」と、アンソニー・イーデン外相に書き送った。[21]

そうした事情を知ってか知らずか、七月二三日にスターリンは、ポツダムに集う米英の首脳へ軽口を叩く。

「いまやヨーロッパでの戦争は終わり、太平洋に共通の敵がいる。次の会議は東京で開かれる」[22]

連合国の結束を強調するスターリンに、トルーマンは冷や水を浴びせた。七月二四日に、「新しい常ならぬ破壊力をもつ武器を手に入れた」とスターリンに知らせる。だが、スターリンは「特別な関心を示さなかった」（『トルーマン回顧録』第一）。

原爆は、スターリンを驚かせる「新兵器」ではなかった。原爆を開発した米英の科学者のなかに、ソ連に情報をもらした者がいた。七月一六日の原爆の実験成功も、トルーマンから知らされる前に、スターリンはラヴレンチー・ベリヤ内務人民委員から報告を受けていたとロシアでは言われている。[23]

ただし、いまのところ見つかっているのは、フセヴォロド・メルクロフ国家保安人民委員からベリヤ内務人民委員に、七月一〇日に核実験が行われるという情報がその当日に入っていたことを示す史料だけだ。ベリヤからスターリンにいつ伝わったのか不明である。[24]

ソ連参戦を望む米軍幕僚

なお、ロシア国防省編纂『大祖国戦争一九四一～一九四五』は、アメリカは政治家も軍部も、原爆を完成させてからは、ソ連の参戦を遅らせようとやっきになっていたように記す。[25] それは間違いだ。マーシャル米陸軍参謀総長は、原爆が完成してからもソ連参戦を望んでいた。

マーシャル米陸軍参謀総長

アントーノフ ソ連軍参謀総長

七月一九日、米英合同参謀長会議が開かれる。対日戦に必要な機密情報をソ連に渡すかで議論になり、イギリスのアラン・ブルック陸軍参謀総長は懸念を示した。しかしマーシャルは、作戦についてのみならず諜報で得た情報もソ連へ取引せずに渡し、見返りも求めないと聞く耳を持たなかった。[26]

すでにイギリス軍は、ソ連との衝突を想定した作戦計画までまとめていた。彼らからすれば、マーシャルのソ連への協力ぶりは目に余ったのだろう。

マーシャルは、協力を進める理由をスティムソン陸軍長官に語っている。アメリカが日本を降伏に追い込んだところで、ロシア人が満洲へ進撃するのを止められない。ならば、彼らが降伏の条件に欲しがるものを取るのを許すべきだと。[27] 原爆開発の責任者であるスティムソンも、七月二五日にスターリンに招かれると、ソ連が早く参戦して、ともに対日戦を短期間で終結させるよう希望している。[28]

一九四五年七月二四日、米英ソの合同参謀長会議がポツダムで開かれた。ソ連のアントーノフ参謀総長は、八月後半に対日作戦を始められると述べた。そして「極東におけるソ連の目標は、満洲の日本軍の撃滅と遼東半島の占領」だと明かす。米軍には、中国と日本本土から満洲へ援軍が送られるのを防ぐよう求めた。

マーシャルは述べた。日本海では米軍の潜水艦が活動し、日本本土から満洲へは援軍を送れない。ただ日本軍は、中国本土から満洲には時間があれば援軍を送れる。それを防ぐため、ビルマから中国軍を引き揚げさせて、満洲へ北上する日本軍を攻撃するという作戦を語った。[29]

七月二六日、今度は米ソのみの参謀長会議が開かれた。このとき、米ソは作戦の担当区域を決める。作戦区域は次の通りだ。朝鮮北東部の舞水端（ムスタン）から北緯四〇度東経一三五度を経て、樺太南端の近藤岬と北海道の宗谷海峡を結ぶ線を日本海における米ソの海軍と空軍の作戦の境界線とした。要するに、米軍は満洲・朝鮮北東部・南樺太・千島列島の最北部の作戦をソ連軍に任せた。

ロシア国防省編纂『大祖国戦争一九四一～一九四五』は、この作戦区域が設けられたため潜水艦の運用や偵察などで苦労したと不満げに記している。[30] ただし、この場で決まったのは作戦区域のみだ。米ソ両軍は指揮権の統一について協議も合意もなかった。太平洋での作戦の立案や遂行で、イギリスがアメリカの優位を認めていたのとはまったく異なる（「戦犯裁判研究余論（二）」）。

ソ連抜きのポツダム宣言

ポツダム会談では米ソの軍部の協力が進む一方で、政治的には両国の疎遠が露わになった。その最たる例がポツダム宣言だ。

七月二六日、ポツダム会談の閉幕を待たずに、日本軍に無条件降伏を求めるポツダム宣言が出された。正式名称は「米・英・中・三国宣言」である。その名に反して、ポツダム会談の議事録を見ても本会議で審議された形跡はない。宣言文はアメリカ側が単独で作成した。イギリスとは協議したが、ソ連とは一切協議せずに発表された。

モロトフは発表の翌日に抗議したが、スターリンの署名のないポツダム宣言は意外な効果を発揮した。日本政府は、ソ連は終戦を仲立ちする気をまだ捨てていないと都合よく解釈したのである。この誤った判断が一因となり、日本はポツダム宣言を「黙殺」する。結果として、日本の降伏前に、是が非でも参戦したいソ連の思惑通りとなった。

ポツダム会談は八月二日に閉幕する。「打倒日本」が、まだかろうじて米ソ両国をつなぎ止めていた。

ポツダムから戻ると、スターリンは開戦を早めさせる。

ヤルタ秘密協定は、ドイツ降伏後二、三ヵ月での参戦を求めていた。モスクワ時間では八月九日がタイムリミットになる。しかしスターリンはポツダムで、参戦は八月一五日だとトルーマンに伝えていた。

だが、モスクワ時間の八月七日午後四時半、彼とアントーノフ参謀総長は、八月九日朝に越境するよう、極東ソ連軍総司令官のアレクサンドル・ヴァシレフスキー元帥に命じた。[31]

ヴァシレフスキーも八月三日に、開戦は八月九日から一〇日を勧め、「これ以上の遅滞は前線の利益にならない」とスターリンへ打電していた。[32]そのため、繰り上げは望むところだ。

ザバイカル時間（モスクワ時間とはプラス六時間差。日本時間と同じ）の八月七日午後一一時、ヴァシレフスキーはザバイカル方面軍へ翌八月九日午前〇時に越境するよう命じた。[33]同様に他の部隊にも出撃を早めさせる。

なぜ開戦は早まったのか

では、なぜ参戦は早められたのか。ヴァシレフスキー極東ソ連軍総司令官は、原爆の実験成功と関わりがあると推測している。というのも、アメリカが核実験に成功した七月一六日に、スターリンから参戦を早められないか電話で尋ねられたという。[34]

一般的には、八月六日の広島への核攻撃が関係しているとされる。日本へ宣戦布告した後の八月八日の会談で、スターリンはハリマン駐ソ米国大使にこう語った。

「日本人は、降伏をしようとして、いまの政府をすげ変えるための口実を探している。原爆は、彼らにその口実を与えただろう[35]」

つまり、スターリンは、核攻撃で日本の内閣が交代し、降伏が早まると予想した。ソ連の参戦前に降伏する可能性もあったので、予定を繰り上げたのだろう。
さらに重要なのは、米ソ関係の悪化だ。アメリカはソ連へ予告なしに核兵器を使用した。さかのぼると、ポツダム宣言もソ連側に事前に相談しなかった。また、参戦の大義名分が欲しかったソ連側では、米英が対日参戦を世界に示す形で要請するのがよいと、モロトフ外務人民委員がトルーマン大統領とバーンズ国務長官にポツダムで提案したが、断られてもいる。[36]
ソ連側はなぜ正式な参戦要請を求めたのか。そもそも、参戦を約束したヤルタ秘密協定は三首脳による私的な約束に過ぎない。しかも、署名した三人のうちローズヴェルトは亡くなっており、チャーチルもイギリスにおける総選挙で負け、ポツダム会談中に辞任している。そのためソ連は公的な参戦要請を求めたわけだが、拒否された。
もはやアメリカは、日本や東アジアの戦後処理にソ連が関与するのを望んでいない。ならば、ヤルタで約束された利権は自力で手に入れる他はない。アメリカへの不信を強めたスターリンが、そう思って参戦を急いでも不思議はない。一見すると、ドイツ降伏後から三ヵ月までという期限を守るためにソ連は参戦を繰り上げたように見えるが、約束が不透明になったからこそ参戦したのだろう。

あわや三発目の原爆

モロトフが佐藤尚武(さとうなおたけ)駐ソ大使を呼び寄せ、宣戦布告文を渡したのが日本時間の八月八日午後一一時（モスクワ時間の同日午後五時）。同時刻にアントーノフ参謀総長は米英の軍事代表団を招き、対日宣戦布告文を渡した。その二時間後、モロトフは米英の大使に翌九日から日本と戦争状態に入ると告げた。[37]

ソ連が参戦してからもアメリカは核攻撃を止めなかった。これも、アメリカの戦略が原爆かソ連参戦かという二者択一ではなかった証だ。

八月九日午前一一時二分、長崎へも原爆が投下される。八月一〇日に、日本は条件付きながらポツダム宣言の受諾を伝えてきたが、同じ日に原爆開発を指揮するレスリー・グローヴズ少将は、八月二四日以降に三発目の原爆を投下できるとマーシャルに伝えた。

トルーマンも八月一四日に、元イギリス国王のウィンザー公爵へ「東京に原爆を落とすよう、命令する他ないと悲しげにいった[38]」。

仮に東京が核攻撃を受けていたら政府や大本営の機能は停止し、事態はさらに混迷しただろう。幸い、この発言からまもなく日本の正式なポツダム宣言受諾の報告が大統領に届く。

アメリカの核攻撃は多くの日本人の命を奪った。広島では約一四万人が犠牲となり、放射線の後遺症もあって一九五〇年までには二〇万人以上が亡くなった。長崎でも一九四五年末までに約七万人が犠牲となった。

そもそも、なぜ核攻撃やソ連参戦の前に日本は降伏できなかったのか。繰り返されてきた問いだが、次節では時間を戻して、新史料も駆使しながら日ソ関係を中心に再検討する。

2　打ち砕かれた日本の希望――ソ連のリアリズム

日ソ中立条約の締結

一九四一年六月二二日、独ソ不可侵条約を破ってドイツ軍がソ連に攻め入った。スターリンは、同年七月三〇日に会見したホプキンズ米大統領特使に怒りをこめて語る。ドイツ人は最低限の道徳もない。今日、二心なく署名した条約を翌日には破り、さらに次の日には再度条約に署名するような連中であると。[39]

このようにドイツ人を罵倒したスターリンも、条約を一方的に破棄して他国への侵略を繰り返していた。一九三九年九月には不可侵条約を破棄してポーランドを攻め、ドイツとともにその領土を分割した。また同年一一月にはフィンランドとの不可侵条約も破棄して攻め、最終的には領土を手にした。

日本では、ソ連が条約を尊重せず、侵略を繰り返してきた前例は省みられなかった。それどころか、一九四一年四月一三日には日ソ中立条約を調印する。

この条約は、両国が「領土の保全及不可侵を尊重」すると第一条で定めている。第二条では、どちらかの国が第三国に攻められたら攻撃を受けていない国は中立を守るとしている。条約の有効期間は批准から五年。条約は同年四月二五日に発効し、五月二〇日に批准書交換式が行われたので、一九四六年春まで有効のはずだった。

日本は日ソ中立条約を結んで北の守りを固めたと安心し、一九四一年夏にはベトナム南部を占領する。この「南進」が日米の対立を決定的にした。

かりそめの中立

一九四一年一二月八日に日米戦争が始まると、ソ連は日ソ中立条約を遵守した。日本と激戦を繰り広げるアメリカや中国は失望する。スターリンはその四日後の蔣介石への書簡でこう弁明した。

「日本は間違いなく中立条約を破りますから、もちろんソ連は日本と戦わなければならない。そのための準備は必要ですが、準備には時間がかかるうえに、われわれはまずドイツを撃退します。ですから、ソ連がすぐに日本に宣戦布告するのを強請しないよう、再度お願いします」（蔣中正総統文物（國史館）、史料番号〇〇二—〇二〇三〇〇—〇〇〇一六—〇一一）

日ソ中立条約があっても、いつかは日本と戦争になる。こうスターリンは連合国、とりわけアメリカを宥め続けた。一九四二年八月にモスクワを訪問したハリマン米大統領特使には「ロシアにとって日本は歴史的な敵」だと述べ、独ソ戦の戦況次第では、やがてソ連も対日参戦すると示唆した[40]。

同年一〇月六日にも、スターリンは駐ソ米国大使のウィリアム・スタンドリー提督らにこう語る。日本人たちは中立条約を破らないと何度か表明した。しかし我が国で本気で信じる者など一人も見つからない。日本は条約を破り、好きなときにソ連に攻め込んでくるだろう。日ソ関係はいわば「武装したままの平和」なのだと。[41]

翌一九四三年一〇月にコーデル・ハル国務長官にスターリンが参戦を約束したことは知られているが、実際にはその一年前からスターリンはアメリカへのリップサービスに努めていた。アメリカの機嫌をとって、その支援を得るためだが、実際にスターリンは日本が中立条約を破るかもしれないと考え、ドイツとの戦いが苦しいときも極東の軍備を大幅には減らさなかった。

中立条約を延長せず

当初は西太平洋を席巻した日本軍だが、一九四三年になると劣勢は明らかだった。日本の同盟国ドイツもソ連を相手に敗退を重ね、もはやソ連は日独による挟撃を恐れる必要もなくなった。

すると日本側がソ連との関係に不安を覚え、働きかけを強める。だが、ソ連にすり寄るほど侮られた。たとえば、杉山元参謀総長が駐日ソ連大使館員にスターリンとの会談を希望した。この件をスターリンは、中立条約が守られるかどうか「日本人は恐れている」と、一九四四年二月二日にハリマン駐ソ米国大使へ暴露している。[42]

チャーチルらを招き対日作戦を協議した一九四四年一〇月以降は、ソ連は日本を公然と批判するようになる。同年一一月六日の革命記念日前の演説で、スターリンは日本を「侵略国」と決めつけた。さらに、モスクワにおける一一月一四日の公開講座では、日本の大使館員たちも出席するなか、ソ連軍の大佐が公然と日本の敗北を示唆した[43]。

ついに一九四五年四月五日、ソ連は翌年の有効期限の満了後には日ソ中立条約を延長しないと通告する。そのソ連に、日本は和平仲介を託して時間を浪費した。現代人から見れば愚かしい。しかし、後知恵で裁くのも虚しい。問うべきは、なぜ彼らがそう考えたかだ。

無条件降伏はできない

日本がソ連の仲介に期待したのは、逆に言えば米英との直接交渉を避けたからだ。それは主に二つの理由による。

第一に、無条件降伏への強い拒否感である。

一九四三年一月二四日、モロッコのカサブランカでローズヴェルト大統領はチャーチル首相と共同記者会見を開く。そこでローズヴェルトは、日独伊三ヵ国の無条件降伏が「将来の世界平和の合理的保障」になると語った。

戦闘行為を止めて敵の権力下に入るのが降伏だが、敗者が条件を付けないで降伏するのを無条件降伏という。一九四三年九月にはイタリアが無条件降伏を受け入れたが、ドイツと日本は無条件降伏を拒絶した。

もっとも、いかなる国であれ無条件降伏は受け入れ難い。勝者に政治体制の転換を迫られても敗者は応じざるをえなくなるからだ。日本の指導者たちは、「万世一系」の天皇が永遠に日本の統治権を保持する「国体」を変更されることを恐れた。

昭和天皇も無条件降伏を嫌う。米軍の爆撃で東京の下町が灰燼に帰した、いわゆる東京大空襲の翌日、昭和天皇は賀陽宮恒憲王中将に「無条件降伏と戦争責任者の処罰以外は戦争終結の条件として考えられ得る旨」を語った（『昭和天皇実録』一九四五年三月一一日条）。

裏返せば、無条件降伏だけは避けたいということだ。昭和天皇は、田島道治宮内庁長官にもこう回想している。

「私は実は無条件降伏は矢張りいやで、どこかいい機会を見て早く平和に持って行きたいと念願し、それには一寸こちらが勝ったような時に其時を見付けたいという念もあった」（『昭和天皇拝謁記』一九五二年三月一四日条）

このように、敵に打撃を与えてから講和交渉で有利な条件を引き出す戦略を「一撃講和論」という。この戦略は陸海軍でも広く支持されていた。しかし、交渉に入るのに見合う戦果は上がらないどころか、日本軍は敗北を重ねていく。

ソ連に希望を託す陸軍

日本の指導者たちが米英との直接交渉を避けた第二の理由は、ソ連の仲介があれば条件付きの講和ができると期待したためだ。

大本営にはさらに大きな期待をソ連に寄せる参謀もいた。戦争指導班長（のち軍務課高級課員）として陸軍の対外政策に関与した種村佐孝大佐が、一九四五年四月二九日付で作成した「対「ソ」外交々渉要綱」を見てみよう。

それによると、米英との戦いの「完遂」には日ソ戦争の回避が絶対条件だ。そこで領土などを譲ってソ連を日本側に誘い、米英ソの関係を悪化させる。さらに、ソ連の「仲介若くは恫喝に依り世界終戦への導入を強要せられたる場合に於ては之に応ずることあるを予期す」（※「昭和二〇年　大東亜戦争　戦争指導関係綴　一般の部」防衛省防衛研究所　中央―戦争指導重要国策文書―一一五六）。つまり、米英の求めに応じて無条件降伏するのは論外でも、ソ連が終戦を強く迫るなら応じることとすら考えていた。

種村の案は極論だが、ソ連との交渉が必要だという認識は大本営で広がっていた。たとえば参謀次長の河辺虎四郎中将は同年四月二二日に東郷茂徳外相を訪ね、対ソ外交を「放胆果敢」、すなわち思い切って進めるように求めた。

もっとも、河辺個人はソ連を介して終戦に持ちこむ案には否定的だった。同年六月に在ソ日本大使館付き武官からそうした案が上がってくると、スターリンは人の喧嘩を仲裁するような者ではないと却下している。けれども、同年四月一六日には極東へソ連軍が移動しているという情報が河辺には届いていた。ソ連の参戦防止のためにも外交は必要と考えたのだろう（「河辺虎四郎参謀次長日誌」防衛省防衛研究所　中央―戦争指導重要国策文書―一二〇五）。

梅津美治郎参謀総長

ソ連への仲介依頼

モスクワ時間の一九四五年五月九日、ドイツ軍はソ連軍にベルリンで降伏した。

五月八日にトルーマン大統領は日本の軍部にも無条件降伏を勧告する。しかし、日本政府はあくまで「米英の非望」を「破砕」すると戦争を続ける声明を出す（『朝日新聞』一九四五年五月一〇日付朝刊）。

とはいえ、ドイツという同盟国を失った日本は、国家戦略を再検討する必要に迫られた。五月一一日と一二・一四日に最高戦争指導会議構成員会議が開かれる。この会議で陸軍は、さらにソ連との外交に前のめりの姿勢を見せた。

東郷外相の回想によれば、梅津美治郎参謀総長がソ連への講和の仲介依頼を主張した。米英に対し、日本に有利な条件で仲介できるのはソ連しかいないという理由からだ。鈴木貫太郎首相や阿南惟幾陸相、米内光政海相もソ連への仲介依頼を支持する。この「六巨頭会談」

の結果、ソ連に中立を維持させることから、代償を用意してソ連に戦争終結のための仲介を依頼するという、より踏み込んだ外交へ転換が決まった。

東郷はこの方針転換に積極的ではなかったという。だが、彼も無条件降伏以外の講和に導けるのはソ連しかないと考えた（『時代の一面』）。もっとも、梅津を巻き込んでこの会議開催にこぎつけ、対ソ外交を推進しようと積極的だったのは東郷だという指摘もある（※「対ソ交渉に関する秘密討議」防衛省防衛研究所　中央―戦争指導重要国策文書―一〇〇四）。

真意を秘めた鈴木首相

困難な状況のもとで終戦に導いたと、現在は高く評価されている鈴木首相の場合はどうか。

「海軍諸先輩聴取事項」という、東京裁判の対策のため海軍の元将校たちが行った非公式のインタヴュー集がある。一九四七年一一月、元海軍大将でもあった鈴木もインタヴューに応じ、組閣当初に昭和天皇と話したことが終戦を決意したきっかけだと振り返っている。

鈴木貫太郎首相

「組閣早々陛下より種々の御話あり。戦況につき陸海軍の計画が近頃皆齟齬（そご）しありてこの調子では到底戦勝に望なし。只（ただ）犠牲を多くするのみにて誠に悲しむべきことなり　と御述懐あり。之により自分は陛下の終戦の御希望をはっきりと承知、自分個人の予てより考へもありここに堅く決心せり」（「海軍諸先輩聴取事項（附手記）」国立公文書館　平一一法務〇五九八七一〇〇）

ただ、その決心は国内の混乱を恐れて口に出せなかったという。

「当時は一口にても和を口にせんか　国内擾乱の虞ありしを以て口には一切云はず。意見は聞き流しとし自分の意見発表は一切さけ「自分は政治には素人なる為閣議決定の外自分に意見なし」とて終戦迄此の態度を持続せり」（同前）

真意を隠すなかで、やむを得ず選んだのがソ連を仲介にする案だったと鈴木は回想する。

「蘇連を平和の中介者として選べるは　出来得れば之にも利を与え中立を守らせつつ中介の労を採らせんと希望せり。但し所詮は宣戦して来るやも知れずとは思ひありき」（同前）

最後の一文は、対ソ外交が失敗に終わったための弁明とも読める。

ソ連になびく宮中

宮中も、ソ連を外交の切り札と考えた。

大連から戻った梅津参謀総長は昭和天皇へ、関東軍の戦力が低下し、弾薬は「近代式大会戦」一回分にも満たないことを一九四五年六月九日に内々に報告した。これで昭和天皇は本土決戦への自信をなくす（古川隆久『昭和天皇』）。

同じ六月九日に、内大臣として昭和天皇を支える木戸幸一が、「時局収集の対策試案」を昭和天皇に提出し、主要閣僚と協議することを願い出た。昭和天皇もすぐに着手するよう述べた（『昭和天皇実録』一九四五年六月九日条）。

木戸の試案で注目すべきは、「天皇陛下の御親書を奉じて仲介国と交渉す」という一文だ。仲介国にはソ連を提案した（『木戸幸一日記』一九四五年六月八日条）。なぜソ連だったのか。木戸は一九六四年にこう回想している。

ソ連仲介については、いろいろ問題があったが、どの道から入ってもソ連には知られる。そのとき日ソ間には中立条約も厳存しており、その国をないがしろには出来ない。それに陸軍にも樺太を取引の具としてのソ連仲介の和平案のあることも知っていたので、その顔も立てて、陸軍を和平に導こうとの考えも加わって、ソ連仲介ということに考えたものであった。

（「元内大臣侯爵木戸幸一氏からの聴取書」国立公文書館　平一一法務〇六四一六一〇〇）

昭和天皇の最側近である木戸も、強硬派である陸軍を相手に「内交」を行っていた。一方、昭和天皇は、ソ連を頼った理由をこう回想する。

「それ以外の国は皆微力であるから、仲介に立っても英米に押されて無条件降伏になる怖れがある、ソ連なら力もあるし且中立条約を締結して居る情義もある」（『昭和天皇独白録』）

特使は近衛文麿

木戸が主要な閣僚への根回しを終えてから、昭和天皇は異例の意見表明を行う。六月二二日の御前懇談会で、「戦争の終結」についての速やかな「具体的研究」を求めた。それは、「一撃講和論」に代わる終戦の方法を考える余地が生まれたということだ。

翌六月二三日には、沖縄で日本軍の組織的な抵抗が終わる。次に一撃を与えるなら本土決戦だ。それを避けるなら、残された道はソ連への講和の仲介依頼しかないと考えられた。

すでに六月三日から、東郷の依頼を受けた広田弘毅(ひろたこうき)元首相がヤコフ・マリク駐日ソ連大使を訪ね、会談が重ねられた。だが、六月一五日の時点でモロトフ外務人民委員は、話を聞く以上のことはしてはならないとマリクに釘をさす(『考証日ソ中立条約』[44])。

時間も十分に稼いだと見たのだろう。七月八日、モロトフはマリクへ、日本の提案を議論するための会談に関与しないように指示した。すでにマリクは広田との会談には応じていなかったが、それからは他の日本の要人との面会も避けた(同前)。

日本側の焦りは日増しに大きくなる。七月七日には昭和天皇も鈴木首相に、時機を失することなくソ連に和平の仲介を依頼するよう述べた。そして、特使に親書を持たせ、派遣してはと提案する(『木戸幸一日記』一九四五年七月七日条)。

七月一〇日、最高戦争指導会議構成員会議は特使の派遣を決定した。特使には近衛文麿(このえふみまろ)元首相が選ばれる。近衛は次の「非常手段」を決意する。

「ソ連に対しては何等の条件をも提示せずモスクワで談合の上そこできめた条件を以て陛下の御直裁を仰ぎ協定する」（「鉛筆書き手記一束（終戦直前と余）」『近衛文麿関係文書』リール一国立国会図書館憲政資料室蔵）。

つまり、陸軍などの横槍を防ぐため、昭和天皇とのホットラインで日ソ交渉をまとめようとした。

拒否された「聖旨」と特使

七月一二日、近衛は鈴木首相と東郷外相に会う。近衛によると、鈴木も「従来の外務省のやり方に反対でもっと早急に事をはこぶことを希望して居った」。さらに鈴木は、昭和天皇の「御親書」を「奉持」して行くことを東郷にのませる。近衛から見ると「東郷は多少渋っては居ったが一二日夜電報を打った」（「終戦直前の日ソ話合い（一九四五年七月一七日付）」『近衛文麿関係文書』リール一）。

佐藤尚武駐ソ大使

七月一三日、佐藤駐ソ大使はソロモン・ロゾフスキー外務人民委員代理に、近衛特使の派遣希望と、昭和天皇の「聖旨」を伝えた。米英が無条件降伏にこだわるなら戦い続けるしかないが、なるべく早い平和の「克服」を願っているという内容だ（『日本外交文書』太平洋戦争第三冊）。

佐藤はロゾフスキーに、ポツダム会談の開かれるベルリンに行くまでモロトフが返答できないというなら、電話でも他の方法でも返答が欲しい、日本政府は返答を急いでいると懇願した。ロゾフスキーはこの会談記録と「聖旨」すなわち「天皇メッセージ」を、翌七月一四日にスターリンやモロトフらに送付した。[45] スターリンは返事をしないまま、首脳会談の開かれるポツダムへ向かう。

昭和天皇は、ポツダム会談前に日本の申し出を伝えられたことは誠に結構だと述べ、返事に期待した（『昭和天皇実録』一九四五年七月一八日条）。だが同じ七月一八日に、近衛特使は何を目的としているのかわからず、「天皇メッセージ」は具体的な内容がないと、ロゾフスキーは佐藤大使へ回答した。これは七月二〇日に東京に伝わる。

それでも日本政府と軍部は対ソ交渉にすがる。七月二一日、特使と「聖旨」は終戦の斡旋を求めてのことだと明らかにするよう指示する電報が、東郷外相から佐藤大使に送られた（『日本外交文書』太平洋戦争第三冊）。

スターリンの時間稼ぎ

ソ連はアメリカに、日本側からのアプローチを暴露する。そして、特使派遣問題をさらな

ポツダム会談，1945年７月　前列左からアトリー英首相，トルーマン，スターリン．後列左からリーヒ米陸海軍最高司令官参謀長，ベビン英外相，バーンズ国務長官，モロトフ外務人民委員

る時間稼ぎに使った。

七月一一日に外務人民委員部は、ハリマン駐ソ米国大使と、アーチボルド・クラーク・カー駐ソ英国大使に、日本側との接触を知らせる口上書を用意した。先月から広田元首相が和平仲介のため会談を求め、ソ連と不可侵条約を結びたがっていることや、そのための譲歩として、満洲国の中立化、すなわち戦争終結後の日本軍の撤兵を提案しているという内容だ。もっとも、スターリンの決裁を求めるモロトフのコメントは添えられているものの、この口上書が米英の大使に実際に渡されたかは定かではない[46]。いずれにせよスターリンは、日本との接触は隠さない方が賢明だと判断した。

七月一七日からドイツのポツダムで米英ソの首脳が集まり、ドイツと日本の戦後処理について話し合いが行われる。スターリンはポツダムにおける七月一八日の会談で、「天皇メッセージ」をトルーマン大統領へ渡す。そして、トルーマンの意見がどうであろうと、これには答えないのが最良だと語る。「ソ連はまだ日本へ宣戦布告をしていないが、もちろん必ずそうする」とも付け加えた。しかし、書簡へ返答するかはスターリンが決めることだとトルーマンは素っ気ない。

スターリンは食い下がる。「天皇メッセージ」は曖昧で、近衛特使の件は用向きが不明確という理由で答えないのはどうかとトルーマンに尋ねた。これなら「実質的には拒否」だが、日ソ両国はまだ戦争をしていないと認めることになると。トルーマンは、その回答で満足だが、やはりスターリンが決めるべきことだと返す。佐藤駐ソ大使へ渡す返信もスターリンはコピーを渡すと言ったが、トルーマンは必要ないと断った[47]。

スターリンは、七月二八日の公式会議でも米英の首脳にこの件を蒸し返したが、トルーマンは特別な反応を示さない。無条件降伏を求めるアメリカは日本の求める条件付きの講和には興味がない。ゆえに「天皇メッセージ」の扱いは争点にならなかった。

ポツダム宣言の「黙殺」

国民を監視していた内務省警保局保安課によると、日本軍の無条件降伏を求める一九四五年七月二六日のポツダム宣言にスターリンの署名がないことで世論は割れた。「希望的観測」もあったが、ソ連が日本に好意があると判断するのは早計だとする「警戒的観測」もあ

った（※「思想旬報（号外）」国立公文書館　返青三五〇一〇〇三〇）。

政府首脳は、「希望的観測」にすがった。七月二七日の閣議は、ソ連と交渉中なので、ポツダム宣言には何ら意思表示をせず、事態の推移を注視すると申し合わす。東郷外相も同日に、戦争の終結はソ連との交渉を見定めた上で措置するのが適当と昭和天皇へ奏上した（『昭和天皇実録』一九四五年七月二七日条）。

だが、ポツダム宣言に何ら意思表示をしないという閣議決定は陸軍の圧力で覆された。宣言の拒絶を求める陸軍を抑えきれず、七月二八日午後の記者会見で、鈴木首相はポツダム宣言を「ただ黙殺するのみ」と口にしてしまう（『日本外交の一五〇年』）。

なお鈴木は、当時はクーデターを恐れていたと回想している。

「「ポツダム」宣言ありしときは　内閣としては受諾を決意しありしも陸〔阿南陸相〕、総〔梅津参謀総長〕は強気なりき　政府も内心を正直に発表出来ず「クーデター」を顧念せり」（「海軍諸先輩聴取事項（附手記）」）

こうしたクーデターへの恐怖心は、陸軍が暴発する恐れがあったからポツダム宣言を受諾できなかったのだという責任転嫁とも読める。けれども、終戦間際に陸軍によるクーデター未遂は起きているので杞憂ともいえなかった。

なお、鈴木は一九三六年の二・二六事件で決起した陸軍の将校らに、瀕死の重傷を負わされている。これがトラウマになっていたことは否めないだろう。しかし、鈴木が恐れたのはクーデターで命を落とすことではなかったはずだ。命が惜しいなら、そもそも首相は引き受けない。それよりも彼が恐れたのは、陸軍のクーデターが成功して、そのまま本土決戦に突入し、日本が壊滅することだったと思われる。

開戦前日の宮中で

日本にとって、対ソ交渉は最後の頼みの綱だ。一九四五年八月二日に東郷外相は、あらためて特使派遣をソ連側へ申し入れるよう佐藤駐ソ大使に訓令した。

回答を待つ間に状況はさらに悪化する。八月六日午前八時一五分、広島が核攻撃を受けた。だが、東郷を含め日本の指導者たちは、なおもソ連の回答を待つ。八月六日午後五時と翌七日午後三時四〇分に東郷は佐藤大使へ打電し、特使派遣の回答を得るように命じた（『日本外交文書』太平洋戦争第三冊）。

八月八日午後〇時、外務省に待望の一報が入る。佐藤大使が、日本時間の同日午後一一時にモロトフとの会談が設定されたと伝えてきた（同前）。

この直後、東郷は参内する。謁見は八月八日午後四時四〇分からで、東郷は佐藤とモロトフの会談が決まったと昭和天皇に奏上し、対ソ交渉について協議したとする見方が強い（『「終戦」の政治史』、『戦争はいかに終結したか』）。

しかし、宮内庁の編んだ『昭和天皇実録』は、昭和天皇は原爆が使用されたことで戦争継続はいよいよ不可能になったと、速やかな終戦を東郷に希望したことのみ記す（『昭和天皇実録』一九四五年八月八日条）。

昭和天皇と東郷は対ソ交渉について話したのか。また、このとき昭和天皇が希望した終戦の方法とはソ連の仲介による講和なのか、ポツダム宣言の受諾による無条件降伏なのか。『昭和天皇実録』は記していない。

東京裁判の判決確定後、大井篤元海軍大佐に対し、東郷はこの日のことを回想している。

（大井）ポツダム・デクラレーション〔宣言〕をアクセプトする時期であると言うことを天皇に申上げた……

（東郷）前から其趣旨のことは申上げた訳ですが、八日にははっきり其れを言上した。

（『終戦工作の記録』下巻）

東郷のいうように、もし八月八日夕方にポツダム宣言受諾を奏上したのなら、彼は日ソ開戦前に対ソ交渉を打ち切るつもりだったことになる。だが、彼の回想を証明する第三者の一次史料は見当たらない。また、同じ対話を採録する別の本では、東郷の返事が「それも僕の方から言ったでしょう」と曖昧なものに置き換わっているのも気にかかる（『GHQ歴史課陳述録』上巻）。

一方、八月八日午後七時に木戸内大臣は近衛と会談し、「御上も非常の御決心」だと昭和天皇と自らの早期終戦の意向を伝えた（『細川日記』一九四五年八月八日条）。事態の切迫は伝わるが、木戸もソ連との交渉を打ち切るとは明言していない。終戦を急いでいたことは確かだが、ソ連の仲介に最後の希望を託し、モスクワの回答を待ち続けていたと見るのが妥当だろう。

ソ連の宣戦布告

待ちに待ったソ連の回答は、宣戦布告だった。

八月八日午後一一時（モスクワ時間の同日午後五時）、佐藤駐ソ大使はクレムリンでモロトフ外務人民委員と会見する。

ソ連側の記録によると、挨拶もそこそこにモロトフは「これがわれわれの布告文です」と宣戦布告文を読み上げた。布告文を受け取った佐藤は静かな声で、もう一度読んでいいか尋ねた。佐藤は、油橋重遠書記官と読み、文面の数ヵ所に抗議した。そのうえで佐藤が今日中に日本政府に電送したいと許可を求めると、モロトフは反対しないと述べたが、東京でも同じ通告をしていると答えた。最後に、佐藤はこれまでの待遇に感謝を述べ、握手をして別れた。会談は二〇分で終わった。[48]

ソ連の宣戦布告文には、日本がポツダム宣言を受諾しないので戦争終結の時間を短縮し、平和を確立するために参戦すると書かれていた。参戦によって連合国と足並みをそろえ、諸国民を「解放」するという大義名分も記されている。

届かなかった電報

「日本の敗戦はもはや決定的です。きょうから私は大使でも何でもありませんが、皆さんが無事に帰国できるよう努力します」（『ペンは剣よりも』）

同盟通信モスクワ特派員の坂田二郎（さかたじろう）によると、大使館へ戻った佐藤駐ソ大使はみなを集めてこう述べた。大使館員たちは右往左往し、文書を焼却する煙が構内に立ち込めた。死別した夫が日本人だったという大使館員のロシア人女性は、将来を悲観して館内で一家心中した（同前）。

翌年に帰国した佐藤によると、八月九日午前三時（モスクワ時間八月八日午後九時）、モスクワの日本大使館は四通の電報案を作成し、ソ連側に東京へ送るよう依頼した。大使館員の外出が禁じられていたからだ。しかし、帰国した佐藤が確認すると東京へ電報は届いていなかった（『日本外交文書』太平洋戦争第三冊）。

佐藤の回想が正確なら、たとえ打電が東京に届いていても、ソ連軍による攻撃開始の方が三時間早い。それでもソ連側が電報を握りつぶしたのは、万が一にも奇襲を失敗させないためだろう。

政府の方針転換

モスクワの日本大使館からの電報は届かなかった。日本政府と軍部は、米英ソからのラジオ放送で、八月九日の早朝に開戦を知った。八月九日午前八時頃、東郷外相は鈴木首相と会談し、戦争終結で進むことに合意する。

昭和天皇には、八月九日午前九時三七分に、ソ連の参戦を梅津参謀総長が報告した。その一八分後に、昭和天皇は木戸内大臣を呼び、戦争終結に向けて、鈴木首相と「十分に懇談」するよう指示した。鈴木は「ポツダム宣言に対する態度を決定」したいと、木戸を通じて昭和天皇に伝える（『昭和天皇実録』一九四五年八月九日条）。

ソ連の仲介で米英と講和するという選択肢は、ソ連が参戦したことで消えた。その代わり、「黙殺」したはずのポツダム宣言が再検討されることになった。

もっとも、八月九日の一連の会議でも無条件降伏は論外であって、ポツダム宣言を受諾するのにいかなる条件を付けるのかが議論の的になる。

東郷外相は「国体護持」だけの一条件を主張した。だが、阿南陸相は「国体護持」に加え自主的撤兵や戦争責任者の日本による処罰、日本本土は保障占領をしないという四条件を主張する。

裏を返せば、無条件降伏をすれば、連合国が日本本土を占領して戦争犯罪人を処罰し、日本軍は海外から否応なく撤兵させられるのを軍部は恐れた。だが、もし無条件降伏を求めたのに日本から四条件も突き返されていれば、連合国は戦争を継続した可能性がある。後述するが、日本が「国体護持」の一条件を付けたのすらソ連は継戦の理由とした。

八月九日午前一〇時三〇分に開かれた最高戦争指導会議構成員会議は、四条件案で決着したという（『昭和天皇実録』一九四五年八月九日条）。午後二時三〇分からの閣議の席上、阿南陸相は長崎への「新型爆弾」投下を報告したが、二度目の核攻撃を受けても無条件降伏は議論すらされていない。

「聖断」下る

八月一〇日午前〇時三分、天皇も出席して最高戦争指導会議が開かれる。ここでも外相の「国体護持」の一条件案に阿南陸相らが反対する。逆に言えば、阿南らが譲歩しなかったので会議は結論を出せず、鈴木首相もあえて自分の意見を述べなかったので、昭和天皇の判断を仰ぐ異例の舞台が整った。

昭和天皇は、「国体護持」の一条件案でポツダム宣言を受諾する決意を述べる。鈴木は首相を辞任してから、当時をこう振り返っている。

「終戦の御前会議に於て議論一致せず自分は輔弼の手段として御聖断を仰げり。此の点に関して責任を云はるれば聖断を仰いだ責は自分にあり〔。〕聖断せられたことは陛下の御責任にてなされたり」(「海軍諸先輩聴取事項(附手記)」)

それができるなら、四年前の対米英の開戦も昭和天皇の「聖断」を仰げば避けられたのではないか。その問いを見越して鈴木はこう述べている。

「太平洋戦も終戦の時の如く御聖断によって何とか戦争回避出来ざりんやの問題は「番頭」によると思はる。〔開戦時の首相〕東條は聖断を仰ぐ等の処置をとらず政府の決定に重きを置き過ぎたり」(同前)

要するに鈴木は「番頭」として、紛糾する議論を「聖断」を仰いでまとめた。天皇の思いが終戦にあることを見越しての、窮余(きゅうよ)の一策だった。

ソ連は有条件降伏を認めず

御前会議が終わると、閣議を経て八月一〇日午前九時に、「天皇の国家統治の大権」を変更しないことを条件にポツダム宣言を受諾すると、東郷外相から各国駐在の公使に打電された。ソ連政府には、スウェーデン政府を経由して伝えられる。ソ連参戦からわずか一日での急展開だった。

東郷はマリク駐日ソ連大使と面会する。八月一〇日午前一一時一五分からの会談で、マリクは宣戦の通告を読み上げた。

日本はソ連へ宣戦布告しなかった。その代わり東郷は、「天皇の国家統治の大権」を変更しないことを条件にポツダム宣言受諾を表明した。相手の宣戦布告と同時に降伏したのは、世界史上でも稀な光景だろう。

けれども、スターリンはこの申し入れを相手にしない。日本時間の八月一〇日午後三時（モスクワ時間同日午前九時）から始まった中ソ会談で、次のように述べた。

スターリン「われわれが望むのは無条件〔降伏〕だ。奴らは天皇を戴くのを望んでいる」

宋子文行政院院長（首相に相当）「面子を保つために」

スターリン「おそらくそうだろうな」[49]

宋子文

スターリンは、一九四五年五月二八日にアメリカのホプキンズ大統領特使と会談した際にも、日本の軍人たちは、軍事的能力を残すため条件付き降伏を申し込んでくると予想していた。そして、ドイツがそうであったように再び侵略を開始するという見通しを語る。そのため、日本は無条件降伏させて占領下に置き、その軍事力を徹底的に削ごうという考えだ。[50]

このように、将来の禍根を断つため、戦争終結に際して

「紛争原因の根本的解決」を望むと「現在の犠牲」が増大し、「妥協的和平」を求めれば「将来の危険」が残る（『戦争はいかに終結したか』）。しかし、スターリンはためらいなく「紛争原因の根本的解決」を重視した。そのため、日本の条件付きの降伏は認めない。

モロトフ外務人民委員も、日本時間の八月一一日午前六時（モスクワ時間の八月一一日午前〇時）に米英の駐ソ大使を呼び出し、ソ連としては日本の申し入れに懐疑的だと表明する。なぜなら、日本の申し入れは「天皇の地位」について注文をつけており、無条件降伏とは思えない。ゆえに「ソ連の満洲侵攻は継続される」と宣言した。

こうしてスターリンは、現地の部隊に攻撃を続けるよう命じた。

軍団と師団の全司令官たちへ　四五年八月一一日一三時三〇分
日本政府内では降伏について意見が分かれている。外相は降伏を求めているが、陸相は降伏に反対し継戦を求めている。ゆえに情勢はいまだ不透明だ。
同志スターリンは以下を命じる。
日本人のいかなる声明にも注意を払うな。これまで以上の速さで課せられた命令の遂行を続けよ。[51]

二度目の「聖断」

ソ連に比べればアメリカは柔軟だった。日本政府が条件付きでポツダム宣言受諾を通知すると、アメリカ政府の方針を示す。こうして送られたバーンズ国務長官の回答に、日本では軍部が反発する。「国体護持」が保証されていないと受け取ったためだ。

最終的に、八月一四日午前一一時からの御前会議で昭和天皇は二度目の「聖断」を下し、再交渉を求める軍部の意見を斥けた。何通りかの「御言葉」が伝えられているが、ある記録によると昭和天皇は最後にこう述べた。

「今陸海軍大臣より聞く所に依れば陸海軍内に異論ある由なるが之等にも良く判らせる様致せよ」（「連合国トノ折衝関係事項　其一其二」防衛省防衛研究所　文庫—柚—七）

昭和天皇の気がかりは、やはり軍部の暴発だった。昭和天皇はこう回想している。

「もっと早く私が終戦させようと思っても陸軍が中々駄目だ。其点からはおかしな話だが、スターリンの参戦という事で陸軍もあきらめがついたという事にもなるのだ」（『昭和天皇拝謁記』一九五一年一〇月三〇日条）

ちなみに、内大臣だった木戸は「「終戦」というような一国の運命を決定するような事柄の決定には両総長の参加を必要としない。〔中略〕これは内閣の責任において総理がこれを取扱うものである」と回想している（「元内大臣侯爵木戸幸一氏からの聴取書」）。

実際に、日清・日露戦争の終戦は内閣が主導した。しかし、一九四五年夏にも閣議決定だけで終戦を決めたならば、軍部は従わず、倒閣に動いただろう。そのため昭和天皇は、陸海相や両総長をはじめ軍首脳部が列席する御前会議で、ポツダム宣言を受諾する理由を二度も丁寧に説明した。「聖断」は「皇軍」を従わせるために必要不可欠な演出だった。

終わらない戦争

一九四五年八月一四日午後一一時、ポツダム宣言実施の用意が日本にはあると、スイス政府を通じてアメリカに、アメリカを通じて英中ソに伝達するよう、東郷外相は加瀬俊一駐スイス公使に打電した。

アメリカはこれに停戦で応じた。八月一五日正午以降、ダグラス・マッカーサー連合国最高司令官の命により米軍の攻撃はやむ。同じ八月一五日正午、「終戦の詔書」のラジオ放送で国民も敗戦を知った。

この「玉音放送」に先立ち、八月一五日午前一一時二〇分から開かれた枢密院会議で、昭和天皇は「今日の場合この無条件降伏に決定したい」と述べたと、列席者の一人は記す（『芳沢謙吉自伝』）。

こうして米英との戦闘は終わった。だがソ連は停戦に応じず、日本側は苦境に陥る。なぜ日ソ戦争は八月一五日に終結しなかったのか。次章からは時間をさかのぼり、各地域での戦闘を見ることで答えを探りたい。

第2章　満洲の蹂躙、関東軍の壊滅

1　開戦までの道程——日ソの作戦計画と動員

満洲国とは

一九三一年九月一八日、いわゆる満洲事変が勃発する。関東軍は「自衛」の名の下に行動を開始し、満洲全土を占領した。翌年三月一日に建国された満洲国は、一九四〇年の臨時国勢調査によると面積は約一三〇万平方キロメートルで、現在のドイツ・フランス・イタリアの国土の合計に匹敵する。

日ソ戦争が始まった一九四五年に、満洲国に何人の日本人がいたのかは正確な統計がない。外務省は、軍人を除き一四九万二六五四人と推定している（『日本外交文書』占領期第三巻）。ここに大規模な召集前の関東軍の軍人、軍属を加えると、二〇〇万人に満たない日本人がいたと思われる。

満洲全図（1945年8月）

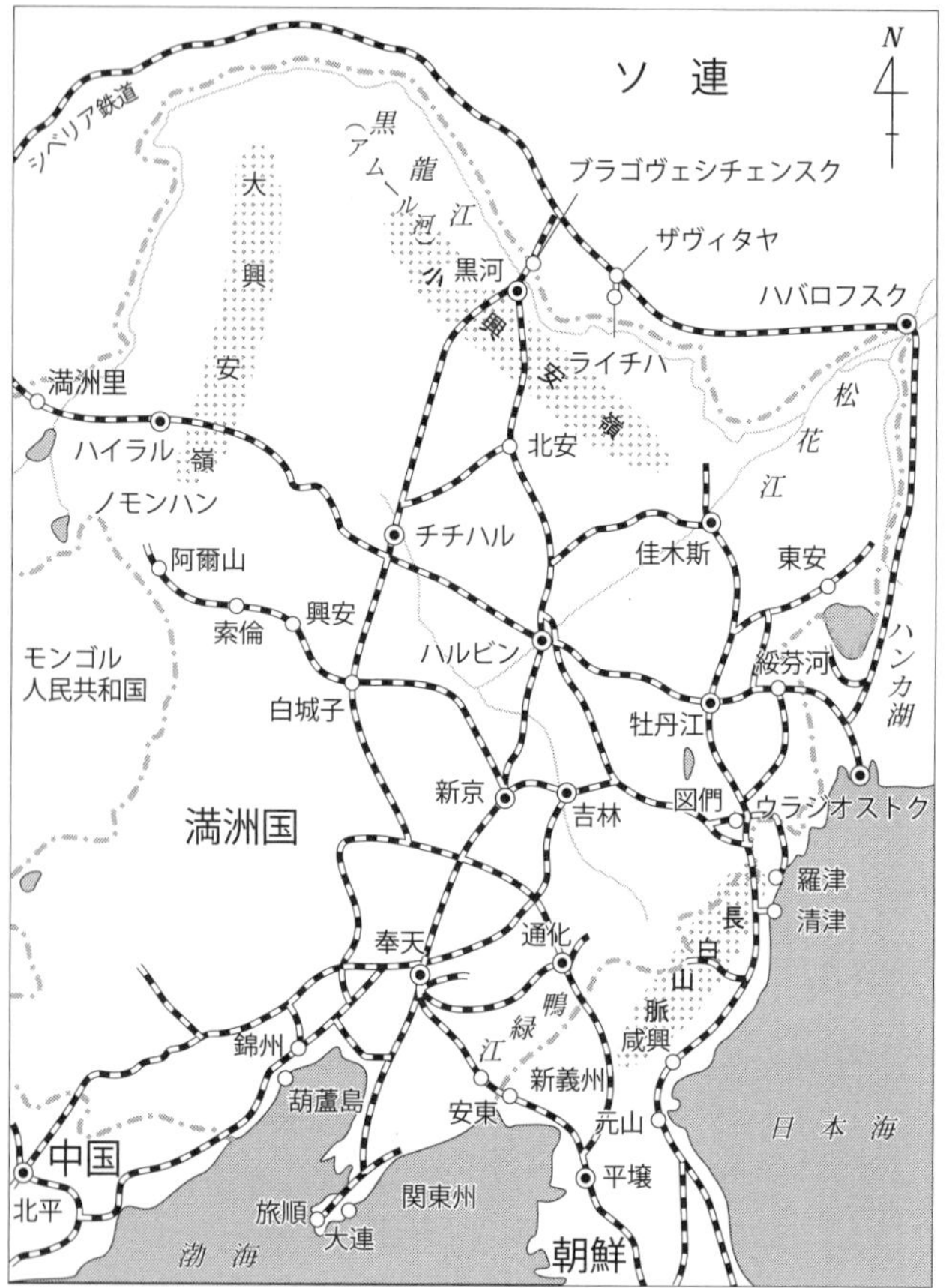

出典：生田美智子編『女たちの満洲』（大阪大学出版会，2015年）を基に筆者作成

満洲国の約四三〇〇万人の人口のうち大部分は漢族である。日本人は満洲国では少数民族だ。しかし、人口と権力は比例しなかった。

満洲国皇帝は、清朝最後の皇帝でもあった愛新覚羅溥儀である。だが、満洲国の皇帝は天皇の下に位置付けられた。天皇の代行として、皇帝に「内面的指導」を行う「後見者」は関東軍総司令官である。要するに、満洲国の真の主権者は皇帝も意のままにできる関東軍総司令官だった（『近代日本の戦争と政治』）。

「満人」と呼ばれた満洲族や漢族の大臣たちも、日本人による支配を目立たせないための飾りだ。実務はその部下である日本人官僚が仕切った。満洲国の国防と治安維持も日本に委託されていた。満洲国の政治は関東軍と日本人官僚が仕切り、民意の多くは汲み上げられなかった。

日ソ戦争にも、こうした満洲国の構造が影響を及ぼしている。

第一に、関東軍の幕僚は満洲国の統治も「兼業」し、戦闘という本来の任務に集中できなくなっていた。

第二に、満洲国の大多数の住民にとって、民意を汲まない満洲国をわざわざ支えるメリットは乏しかった。支配者である日本人は敵意すら抱かれていた。実際、日ソ戦争で関東軍に協力したのは日本人のみだ。いかなる軍隊も住民の協力なくして総力戦は戦えない。

満洲国軍の離反

満洲国の結束の弱さは、満洲国軍の離反からも明らかである。満洲国軍は溥儀を最高指揮官としたが、一九三三年の「満洲国陸軍指導要綱」によって事実上は関東軍の支配下にあった。

満洲国は一九四一年から、満洲国に住む青年に徴兵制を布いた。満洲国の多民族性を反映して、中国人・モンゴル人・朝鮮人・「白系露人」など民族別の部隊も編成される。開戦直前に一三万一〇三名を数え、小規模ながら艦隊や航空部隊も編成されていた（「満洲国軍兵員表」鹵獲関東軍文書）。

日本人も満洲国軍に参加した。しかし、彼らは他民族の将兵たちの監視役でもあった。横暴に振る舞っても優遇される「日系軍官」に、部下の不満は膨らむ。そのためソ連と開戦すると、満洲国軍の多くは逃亡するか、「日系軍官」を殺害してソ連軍に投降した（『帝国日本の大陸政策と満洲国軍』）。

関東軍の最盛期

結局、満洲国の看板が倒れるか否かは、ひとえに関東軍の武力にかかっていた。

満洲事変を「成功」させた石原莞爾は、一九三六年には極東ソ連軍の八割にあたる兵力を満洲と朝鮮に配していれば、ソ連とは対峙できると構想した。その翌年に日中戦争が勃発したことで計算は狂ったが、石原は退役後の一九四一年にも関東軍の戦備強化を訴えた。

彼曰く、日本から満洲国へ軍隊を送るには朝鮮海峡を渡らなければならない。ソ連は沿海地方から飛行機や潜水艦を使ってそれを妨害する。そのため、日本は陸軍の兵力の重点を満洲国に置かなければならない。そして、その補給に必要な生産力を大陸に保持することが絶対に必要だ。これが満洲国の経済建設の目標でなければならない。さらに石原は、こうも高らかに述べた。

「ソ連が極東に飛行機三〇〇〇機を持って来たならば、われわれは満州国に五〇〇〇機を、戦車を一万台持って来たならば、それ以上の戦車をもって対抗しなければならない」（『石原莞爾選集』八）

石原の構想は大風呂敷ではあったが、まったく現実離れというわけでもなかった。

一九四一年六月に独ソ戦が始まると、日独伊三国同盟を結ぶ日本は同年夏にソ連を攻める準備をした。関東軍特種演習、略して「関特演」と呼ばれる。その結果、満洲と朝鮮の兵力はおよそ八〇万人まで増強された。

一方、同年六月から八月にかけて、極東方面軍とザバイカル方面軍を合わせたソ連極東の兵力は五九万六〇〇四人であった[1]。軍事バランスは関東軍に有利だった。しかし、ソ連は対独戦で予想外の粘り強さを見せる。そのため日本は中立を選ぶ。

その後もソ連への侵攻に備えて、一九四三年初めまで関東軍は約八〇万人を維持し、翌年一〇月には司令部が総司令部に拡大された。関東軍の作戦も、一九四四年九月の大本営の命令まではソ連極東へ攻め込むことを前提としていた。

「防衛召集」による水脹れ

やがて、軍事バランスは日本に不利になっていく。一九四一年一二月に始まった日米戦争で戦況が悪化すると、多数の部隊が太平洋方面に動員されたからだ。

当時の帝国陸海軍は、天皇の裁可を受けなければ動けない。昭和天皇は、一九四三年九月二三日に杉山参謀総長が上奏した際に、「南方の兵力増強の為支那より転用する計画なる所満洲よりなし得ざるや」と「御下問」し、中国本土よりも関東軍の部隊を南方に送ることを望んだ（「日記　服務の参考　昭和一八年六月以降〈一九四三年九月二三日条〉」『坪島文雄関係文書』国立国会図書館憲政資料室蔵）。

こうした意向も追い風に、一九四四年二月から本格化した関東軍からの戦力の抽出は、日ソ開戦直前の翌年六月まで続けられた。

このままでは満洲国が守れない。そこで朝鮮や中国から急いで部隊が集められる。さらに、関東軍は開戦一ヵ月前の一九四五年七月から、満洲国内の一七歳から四五歳までの日本人男性二五万人に「防衛召集」をかけた。

開戦直前に満洲国内の日本人を急いで入営させたのは、「根こそぎ動員」といわれることが多い。ただ、「動員」という表現は正確ではない。法律上、関東軍は満洲国に住む日本人を直接動員はできなかったからだ。

満洲国の日本人は日本国籍のままだった。通常なら本籍地のある連隊区に帰って入営する。しかし「動員」ではなく、兵役を終えた者などを「防衛召集」した。「防衛召集」を司るのは本籍地の師管区司令官だったが、一九四五年五月から居住地の司令官に変更して関東軍が彼らを入営させた（『海外引揚の研究』）。このように、法律を改めてでも補充が必要だったのである。

関東軍の実際の兵力

スターリンは日本軍の弱体化を知っていた。一九四五年一月九日、ユーゴスラヴィア臨時政府のアンドリア・ヘブラング産業相との会談で、かつて日本の一個師団には二万人いたが、現在は一万七〇〇〇人以下だろうと述べている。[2]

当時の日本陸軍の歩兵の構成は中隊四個で一個大隊、三個大隊で一個連隊、三個連隊で一個師団を原則とする。師団の規模は二万人前後だが、スターリンが指摘するように終戦前に多くの師団は規定の定員を下回っていた。

しかし、日本軍の実態はさらに心もとない。

一九四五年七月からの「防衛召集」の結果、関東軍は師団二四個、独立混成旅団九個を基幹とする、約七〇万人になったとされる。しかし、その戦力は、従来の精鋭師団の基準からすると、約八・七五個師団相当でしかなかったという（『戦後強制抑留史』第一巻）。

停戦直後、関東軍総司令部はソ連側に、関東軍の将兵は計四四万三五九〇人と報告している。その内訳は第一方面軍が一六万五六六人、第三方面軍が一三万八三二四人、関東軍補給部が二万七一二人、関東軍直轄が一二万三九八八人である。ただし、これは停戦後の推計で航空部隊は含まれていない（「軍兵力区分竝階級別兵員表」鹵獲関東軍文書）。

ソ連側の統計で関東軍の兵力を推測してみよう。ヴァシレフスキー極東ソ連軍総司令官は、九月三日にスターリンへ戦闘の終結を報告した。それによると、九月一日までに五七万三九八四人の関東軍の将兵を武装解除した[3]。負傷者は武装解除された将兵に含まれるとして、ソ連側の主張する日本軍の戦死者八万人を足すと、兵力は六五万人程度となる。もっとも、後述するようにソ連側の戦死者の統計は多めに見積もっているかもしれず、実際の兵力はそれを下回る可能性がある。

こうしてかき集めた兵士たちも陣地を築くために使い、軍事訓練には時間を割けなかった部隊も多い。そして何より、兵士に配る武器も足りなかった。

兵器の生産は日本と朝鮮半島・満洲で分業体制が敷かれ、満洲だけで生産ができる兵器はほとんどなかった。たとえば、航空機は最後の組み立てはできるが、部品は日本からの輸入に頼っていた。結局、兵器の生産能力は「貧弱」で、関東軍の装備はほとんど日本からの補給頼みだった（「満洲兵器生産能力ニ就イテ　一九四五年八月二八日」鹵獲関東軍文書）。そのうえ、関東軍は武器も持ち去られていた。

首都も守れない

一九四五年八月二九日付の関東軍総司令官の山田乙三（やまだおとぞう）大将からソ連側への報告によると、開戦時の武器の保有量は以下の通りだ。小銃約三〇万梃、軽・重機関銃約七〇〇〇梃、火砲は約一八八〇門（うち大口径火砲は約一三〇門）、戦車約五〇〇輛、自動車約一万八〇〇〇台などである（「「ワシレフスキー」元帥ニ対スル報告」鹵獲関東軍文書）。

しかし、広大な満洲国を守るのには足りない。食料こそ「平均三ヵ月の作戦用」があったが、「兵器は定数の七、八割、弾薬は一／一二一会戦分のみ」しかなく、大規模な戦闘をすれば弾薬はすぐに底をつく状況だった（関東軍「後方関係調査要綱　八月二六日」鹵獲関東軍文書）。

山田乙三関東軍総司令官

具体例をあげよう。満洲国の首都新京（しんきょう）（現長春（ちょうしゅん））の防衛を担当する第三〇軍の参謀だった桑正彦（くわまさひこ）中佐によると、大砲は約二〇門しかなかった。彼は、独ソ戦の天王山となったスターリングラード攻防戦の記録映画を見ていた。映画ではソ連軍のあまたの大砲が火を噴いていたのと比べ、「新京を守った日本軍の装備、実に五〇年前の軍隊というも過言でなかった。新京で戦闘が惹起しなかった事をせめてもの幸いと思う」と評している（※「関東軍作戦記録資料」防衛省防衛研究所　満洲―全般―三四五）。

このように、当時の関東軍には満洲国を築いて「皇軍の華」と自画自賛した頃の面影はない。しかし、東京の大本営は本土決戦を優先し、関東軍の弱体化はやむをえないと考えていた。

さらに、前章で見た通り大本営はソ連の和平仲介に期待していた。そうしたなかで、満洲国の国境では陣地の構築もソ連を刺激するとためらわれた。

この「静謐保持」も足枷となる。関東軍総参謀長の秦彦三郎中将は、戦況の悪化につれ、関東軍は「北辺の静謐保持と戦争資源の補給を任とする、完全な総予備隊的性格に変化」していたと回想する（『苦難に堪えて』）。

警告は軽んじられた

一方、東京の大本営では一九四五年五月にはソ連参戦を予測していた。ソ連はいつでも攻撃できるように兵力を整えている。戦争は一二月の極寒期の前になり、八月と九月以降は「厳戒を要すべし」という見立てだ（※「対蘇作戦記録」第一巻　防衛省防衛研究所　満洲―終戦時の日ソ戦―一）。

この予想を立てたのは対ソ情報を担当する大本営陸軍参謀部第二部第五課、通称ロシア課だった。第五課は七月末にも兵力一三〇万人と大量の航空機・戦車がソ連極東に集結していると報告し、「八、九月対日開戦の公算大」と予測した（『大本営陸軍部作戦部長宮崎周一中将日誌』一九四五年七月二七日条）。

根拠の一つは、極東に集結したソ連軍が冬を越す準備をしていないことだ。ならば冬までに満洲を占領するつもりに違いないとして、第五課課長の白木末成大佐は、ソ連の参戦は「八月一杯に始まる」と七月末に周囲に伝えていた（『高木惣吉』一九四五年七月二六日条）。

だが七月の会議で、戦争指導を担当する第一二課を代表して種村大佐が反論した。彼の見立てでは、ソ連が「やおら立ち上がる」のは米軍の本土上陸後だ。大本営で支持を集めたのは種村の意見だった（『戦史叢書』第七三巻）。

大本営の参謀たちは、なぜ根拠の乏しい楽観論にすがったのか。そこには二つの背景がある。第一に、種村ら第一二課は対ソ交渉に期待をかけていたのでソ連参戦は考えたくなかった。第二に、日本軍では作戦を立案する参謀がトップエリートで、情報畑の参謀の発言が軽んじられていた（『情報なき国家の悲劇』）。

それでも、各国の情報収集を担う大本営陸軍参謀部第二部は八月三日にも報告書をまとめ、ソ連は八月末頃に準備を終え、秋には武力を発動する可能性が高いと警鐘を鳴らす。その根拠はシベリア鉄道の輸送量の増加だ。これは国境の監視所が集めた情報を関東軍総司令部の参謀部第二課がまとめ、大本営に送ったと思われる（「大本営陸軍部の一資料よりみたソ連の対日参戦問題について」）。

関東軍でも、情報を担当する第二課は「敵が八月には飛出し得る実力だと見ていた」と、同じ関東軍総司令部で第一課作戦班員だった高杉恭自少佐は回想する。けれども、いまソ連軍に出てこられては準備もできておらず「処置なしというのが各幕僚の本音」で、開戦は「希望的観察が強く働き、明年春という結論を出した」（「関東軍作戦記録資料」）。

こうして、苦労して集めた情報と正確な分析は役に立たなかった。では、ソ連軍が攻撃してきたら日本軍は無策だったのだろうか。

大本営の作戦計画

ソ連軍が兵力を集結させていることは、東京の大本営も認識していた。河辺参謀次長は一九四五年四月一六日の日記で、ソ連がその東部に軍隊を輸送しているという「確報」が入ったことから、スターリンはついに意を決したのだろうかと記す（「河辺虎四郎参謀次長日誌」）。

そうと知っても、作戦を立てる大本営陸軍参謀部第一部長の宮崎周一中将にも良案はなく、ソ連との開戦は「絶体絶命」と記している。その翌日の宮崎の日記には、ようやく決まった作戦として、「本土に於て勝つことを第一義とし　他方面は之を成立せしむる為に持久す」とある（『大本営陸軍部作戦部長宮崎周一中将日誌』一九四五年五月三日条）。大本営からすれば、関東軍は本土決戦のための「捨て駒」に等しい。

　このような対ソ作戦の決裁を梅津参謀総長はためらっていた。五月二日には「帝国の信義に於て満洲の早期放棄案を取るべからず」と語り、満洲国を見捨てる作戦では日本の面子が立たないと思っていた。また、関東軍総司令官などの感情にも「遠慮」があった（「河辺虎四郎参謀次長日誌」）。満洲を捨てる作戦を命じれば、関東軍が機嫌を損ねると忖度（そんたく）した。

　ようやく五月三日に梅津が同意した作戦の「大綱」は以下の通りだ。大陸では米中ソ相手に持久戦をする。ただし、米軍が大陸に上陸してきたら決戦する。関東軍は満鉄沿線の山地と平地とが接する場所に「陣地線」を準備する。国境の陣地もできる限り増兵するが、これは日本に余力があることをソ連に示すためのものだ。もっとも、河辺からすると思い切りの悪い「弥縫（びほう）策」としか映らなかったし、こんなにも愚図ついていては戦局には間に合わないと河辺は日記で酷評している（同前）。

　一方、ソ連軍集結について陸軍が海軍に知らせたのは、それからさらに二週間後だ（『高木惣吉』一九四五年五月一六日条）。海軍は残る艦艇と航空機はすべて、アメリカとの本土決戦に投入するつもりでいた。とはいえ、消極的ながら五月二三日に対ソ作戦を立てる（大海令第四一号）。以下では、日ソ戦争の主力だった陸軍の作戦に焦点を当てたい。

関東軍の最後の作戦計画

河辺参謀次長が出張し、各軍への根回しを終えてから、ようやく五月三〇日に関東軍へ新たな部隊編成と作戦任務が与えられた（大陸命第一三三八・一三三九・一三四〇号）。ここで、対ソ作戦を準備する地域として大本営が指定したのは朝鮮北部のみだ。理由は不明だが、対ソ作戦としては最重要の満洲が抜け落ちている。

六月四日、梅津参謀総長が大連を訪れた。そして山田関東軍総司令官と支那派遣軍総司令官の岡村寧次大将と会談する。ここで、梅津は大本営が立てた作戦を示した。

関東軍は七月五日に「対露作戦計画」を決定したと公式の戦史には記されている（『戦史叢書』第七三巻）。だが、山田総司令官の回想では大連から戻った直後の六月上旬には作戦を立て、六月一四日（「関東軍作戦記録資料」では六月一五日）に新京で兵団長たちに示した。作戦のポイントは次の四点だ。

①朝鮮半島の北東部の山系や牡丹江（現黒龍江省牡丹江市）の西側の山系、小興安嶺・大興安嶺・四洮鉄道（四平―洮南）の線外の地域で、敵の進攻を遅らせる

②その後、満洲の広さや地形を利用して持久作戦を行い、ゲリラ戦も展開する

③大連から新京を結ぶ鉄道（連京線）の沿線で、敵の後方線が伸びたのに乗じて機をうかがい反撃する

④第一項の線内で軍主力による持久作戦を行う

（「山田乙三回想日記」防衛省防衛研究所　満洲―大東亜戦争―一三五）

関東軍総司令部が停戦直後の一九四五年八月二九日に作成した文書も、ほぼ同じ作戦計画を伝える。

国境地帯に於て極力敵の前進を遅滞するとともに主力を連京沿線地区に集結し西方より突進する敵を邀撃し之を各個に撃破す。止むを得さるも東辺道（通化地区）を確保し長期持久を策して本土決戦の遂行を有利ならしむ

（「関東軍作戦構想ノ大要」鹵獲関東軍文書）

勝利よりも持久戦を

定石に則れば、迎え撃つ関東軍は各方面から殺到する敵を各個撃破していく内線作戦となる。この作戦ならば、特定の方面に兵力を集中させることで、全体としてみれば数的に劣勢でも戦場によっては優位にも立てる。

その代わり、迅速な戦力の転用が求められる。そのためには戦車や車輛の配備などによる機動力の向上、道路や鉄道といったインフラの整備が必要だ。だが、関東軍が作戦をソ連領

への攻撃から満洲の防衛に転換したのは一九四四年と遅れ、準備もままならなかった。
そこで大本営は、満洲の地形を利用した持久戦に持ち込もうとした。しかし、防御だけに専念していては敵が消耗するほかは勝利を期待できず、膠着状態となる可能性が高い。決定的な勝利を得るには敵軍の中枢を砕く攻撃が必要となる（『戦争の変遷』）。

だが東京の大本営は、関東軍が積極的な攻勢に出て勝利することを望んでいない。期待するのは、本土決戦の間、ソ連軍を大陸に足止めすることだ。満洲で勝っても本土決戦で敗れれば元も子もないというのが本音である。

関東軍総司令部第一課の参謀で、作戦班長だった草地貞吾大佐の表現を借りれば、「本戦」は日本での本土決戦で、満洲は「支戦」であり、関東軍は大陸の一角から「本戦」に協力するよう要求されていた（「関東軍終戦の概貌」）。そのため、関東軍は自らが作った満洲国を犠牲にしてでも、大本営の求める持久戦の方針に従った。

最後の砦は通化

関東軍は大本営の方針に従い、軍の主力を温存し抵抗を長引かせることを第一にした。兵力も南へ集められる。すでに一九四五年五月には、チチハルにあった第三方面軍の司令部は南満洲の防衛のため奉天（現瀋陽）へ移していた。こうした急速な配置転換は開戦直前にさらなる混乱を招いた。もっとも、その方針を示したのは大本営だ。関東軍のみを責めるのは酷だろう。

関東軍は最後の拠点に通化市を選ぶ。満洲と朝鮮の国境にある小都市である。通化の周辺では、一九四五年七月から急ピッチで要塞の建設が始まる。この工事は「光建設」と呼ばれた。

しかし、準備は間に合わなかった。関東軍の秦総参謀長によると、開戦直後に移動した通化には新京との間に電信線があっただけで防空設備もできておらず、対戦車壕も掘りはじめたばかりで、「泥棒を見て縄をなうの感が深い」（「関東軍の最後」）。

なぜ準備は遅れたのか。時間の制約や資材不足だけが原因ではない。関東軍総司令部の第二課参謀だった薬袋宗直（みないむねなお）少佐によると、「敵にも、満洲国官民にも、居留民にも、関東軍の健在をあくまで誇示しなければならぬ」ジレンマがあったという（「昭和二〇年八月一五日その日と、それから戦場を去るまで（二）」）。

つまり、通化を最後の拠点にする準備は隠密裏に行われねばならず、大規模な工事に踏み切れなかった。ここにも、「対ソ静謐」という国家戦略と、「対ソ防衛」という関東軍の作戦目標の間に矛盾が見られる。

ソ連軍の作戦計画――一九四〇年

次にソ連側の作戦計画を見てみたい。

日本との戦争に備えて本格的な作戦計画がまとめられたのは、一九四〇年八月である。ソ連の軍部は西からドイツ軍が、東からは日本軍が参戦する事態を想定した。それに対抗するため、セミョーン・ティモシェンコ国防人民委員とボリス・シャポシニコフ参謀総長がスターリンらに提出した作戦計画が日ソ戦争における作戦の原型となる。

それによると、満洲西部の国境沿いに展開していたザバイカル方面軍が主力となってハイラルを占領し、さらに鉄道に沿ってチチハルまで進軍する。これとは別の部隊が鉄道駅のある洮南まで進出する。

満洲東部の国境沿いに展開する極東方面軍は、沿海地方に侵攻する日本軍を撃退し、最終的にはハルビンまで進出する。アムール河を渡河する作戦や、日本軍を混乱させるため鉄道の分岐点を爆撃し、朝鮮半島では北東部にある雄基(ゆうき)・羅津(らしん)・清津(せいしん)の港を破壊するなど、一九四五年の作戦に似ている。[4]

一九四一年六月からはドイツとの戦争にソ連軍はかかりきりになる。しかし、その間にも対日戦の研究は続けられた。一九四四年三月にザバイカル方面軍が立案した満洲への侵攻作戦は、ハイラルを攻略し、大興安嶺を突破して満洲国の中央部へ突入するというものだ。[5]このように周到な準備がソ連の勝因の一つだろう。

米英ソ作戦会議——一九四四年

ソ連側が米英に対日作戦の構想を示したのは一九四四年秋である。その際、まずは米英から共同作戦の全体像が提示された。

一九四四年一〇月一四日のスターリンとの会談で、チャーチルはビルマでの勝利、そして東南アジアへの進出を語った。続いてアメリカのディーン在ソ米軍使節団長が対日作戦を説明する。その作戦は、一九四四年九月のケベックにおける米英合同参謀長会議の決定に基づく。

日本を無条件降伏に導くため、第一段階では、日本の軍事力を削ぎ、海上と空から日本を封鎖する。同時に、空襲を続け、日本の海上・航空兵力を壊滅させる。日本の工業地帯の中枢を占領するのは第二段階とされた。日本側のいう本土決戦のことだ。

計画倒れに終わったが、日本の封鎖にはイギリスの艦隊も一九四五年中頃には参加し、米英の共同作戦となるはずだった。ディーンは、このように南方から米英が日本本土に迫るなか、北方からの攻撃もあって初めて日本本土への上陸作戦は成功すると、ソ連側を口説いた。そして、ドイツ降伏後、ソ連がただちに対日戦に参戦するよう米軍の統合参謀本部は望んでいると伝えた。[6]

満洲への侵攻経路の決定

これを受けて、翌日にソ連側が対日作戦を披露した。一〇月一五日、スターリンの前でソ連軍参謀次長のアレクセイ・アントーノフ大将が、ハリマン駐ソ米国大使やイギリスのイーデン外相、ディーン在ソ米軍使節団長らに満洲の地形から説明した。

戦場となるのは、満洲国とソ連の国境三一〇〇キロ（実際には四〇〇〇キロを超える）、満洲国とモンゴルの国境は一七〇〇キロに及ぶ広大な地域である。しかも、満洲の西には大興安嶺、東には小興安嶺と長白山脈（ちょうはくさんみゃく）がそびえ、満洲国の中心部への侵入を阻んでいる。

なかでも、大興安嶺を越えるのは容易ではない。そこで考えられたのが、モンゴルから現在の河北省張家口（ちょうかこう）市（ロシア名はカルガン）へ至る迂回路である。もっとも、草原や砂漠地帯を突っ切るこのルートは、水や燃料などの補給が困難と予想された。

他に、ハイラルからチチハルへ鉄道沿いに東進するルート、アムール河（黒龍江）を渡って、ブラゴヴェシチェンスクからチチハルへ、あるいは沿海州からハルビンへ侵攻するルートも提示された。しかし、どれも一長一短だった。

どこに攻勢の重点を置くか（主攻）は、一〇月一七日にスターリンからハリマンやディーンらアメリカ側に示された。満洲へ直接圧力をかけながらバイカル湖の南から張家口を通り、北京へ至る部隊が関東軍を包囲する。そして、日本軍の援軍が万里の長城内から来るのを阻止する。日本軍を朝鮮へも撤退させない。スターリンは必要な兵力を六〇個師団と見積もり、ソ連軍の増強は三ヵ月で完了するとした。彼は「われわれは日本の背骨をへし折らなければならない」と発言をしめくくっている。[7]

アメリカが物資を供給

スターリンが気がかりなのは兵站だ。一九四四年一〇月一五日の会議では、スターリンはシベリア鉄道が六〇個師団の燃料、食料や他の軍需品を供給できるとは信じられないと述べた。極東の備蓄の大半は西の戦線へ送られ、たった一ヵ月分の備蓄しかないという[8]。スターリンは、シベリア鉄道は輸送力に乏しいので東ヨーロッパから輸送する兵力と物資だけに頼れないが、もしアメリカが物資を極東の港まで輸送してくれれば、日本との戦争準備は整うと示唆した。

彼の脳裏をよぎるのは、日露戦争（一九〇四～〇五年）の敗戦だ。しかし、物資さえあれば日本を打倒できるとスターリンは請け合う。

「一九〇四年と一九四四年に似たところは一つもない。一九〇四年にロシアは孤立していたのに対し、日本は好きな所へ自由に動くことができた。ロシアはもう孤立していない。孤立しているのは日本だ[9]」

実はスターリンはこの会議の直前に、極東に兵力を集めるのに必要な時間をソ連軍の参謀本部に見積もらせていた。兵力の集結はドイツ降伏から四ヵ月後に完了とされたが、スターリンは不満で計算をやり直させた。その結果、三ヵ月後に短縮されたが、アメリカが大量の物資を投入した場合という条件が付いた（「ソ連の初期対日占領構想」）。

そこでスターリンは、一九四四年一〇月一七日にハリマン駐ソ米国大使とディーン在ソ米軍使節団長に必要な軍需物資のリストを渡す。兵士一五〇万人・戦車三〇〇〇輌・航空機五〇〇〇機などを支えるのに必要な車輌・ガソリン・食料・衣服・艦艇などを求めた[10]。翌年五月には、一八〇万トンの追加物資も要求する[11]。

アメリカはこの要求に応える。アメリカ西海岸から北太平洋を経て、シベリア鉄道の起点であるウラジオストクに船舶で輸送を続けた。これは「マイルポスト計画」という暗号名で呼ばれた。

スターリンの軍事理論

スターリンがこうも兵站にこだわったのは、ソ連軍の戦術、すなわち戦闘で勝つための方法が、物量と兵力で圧倒する正攻法だったことによる。

スターリンの戦術は、一九四二年二月二三日に出した命令に集約されている。そこでは、戦争の帰趨(きすう)を常に決するのは、銃後の安定、軍の士気、師団の数と質、軍の装備、軍指導部の組織能力の五点だと強調している。奇襲や戦場の空間・気候などは一時的要因とされた(国防人民委員命令第五五号)。この布告はドイツ軍の奇襲に苦しむソ連軍を鼓舞するためでもあったが、以後ソ連の軍事理論の中核となる。

こうしたスターリンの戦術に基づいて、戦況が有利になるにつれ、ソ連軍は会戦前に相手を上回る戦力を準備し、先手を打つようになる。独ソ戦で一九四四年六月二二日にベラルーシで始まった「バグラチオン作戦」はその典型だ。衆寡敵せず、ドイツ軍の主力は壊滅した。このように敵をはじめから圧倒する戦術は日ソ戦争にも応用される。

遅れたソ連軍の転進

もっとも、スターリンが対日戦に本腰を入れても、ソ連の軍部は急には対応できない。ヤルタ会談に行く前から、スターリンはヴァシレフスキー参謀総長とアントーノフ参謀次長を招き、何とか参戦を早められないか研究を命じていた。それでも、ヤルタで決められた開戦時期、すなわち、ドイツ降伏後二、三ヵ月というのは軍人たちには厳しいものだった。[12]軍部は対独戦を優先していたからだ。

一九四五年二月八日、アントーノフ参謀次長はヤルタで開かれた米ソ参謀長会議で弁明する。前年には一九四五年初頭に部隊を極東へ移動させる計画を立てていた。しかし、ドイツとの戦いに全軍を動員することになった。したがって、「予定されていた部隊の移動は遅れる[13]」。

極東への兵力の移動が始まったのは同年四月一日からだ。[14]輸送が本格化するのはドイツ降伏後の五月からである。通説ではドイツを倒したソ連軍が大挙して極東へ押し寄せたとされるが、実際はそれ以前から極東に駐留する将兵が主力となった。

実はドイツに勝利してから、ソ連は将兵を故郷に帰す復員も進めていた。長年の戦乱でソ連国内の農村が荒廃し、飢饉が広がっていたためだ。そこで、五月二一日と翌日に開かれた会議で、スターリンは歩兵部隊の四〇〜六〇％の動員を解除すると宣言した。ただし対日戦を控える極東やザバイカルの部隊は別だ（『勝利と悲劇』下巻）。ソ連軍は復員と転進を同時に進める綱渡りを夏まで続けることになる。

鉄道と基地の整備

部隊の集結を待つ間にも、ソ連側は時間を浪費したわけではない。急いだのはインフラの整備だ。

モンゴル人民共和国東部には大規模な基地が築かれる。後述するザバイカル方面軍の司令部も同じ東部のタムツァグ・ブラク（現タムスク）に置かれた[15]。

この地域は一九三九年に戦場となったノモンハンとも近い。そのためソ連はシベリア鉄道と接続する路線を国境へ向けて延伸させ、ソ連軍の兵站を支えた。

極東では道路工事や橋の修繕も進められたが、大量の将兵と物資を西から東へ輸送するための唯一のインフラとして、シベリア鉄道の改修が何より急務だった。そのために国家防衛委員会は、一九四五年四月一三日付の命令でソ連極東の鉄道の管理を一元化した[16]。鉄道の運行も軍が直接管理することになる（「ソ連の対日参戦における国家防衛委員会の役割」）。

ソ連軍の動員完了

こうした準備を知らされていないアメリカは、ソ連の腰の重さに業を煮やしていた。そこで、ローズヴェルト前大統領の側近だったホプキンズが大統領特使としてモスクワに派遣される。

一九四五年五月二八日のホプキンズとの会談でスターリンはこう述べた。ソ連軍の主力は八月八日までに配置につくものの、正確な参戦の期日はソ連の希望したヤルタでの合意が履行されるかにかかっている。もし中国側と合意ができたら八月に作戦を開始する。しかし、中国側との会談は極東へソ連軍を移動させている間は延期したいと、七月上旬を指定した[17]。

アメリカをいなしつつ、スターリンは準備を加速させる。

六月三日、国家防衛委員会は長文の命令を各部署に発した。八月一日までに極東へ部隊を集結させること、さらに軍を支えるガソリン・小麦・肉などの兵站も、八月一日までに輸送を完了するよう命じた[18]。

こうして五月から八月八日までに、将兵四〇万三〇〇〇人以上、大砲と迫撃砲七一三七門、戦車と自走砲二一一九輌、トラック一万七三七四輌、馬匹三万六〇〇〇頭以上などがソ連極東へ送られた[19]。西からの援軍を得て、八月に極東ソ連軍は合計一七四万七四六五人となる[20]。

大詰めの準備

一九四五年六月二四日、モスクワの赤の広場で対独戦勝記念のパレードが華々しく開催された。その翌日には戦勝祝賀会が開かれ、さらに六月二六日にはスターリンが大元帥に昇任した。

こうしたお祭り騒ぎのあと、対日戦の準備は大詰めを迎える。

ヴァシレフスキー極東ソ連軍総司令官

六月二八日、スターリンは沿海兵団・ザバイカル方面軍・極東方面軍の司令官たちへ、満洲への侵攻作戦の準備を命じた。作戦の目的は三方面軍が「協同して満洲中央部へ突入」し、関東軍を壊滅させてハルビン・新京・奉天・清津などを占領することとされ、準備は七月二五日までに終えるよう命じられた。[21]

作戦の総指揮はヴァシレフスキー元帥に委ねられた。彼は独ソ戦で頭角を現して、一九四二年に参謀総長兼国防人民委員代理に任命されていた。スターリンと同じく神学校出身でもあったので気に入られたという。

六月二九日、ヴァシレフスキーと幕僚は特別列車でモスクワを発った。[22] チタに到着したのは七月五日だ。七月三〇日、最高総司令部は彼をザバイカル方面軍・極東方面軍・沿海兵団・太平洋艦隊を統べる極東ソ連軍総司令官に任命する。[23]

ヴァシレフスキーの提案に基づき、八月五日から最高総司令部は沿海兵団を第一極東方面軍に、従来の極東方面軍を第二極東方面軍に改編した。[24] 以下では、この名称を用いる。

敵意を醸成する

部隊はそろったが、戦うための士気が上がらずにソ連軍は苦心していた。独ソ戦ではソ連が侵略され、ドイツ軍が占領地で蛮行を繰り広げたこともあり、兵士たちの敵意を高めるのは難しくなかった。しかし、日本はソ連を侵略していないため、日本への敵意を醸成するために主に二つの方法がとられた。

第一に、プロパガンダの強化である。

東ヨーロッパから極東への転戦を命じられた部隊では特に失望が広がっていた。ドイツが降伏し、ようやく故郷に帰れると思っていたからだ。そのため、各部隊では「祖国愛と日本帝国主義への憎悪の精神」に基づくプロパガンダが強化された。ただ、ドイツ軍を相手にしてきた彼らは日本軍を甘く見て、開戦後も警戒を怠りがちだったという。一方、極東の部隊は日本との戦争に備えてきたため、士気や規律は比較的高かった。[25]

なお、日本軍に開戦の意図が漏れるのを恐れて、将兵たちへの宣伝には新聞やラジオを大々的には使えなかった。代わりに、各部隊に配属された政治委員（コミッサール）や、共産党員の将兵が小さな集まりを開いて戦争の大義を説き、士気を鼓舞した。集会は開戦後も続けられた（『関東軍壊滅す』）。

第二は、「歴史」の利用だ。

一九四四年一一月にカー駐ソ英国大使は、一九二〇年にシベリア出兵中の日本軍に殺害された革命家セルゲイ・ラゾの肖像が切手に採用され、日露戦争における旅順の攻防を描いた小説が刊行されたことをソ連の対日態度の変化として報告している。[26]

後者は、アレクサンドル・ステパノフの小説『旅順口』を指すのだろう。旅順を守る将軍たちの腐敗と下級将校や兵士たちの勇気を対にして描き、一九四六年にはスターリン賞も受賞した。原本は一九四〇年の刊行だが、四四年に大量に刷られた。極東に向かう車内で、よく将兵はこの小説を読んでいたという。[27] こうして日露戦争の復讐というプロパガンダが浸透した。

2 ソ連軍の侵攻——八月九日未明からの一ヵ月

三方向から攻める

一九四五年八月九日未明、極東ソ連軍の満洲侵攻が始まる。

開戦からまもないモスクワ時間の八月八日深夜に、スターリンはハリマン駐ソ米国大使に戦況を解説した。

ソ連軍は東西から国境を越え、いまのところ強い抵抗にあっていない。機甲部隊はウランバートルの南から国境を越え、ゴビ砂漠を越えて奉天へと迫るだろう。どうやら日本人は不意打ちを食らったようだと。

スターリンはさらに続けた。ハバロフスクとブラゴヴェシチェンスクの間にいるソ連軍の攻撃はまだだが、満洲の中央部にいる日本軍が弱まるのを待ってその部隊も攻撃に出る。目下の標的はハルビンと新京である。スターリンは想定よりも戦況はずっとうまくいっていると語り、上機嫌だった[28]。

八月一一日には、モスクワを訪れた米軍のドワイト・アイゼンハワー元帥がアントーノフ参謀総長から戦況の説明を受けている。

アントーノフによるとソ連軍は三方から攻勢をかけている。西からはロディオン・マリノフスキー元帥がザバイカル方面軍を率い、ハイラルを越え大興安嶺へ進んでいる。包囲網を築くため、戦車を中心とする機甲部隊が南満洲へ向けて三〇〇キロ前進している。

東からはキリル・メレツコフ元帥が率いる第一極東方面軍が、沿海地方から国境を越えハルビンと新京を目指す。

北からはマクシム・プルカーエフ上級大将の率いる第二極東方面軍がハルビンを目指している。彼の軍はまた、ハバロフスクとウラジオストクを結ぶシベリア鉄道の保護を任務としている。そして、彼ら極東ソ連軍の目標は「満洲を華北から分離し、朝鮮へ進軍する」こと

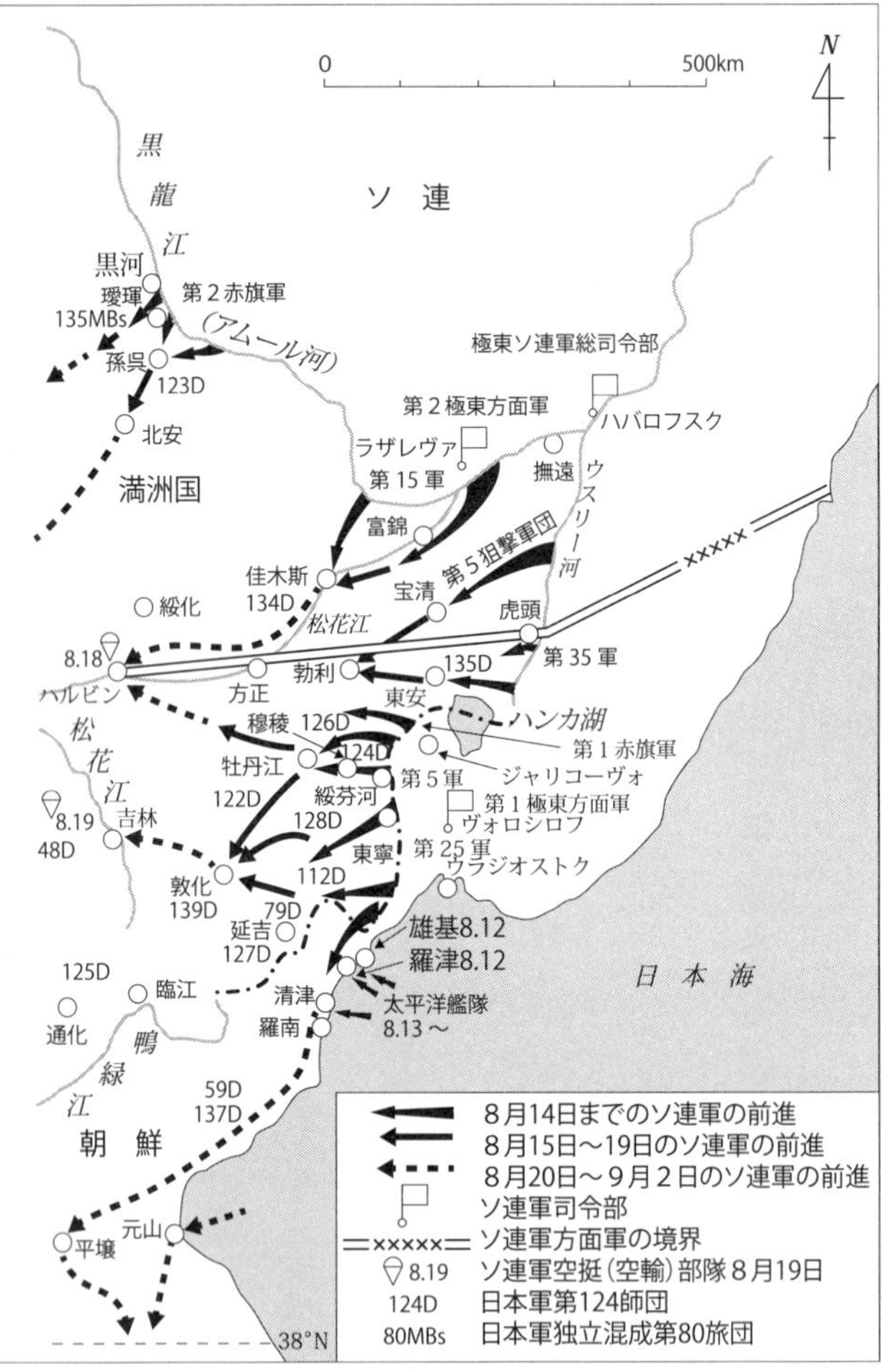

基金，2005年）を基に筆者作成

ソ連軍の満洲侵攻図

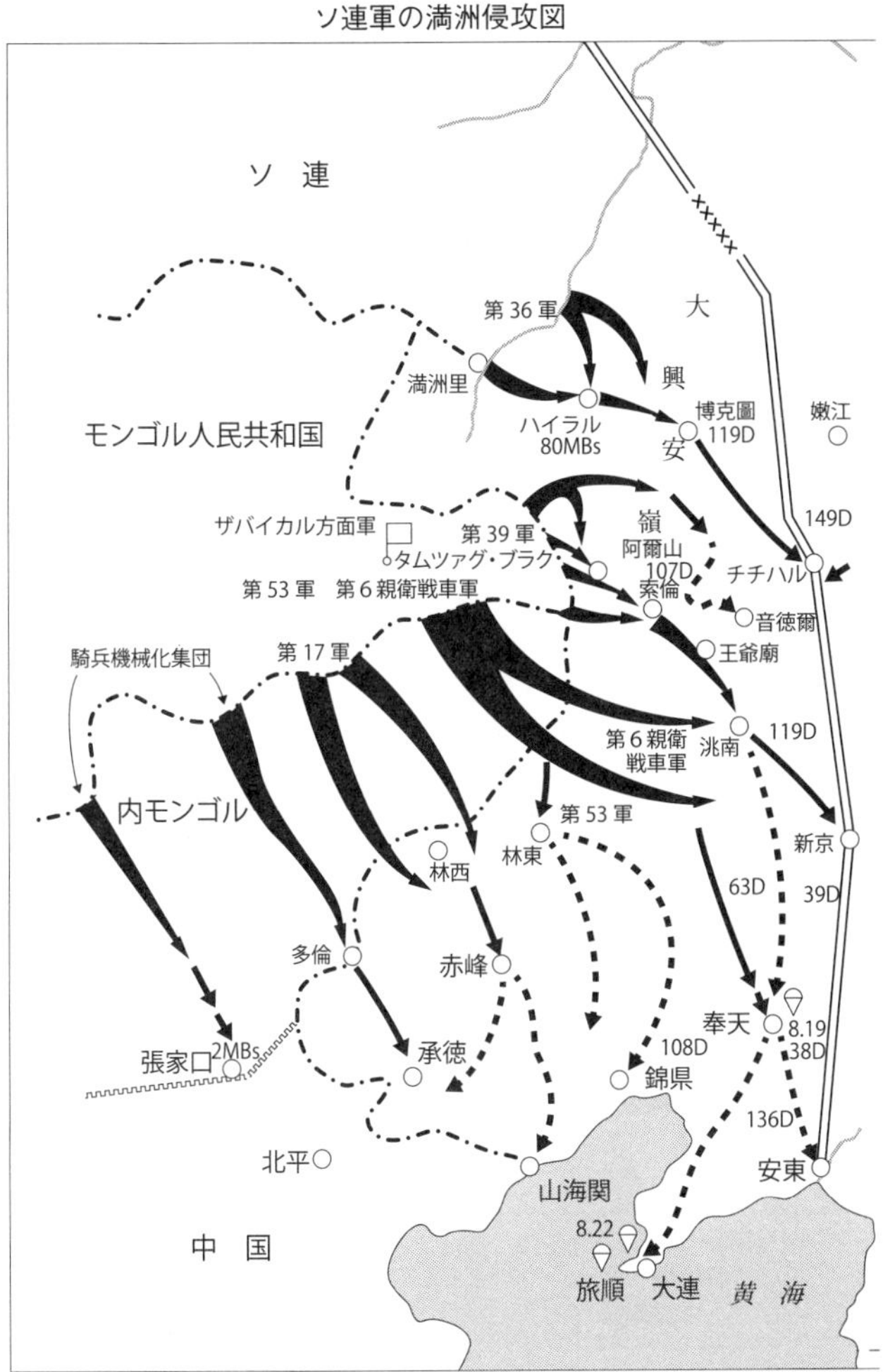

註記：ソ連軍は軍（一部軍団），日本軍は師団（一部独立混成旅団）を示す
出典：戦後強制抑留史編纂委員会編『戦後強制抑留史』第1巻（平和祈念事業特別

極東ソ連軍主要部隊の編成（日ソ戦争開戦時）

極東ソ連軍総司令部　アレクサンドル・ヴァシレフスキー元帥

極東ソ連軍（陸海空）総計　174万7465人

- 第１極東方面軍　キリル・メレツコフ元帥　53万1005人
  - 第１赤旗軍　アファナシ・ベロバローダフ大将
  - 第５軍　ニコライ・クリロフ大将
  - 第25軍　イヴァン・チスチャコフ大将
  - 第35軍　ニカノール・ザフヴァターエフ中将
  - 第９航空軍　イヴァン・ソコロフ空軍大将
  - チュグェフスカ機動部隊　ウラジーミル・ザイツェフ少将
  - 沿海防空軍　アントン・ゲラシモフ中将
  - 方面軍予備
    - 第87狙撃軍団　フョードル・ボリーソフ少将
- 第２極東方面軍　マクシム・プルカーエフ上級大将　26万4232人
  - 第２赤旗軍　マカール・テリョーヒン中将
  - 第15軍　ステパン・マモノフ中将
  - 第16軍　レオンティー・チェレミソフ少将
  - 第10航空軍　パーヴェル・ジーガリョフ空軍大将
  - プリアムール防空軍　ヤコフ・ポリャーコフ少将
- ザバイカル方面軍　ロディオン・マリノフスキー元帥　58万2516人
  - 第17軍　アレクセイ・ダニーロフ中将
  - 第36軍　アレクサンドル・ルチーンスキー中将
  - 第39軍　イヴァン・リュードニコフ大将
  - 第53軍　イヴァン・マナガロフ大将
  - 第６親衛戦車軍　アンドレイ・クラフチェンコ大将
  - 騎兵機械化集団　イッサ・プリエーフ大将
  - 第12航空軍　セルゲイ・フジコフ空軍元帥
  - ザバイカル防空軍　ピョートル・ラシコーフ少将
- 太平洋艦隊　イヴァン・ユマーシェフ海軍元帥　17万7395人
  - 北太平洋艦隊　ウラジーミル・アンドレエフ海軍中将
  - アムール赤旗艦隊　ネオン・アントーノフ海軍少将

註記：人名は司令官．人数は将兵数．数字は日ソ開戦直前の1945年８月の将兵数（第2章註記20参照）

ソ連軍の指揮系統（日ソ戦争当時）

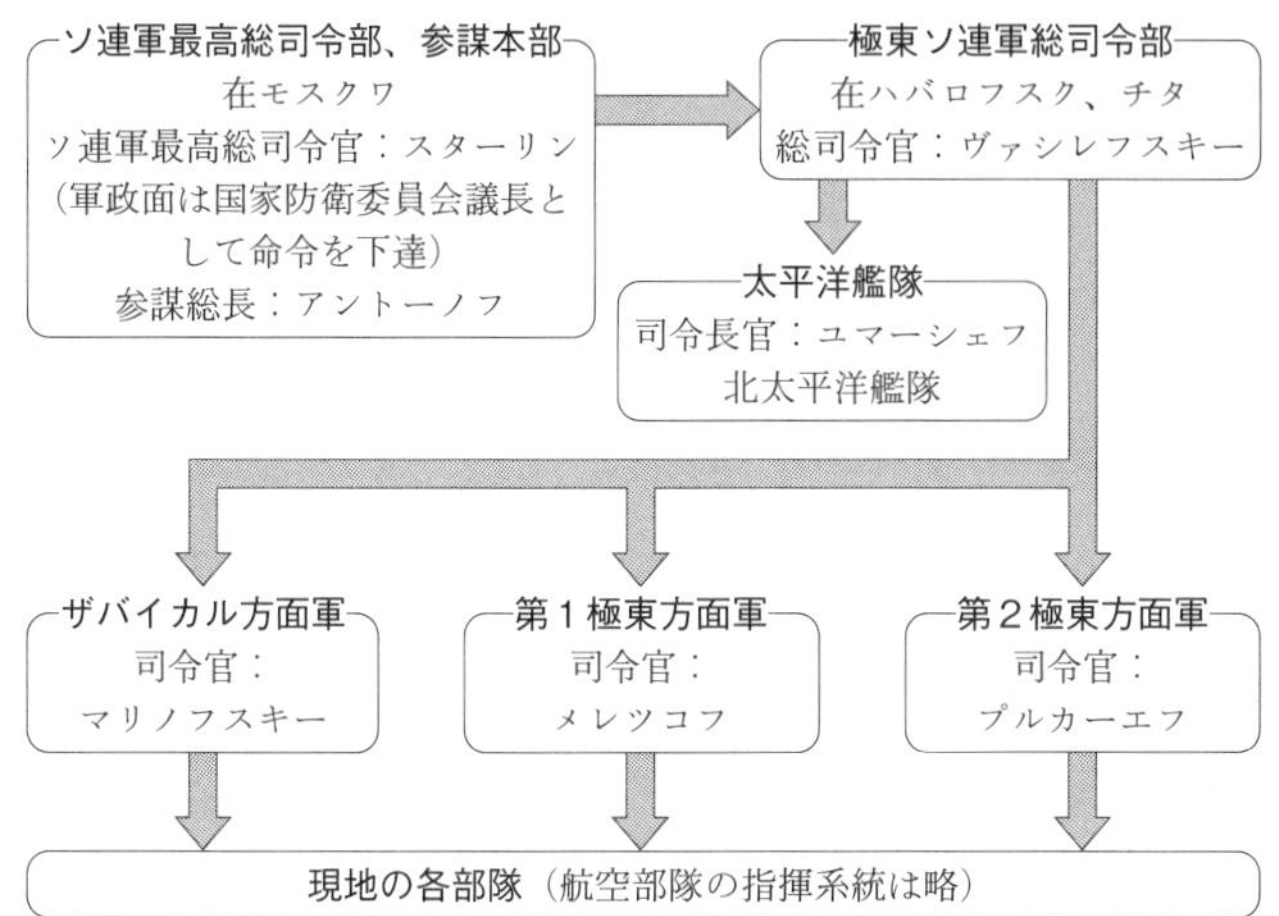

極東ソ連軍の司令官たち　左からメレツコフ第１極東方面軍司令官，マリノフスキー・ザバイカル方面軍司令官，ヴァシレフスキー極東ソ連軍総司令官

だと説明した[29]。

理論的に見ると、満洲におけるソ連軍の作戦は外側から分散して攻める外線作戦である。外線作戦ではどの方向から攻めるか選べるので、緒戦に主導権を握れる。複数の方面から一斉に攻めかかると敵は混乱し、反撃計画すら立てられないようにもできる。

外線作戦の欠点は、各方面から同時に攻めるので大量の兵力を必要とし、それを分散させなくてはならないことだ。だが母数が大きいため、ソ連軍はいずれの方面でも対峙する関東軍の兵力を上回った。

満洲を放棄せよ

次に、東京の大本営の視点から戦争勃発を見てみよう。

開戦前日の一九四五年八月八日に、ソ連はいきなり宣戦布告してくることはないと陸軍省軍務局軍務課は分析していた。対独戦が終わったばかりで、ソ連国民を戦争に駆り立てるのが難しいという理由だ。また参戦するにしても、大陸からの撤兵を求める最後通牒をソ連は突きつけてくると予想していた。そしてソ連が無警告で攻撃してきても、応戦は「自衛上必要最小限」にして、全面戦争にしないとする案も八月七日に練っていた（「連合国トノ折衝関係事項　其一其二」）。それだけソ連と戦争はしてはならないし、あってほしくないとも願っていた。しかし、その甘い願望は打ち砕かれる。

大本営陸軍部には、八月九日午前六時に海外放送で開戦の情報が入った。河辺参謀次長は、満洲国の国境線では頑強に抵抗するが、満洲を放棄して、有力な兵団を急いで朝鮮南部に下げると対策をメモする。そして梅津参謀総長と阿南陸相の了承を得た（「河辺虎四郎参謀次長日誌」）。

こうして八月九日に、梅津は関東軍に「皇土朝鮮を保衛」するように命じる（大陸命第一三七四号）。それは天皇の治める朝鮮を守れという意味で、日本の領土ではない満洲の放棄を暗に命じたものだ。

開戦を信じたくない大本営

梅津参謀総長が「全面的作戦」の開始を命じるのは翌八月一〇日になる（大陸命第一三七八号）。一刻を争う時に作戦開始の命令が遅れたのは、大本営の参謀たちがなおも現実を認めようとしなかったからだ。

開戦後の八月九日に、大本営で陸軍部と海軍部の作戦の打ち合わせが行われた。発言者はわからないが、この場でもソ連参戦は「政略的威嚇の色彩濃厚なり」「攻撃準備未完のまま開戦せる色彩あり」といった発言が出ている（「S一九・一二～二〇・八　軍令部部員土肥一夫中佐覚書帳四」防衛省防衛研究所　中央―日誌回想―三四八）。

大本営の一部は、まだソ連との交渉に未練もあった。ソ連参戦後に作成された文書でも、皇室を中心とする国体護持と国家の独立維持を「最低条件」に対ソ交渉は継続するとある(『防衛研究所図書館所蔵　大本営陸軍部戦争指導班　機密戦争日誌』一九四五年八月九日条)。

だが、国民にはそうした思惑は伏せられる。八月一〇日午後七時、全軍将兵に「神州護持の聖戦を戦い抜かんのみ」と呼びかける阿南陸相の訓示がラジオで放送された。「和戦両用の構え」では、「軍の士気の崩壊」を招くという軍務課などの判断による(『戦史叢書』第八二巻)。先述のように、八月一一日にスターリンは継戦を命じているが、それはこの訓示で阿南陸相の姿勢を疑ったからかもしれない。

総司令官が留守の関東軍

大本営の一部が現実から目をそらす間にも、現地では戦火が広がる。

当時の関東軍総司令官の山田乙三は、日露戦争も経験した騎兵出身の古参だ。ところが、八月八日から、山田は日本政府からの駐満全権大使として、関東州興亜奉公連盟の総会に出席するため、大連に出張していた。

実は、八月七日から翌日にかけて、虎頭(ことう)(現黒龍江省虎林市)ではソ連側の挑発行為が続いていた。関東軍総司令部でも情報を担当する参謀部第二課は、「開戦の機切迫」と見て、山田に出張を見合わせるよう意見具申したが容れられなかった(「関東軍作戦記録資料」)。

参謀部第二課を除いて総司令部は気が緩んでいた。参謀部第一課参謀の高杉は「敵はこんなチョッカイを出している程度だから大丈夫と反対の錯覚をした。今思い出しても恥かしい様な錯覚である」と反省している（同前）。

山田も数日前から、ソ連軍の国境侵犯がいつもより深いとは知っていたが、情勢は落ち着いたと出張してしまう。新京に戻ってきたのは八月九日正午だ（「山田乙三回想日記」）。

総司令官が留守のまま、八月九日午前二時頃には、関東軍総司令部は全部隊へ反撃準備を命じた。なお、満洲国と日本には時差はない。

幻の決戦構想

戦後まもなく、復員局が作成した「対蘇作戦記録」や「満洲に関する用兵的観察」は、日ソ戦争の基礎文献である。これらは、旧陸軍の高級軍人たちがまとめた、いわゆる「参謀史観」による戦史のさきがけだ。そのなかに、開戦後の第三方面軍と関東軍総司令部の対立が記されている。

関東軍の指揮下には計四つの方面軍と軍があった。牡丹江に司令部を置く第一方面軍、奉天の第三方面軍、チチハルの第四軍、朝鮮北部を守備する第三四軍だ。第一方面軍は満洲の東部、第三方面軍は西部、第四軍が北部でソ連軍と対峙する。

開戦後に第三方面軍司令官の後宮淳（うしろくじゅん）大将は、朝鮮半島に近い通化へ関東軍総司令部が後退するのに反対した。それでは大連から新京を結ぶ連京線沿線に住む多数の日本人を「放

├ 第136師団（本渓湖）中山惇中将
├ 独立混成第79旅団（安東）岡部通少将
├ 独立混成第130旅団（奉天）桑田貞三少将
└ 独立戦車第１旅団（四平）阿野安理少将

├ 関東軍直轄部隊　12万3988人
├ 第４軍（ハルビン）上村幹男中将　６万4052人
├ 第119師団（博克圖）塩澤清宣中将
├ 第123師団（孫呉）北澤貞治郎中将
├ 第149師団（チチハル）佐々木到一中将
├ 独立混成第80旅団（ハイラル）野村登亀江少将
├ 独立混成第131旅団（ハルビン）宇部四雄少将
├ 独立混成第135旅団（璦琿）濱田十之助少将
└ 独立混成第136旅団（嫩江）土谷直二郎少将

├ 第34軍（咸興）櫛淵鍹一中将　２万9317人
├ 第59師団（咸興）藤田茂中将
├ 第137師団（羅南）秋山義兌中将
└ 独立混成第133旅団（新京）原田繁吉少将

└ その他の関東軍直轄部隊　３万619人
├ 機動旅団　木下秀明大佐
├ 大陸鉄道隊（新京）草場辰巳中将
├ 独立混成第134旅団（錦州）後藤俊蔵少将（第３方面軍直轄へ編入）
└ 第125師団（通化）今利龍雄中将（第30軍へ編入）

├ 関東軍補給監部　秦彦三郎中将［補給監兼関東軍総参謀長］２万712人

└ 第２航空軍　原田宇一郎中将

註記：①（　）内は開戦時の駐屯地．連隊などによって駐屯地が異なる場合は複数を記載．②日ソ開戦後に関東軍総司令官の指揮下に置かれたが，参戦しなかった第17方面軍は省略．③人名は司令官．階級は陸軍におけるもの．④将兵数は停戦後にソ連側に提出された「軍兵力区分竝階級別兵員表」（鹵獲関東軍文書，ЦАМО. Ф. 500. Оп. 2. Д. 19. Л. 11-16.）に拠る

関東軍主要部隊の編成（日ソ戦争開戦時）

関東軍総司令部（新京）山田乙三大将
関東軍総計　44万3590人

- 第１方面軍（牡丹江）喜多誠一大将　16万566人
  - 第３軍（延吉）村上啓作中将　６万8389人
    - 第79師団（上三峰）太田貞昌中将
    - 第112師団（琿春）中村次喜藏中将
    - 第127師団（延吉）古賀竜太郎中将
    - 第128師団（羅子溝）水原義重中将
    - 独立混成第132旅団（東寧）鬼武五一少将
  - 第５軍（掖河）清水規矩中将　５万1704人
    - 第124師団（綏陽、穆稜、下城子）椎名正健中将
    - 第126師団（東安）野溝弐彦中将
    - 第135師団（八面通）人見与一中将
  - 第１方面軍直轄部隊　４万473人
    - 第122師団（鏡泊湖）赤鹿理中将
    - 第134師団（佳木斯、依蘭、湯原）井関仭中将
    - 第139師団（敦化）富永恭次中将
- 第３方面軍（奉天）後宮淳大将　13万8324人
  - 第30軍（新京）飯田祥二郎中将　４万330人
    - 第39師団（清原）佐々真之助中将
    - 第138師団（磐石）山本務中将
    - 第148師団（新京）末光元広中将
  - 第44軍（奉天）本郷義夫中将　４万7973人
    - 第63師団（通遼、鄭家屯）岸川健一中将
    - 第107師団（五叉溝、阿爾山）安部孝一中将
    - 第117師団（洮南、開通）鈴木啓久中将
    - 独立戦車第９旅団（四平）北武樹大佐
  - 第３方面軍直轄部隊　５万21人
    - 第108師団（承徳）磐井虎二郎中将

棄」することになる、という理由だ。後宮は、第三方面軍は彼らと生死をともにして、連京線沿線を最後の決戦場にすべきだと考え、部隊を動かし始める（※「対蘇作戦記録」第二巻（其二）　防衛省防衛研究所　満洲—終戦時の日ソ戦—二七）。

あわてたのが総司令部だ。山田総司令官は、奉天で決戦を挑めば関東軍の持久作戦全体が壊れると憂慮した。後宮はその意見を容れたが、作戦は二転三転し、第三方面軍は、第一〇七師団以外、戦わずに終戦を迎えた（『満洲に関する用兵的観察』第二巻、『戦史叢書』第七三巻）。

だが、これらの記述をうのみにはできない。連京線沿線で反撃することは、そもそも六月に総司令部が指示していた作戦である。

作戦変更の責任は誰に

後宮が作戦の変更を言い出したのも、民間人を守るという人道的な理由ではなかった。第三方面軍に期待されていたのは、満洲国の西部で、ソ連の機甲部隊に遊撃戦すなわち小部隊でゲリラ戦を展開することだ。だが、中国本土から転属したばかりの部隊は遊撃戦の準備ができておらず、戦果をあげられないと予想された。そこで、奉天周辺に部隊を集めて、敵の補給線が伸びきったところを一気に叩くという作戦に変更する。山田総司令官も変更を認めたという（「関東軍作戦記録資料」）。

総司令部が八月二九日に作成した文書でも、開戦前から第三方面軍は西から「突進」してくる敵を迎撃するため、第三〇軍を新京へ、第四四軍を奉天に集めることが作戦の第二段階として予定されていた（「関東軍作戦構想ノ大要」鹵獲関東軍文書）。

戦後、後宮もソ連側の尋問に対し、ソ連軍が四平まで来たら、南の奉天と北の新京から出撃し、ソ連軍を包囲殲滅するつもりだったと語っている[30]。

山田が用意していた上奏文でも、開戦後に連京線の沿線へ「勉めて多くの兵力」を集めたと認めている。それによると、ソ連軍の侵攻する速度が「軽視」を許さなかったため、国境地帯を第一の戦場、連京線を第二の戦場とし、その間に「東南満複郭陣地」で準備を進めようとしたという（「上奏　関東軍総司令官山田乙三　昭和二〇年九月一日」鹵獲関東軍文書）。

後宮の独断専行を強調するあまり、これまでは総司令部が作戦変更にあくまで反対したとされてきたが、総司令部は、西側から予想を上回るソ連軍の大攻勢が始まったので、予定よりも早く第三方面軍に部隊の移動を認めたということだ。

後宮淳第3方面軍司令官

部隊の大移動

こうして第三方面軍と総司令部の思惑が重なり、部隊の大移動が始まる。

第三方面軍作戦参謀の末広勇大佐によると、関東軍総司令部は八月一〇日午前五時に、「第三方面軍は第一線兵力の大部を連京線沿線地区に集結」させるよう命じた（「第三方面軍関係記録」防衛省防衛研究所　文庫―柚―二〇八）。

八月一〇日、後宮はまず第四四軍に連京線沿線への後退を命じる。その結果、西からの敵を迎え撃つため、これまで築いていた陣地は捨てられた。他にも、第一一七師団は洮南から公主嶺（現吉林省長春市内）へ、第六三師団は興安南省の通遼から奉天へ向かう。熱河（現承徳）にいた第一〇八師団は移駐が間に合わず、途中でソ連軍に武装解除された。同じく新京への移駐を命じられた第一〇七師団の悲劇は後述する。

突然の移駐で、命拾いした将兵も多いだろう。しかし、作戦がぶれたので兵力を無駄にしたともいえる。また、引き揚げを待つ居留民が大勢いるのに、部隊の移動が優先されて、列車の輸送は大混乱した。

第四軍の奮戦

一方、関東軍直轄の第四軍は司令官の好判断が光った。上村幹男中将は、シベリア鉄道が兵力や資材を沿海地方に輸送していると聞くと、開戦は近いと陣地の準備を急がせる（「関東軍作戦記録資料」）。

開戦の六日前にも、上村はおそらく侵攻は数日中と予想した。これは各部隊に伝えられ、侵攻されたらただちに応戦するようあらかじめ命じられていた（『戦史叢書』第七三巻）。

上村の予想は当たる。ソ連の第二極東方面軍のうち、第二赤旗軍が八月一〇日にアムール河を渡る。この正面には、孫呉（そんご）と瑷琿（あいぐん）（ともに現黒龍江省黒河市）に日本軍の陣地が築かれており、激しい戦闘になった。

日本軍は、停戦命令まで陣地を死守した。第四軍指揮下の第一二三師団が北孫呉で武装解除されたのは八月一七日だ。瑷琿方面では、同じく第四軍指揮下の独立混成第一三五旅団がソ連軍を押し返す。八月二一日に第一二三師団の参謀が停戦命令を伝えて、ようやく停戦となった。

たしかに、この方面で関東軍は善戦した。しかし、瑷琿で一兵卒として戦った元記者はこう回顧している。

> 終戦後の一週間の戦いは無益な戦いであったし、犠牲も多かったことを思えば痛恨は大きい。牡丹江方面、ハイラル方面の関東軍はひとたまりもなく敗走したけれども、瑷琿方面は堅固な要塞がかえって仇（あだ）をなして、後方との連絡も取れず、いたずらに抗戦を長びかせた感があった。
>
> （「国境要塞最後の日」）

上村幹男第４軍司令官

ハイラルの防衛戦

もっとも、牡丹江やハイラルでは、「ひとたまりもなく敗走」したわけではない。

ハイラルは満洲国の西部に広がる草原地帯の中心都市だ。ここを担当していたのは、第四軍に属する第一一九師団だった。開戦当時、その主力は大興安嶺で陣地を構築中だった。山中でそのままソ連軍と交戦となり、劣勢を強いられ、ハイラルには戻れなかった。

ハイラルに五つあった陣地に必要な火力と兵力がそろって連携していれば、日本軍の一大拠点になるはずだった。しかし、残った兵力はかき集めてもおよそ五〇〇〇人程度にしかならない。

早くも八月九日夜にはソ連軍の戦車部隊が陣地の前に姿を現す。ソ連軍の第三六軍は、最後まで抵抗を続ける二つの陣地を包囲した。

防戦を指揮した独立混成第八〇旅団長の野村登亀江(ときえ)予備役少将は、のちにソ連で抑留中に亡くなる。生前、ハイラルに四ヵ所あった橋を爆薬と兵員が不足して破壊できなかったのを嘆いていた。ソ連軍の戦車に易々と橋を渡られてしまった悔いだ(『満州ハイラル戦記』)。

絶体絶命でも降伏を拒む日本軍兵士は、ソ連側には不気味に映ったようだ。八月一五日、ハイラルで日本軍の万歳突撃を撃退したあるソ連軍兵士はこう回想している。

「誰一人として退却したり、武器を置く者はいなかった。傷ついたサムライはハラキリをして、降伏しなかった。野原一面に彼らの死体が散乱していた……」[31]

弾薬も食料も尽きた日本軍は、八月一七日の夜に全軍で斬り込みをかけようとした。ところが、その日の夕方にラジオで終戦を知り翌朝「涙をのんで白旗を掲げた」。この間に約二〇〇〇名が戦死した（※「満鮮速報第一一号（終戦時に於ける日ソ戦）」防衛省防衛研究所　満洲―終戦時の日ソ戦―四〇）。

牡丹江での一進一退

日ソ戦争で最大の激戦が繰り広げられたのが、満洲国の東部である。

ソ連軍の第一極東方面軍は、一九四五年八月九日午前一時に国境を越えた。その後、牡丹江を目指して西へ進む部隊と、朝鮮半島を目指して南へ向かう部隊に分かれた。

牡丹江を守るのは第一方面軍のうち清水規矩（しみずのりつね）中将率いる第五軍である。第五軍は次のような作戦を立てていた。国境付近ではとにかく抵抗を長引かせる。一方、その主力は牡丹江と穆棱（ぼくりょう）を結ぶ防衛線で抵抗するという二段構えだ。

しかし、第五軍参謀の柏田秋治（かしわだしゅうじ）大佐によると、関東軍総司令部の作戦決定が遅かったため陣地の構築が遅れていた。彼は、一九四四年夏までに作戦が決定していれば間に合ったと恨んでいる（「関東軍作戦記録資料」）。

ソ連軍の第五軍は北と東から、八月一四日に牡丹江へ総攻撃をかける。しかし日本軍が押し返し、ソ連軍は市街地から一〇キロ近くも後退した（『第二次世界大戦史（10）』）。

八月一五日、メレツコフ第一極東方面軍司令官は、牡丹江の南の寧古塔（現黒龍江省寧安市）に迂回し、できる限り早く吉林や新京を目指すように命じた。その一方、牡丹江の西側にも部隊を配置し、包囲網を完成させる。[32]

こうして、八月一六日に牡丹江はソ連軍に占領される。先を急ぐメレツコフは、八月二〇日までにハルビンを攻略するよう、牡丹江を占領した第一赤旗軍に命じた。[33]

軍人の家族は先に避難

この激戦のさなか、五万とも六万ともいわれる牡丹江の民間人が脱出できたことは、関東軍の数少ない美談となっている。なかにし礼のベストセラー小説『赤い月』でもこの脱出劇が描かれた。

もっとも、牡丹江から真っ先に避難したのは軍人とその家族だ。牡丹江では八月六日に「関東軍の将校たちや家族が、列車に家財道具をいっぱい積んでどんどん南下」してゆく姿を住民に目撃されている（『戦争』下巻）。

喜多誠一大将率いる第一方面軍の司令部も、八月九日に牡丹江から敦化（現吉林省延辺朝鮮族自治州敦化市）へ後退した。その際、まず軍人と軍属、その次に軍人の家族が列車に乗せられた（※「陸軍北方部隊略歴（その一）」防衛省防衛研究所　中央―部隊歴史全般―一一八）。

敦化では武装解除までまったく戦闘を交えることなく終わったと、第一方面軍の経理部長は記す（「終戦前後に於ける満洲第一方面軍の状況」防衛省防衛研究所　満洲―大東亜戦争―九六）。

好意的に解釈すれば、喜多司令官は最前線の牡丹江を第五軍に委ね、次の作戦に備えたのだろう。もちろん司令部の後退が作戦のために必要な場合もある。司令部が壊滅してしまえば、軍隊の指揮は混乱するからだ。しかし、軍人の家族が真っ先に避難する必要はあったのか。

関東軍総司令官の弁明

軍人の家族の避難は、ほかでも早い。八月一〇日午後六時には、関東軍の家族を乗せた列車が新京を出発していた。関東軍総司令部で働いていたある女性軍属も、八月一〇日に「女子軍属は、軍人軍属の家族を保護しながら同行せよ」という命令を受け、翌日には貨車で北朝鮮の平壌（へいじょう）で降ろされて、そこで終戦を迎えた（「帰国する迄」）。

関東軍総司令官の山田乙三はこう弁解する。関東軍は輸送の順序を日系官吏、満鉄そのほかの公社の職員や家族、一般居留民、次に軍関係の家族と定めていた。しかし、政府・会社および居留民団に指示したところ、いずれも「今晩出発など思いもよらない」との返答だったので、列車の総数には限りがあるから、やむを得ず軍関係の家族を第一便としたのだと（「山田乙三回想日記」）。

たしかに、逃げられる者から逃げるというのは一理ある。それでも、職業軍人の家族が即座に脱出できたのは民間人よりもいち早く情報が届いていたからではないか。このように疑われる例はほかにもあり、関東軍の幕僚は戦後に厳しい批判にさらされた。

もっとも、職業軍人の家族は誰でも早く避難できたわけではない。限られた列車のすき間に家族を押し込もうと、八月九日のチチハル駅では「将校同士、撲(なぐ)り合いまで演じるしまつ」。「避難出来たのは高級将校の家族だけ」だった（『匪賊と共に』）。

虎頭要塞での籠城戦

東部のもう一つの激戦地が国境要塞である。

満洲国とソ連の国境地帯には、ソ連に対する攻勢の拠点として、また持久戦の陣地として多くの要塞が築かれていた。要塞の建設には、最盛期の一九四四年に満洲国全土で一〇万人の中国人労働者が動員されたといわれる（「関東軍国境要塞と七三一部隊」）。

しかし、日ソ開戦前の作戦計画により、要塞群は捨て駒にされた。

「国境に於ける既設永久築城陣地は極めて僅少なる兵力（一師団より概(おおむ)ね一大隊を派遣す）を以て占領し敵の前進を妨害するの外(ほか)、欺騙(ぎへん)に依り其の兵力を過大に誤認せしめ以て敵の判断を拘束す」（「第一方面軍作戦計画」鹵獲関東軍文書）

つまり、要塞は敵をひきつけるための囮(おとり)なので、兵力は少なめにというわけだ。

少ない兵力でも東部の要塞群は頑強に抵抗した。なかでも虎頭要塞は名高い。この要塞には厚さ一メートルに及ぶコンクリートの地下トンネルが縦横にはりめぐらされ、そこには軍用貯水池や発電所・食料庫・包帯所（病院）など、籠城に必要な施設がそろっていた。

この要塞の眼下にはシベリア鉄道が走る。鉄道を砲撃するため、要塞には日本陸軍が持っていた最大口径の火砲「試製四一糎榴弾砲」が備わっていた。八月九日からこの火砲による砲撃を行い、当初からの目標だったシベリア鉄道の鉄橋を破壊する（『秘録北満永久要塞』）。

この砲は間もなく放棄されたが、ソ連軍にとって虎頭要塞は脅威だった。八月一二日、メレツコフ第一極東方面軍司令官は「虎頭陣地の復活」で鉄道員の安全が脅かされているので、「鉄とセメントでできた建造物」をその日のうちに破壊するよう第三五軍の司令官に命じた。[34]

要塞群の抵抗は賞賛すべきか

虎頭要塞はソ連軍に包囲された。その後は逃げこんだ民間人も加わって、防戦が繰り広げられる。

「軍事考古学」の一環として現地を調査した岡崎久弥によると、ソ連軍は「要塞の換気口や観測所、その山表に露出した穴から、大量のガソリンを注入し、それに点火」した。そして、「要塞内に注入されたガソリンは燃焼とともに、要塞内の限られた空間に漂う貴重な酸素を大量に消費し、要塞内を酸欠状態」にした（「主陣地・中猛虎山穹窖内における遺骨調査」）。こうして追い詰められた末に集団自決した痕跡も、岡崎は要塞内で発見している。

虎頭要塞は八月二六日に陥落する。第一五国境守備隊一四〇〇名と民間人一〇〇〇人のうち生き残った将兵は五三名、民間人で帰国できたのは一〇〇名以下だ。

この他にも、八月二六日まで戦闘を続けた東寧(とうねい)要塞(現黒龍江省牡丹江市)の勝鬨(かちどき)陣地など、長く抵抗した要塞を賞賛する声もある。

ただ、虎頭や東寧では守る日本側に終戦や停戦が正確に伝わっていなかった。玉音放送は「謀略」とされ、ソ連軍から投降を促しに送られた日本軍の捕虜は「裏切り者」として信用されなかった。もし正確な情報が伝わっていたら状況は違っただろう。また、抵抗を続けた要塞群にソ連軍は主力を割かず、満洲の中央部へと急いだので、その抵抗が戦況を変えることはなかった。

想定外の方角からの大攻勢

激戦となった満洲国の東部に対し、西部はほとんど戦闘もなしに突破された。だが、これも前線の将兵の責任ではない。幕僚が兵力の配置を誤った。

そのことを示すのが、一九四五年四月一日に大本営陸軍部が作成した調書である。満洲の西部はソ連側からすれば満洲への作戦上「最も有利」だが、後方の準備が整っていないため、この方面からは大兵力で攻勢はかけられないと予想した(※「軍事極秘　東「ソ」「ソ」軍後

方準備調書」防衛省防衛研究所　中央―戦争指導重要国策文書―一三三四）。

開戦直前も西部に対する警戒はゆるい。一九四五年八月三日に大本営陸軍部が作成した極秘文書でも、満洲国東部の綏芬河の正面こそ特に注意を払うべきだとしている（※「米英「ソ」三頭会談、英国選挙及「ソ」ノ対日作戦準備進捗等ニ伴フ情勢観察　米英重慶対日共同声明ニ関スル観察」国立公文書館　返赤六〇〇〇三〇〇〇）。

関東軍は、西部で攻撃されたとしても大興安嶺が天然の要害となり、広大な大地も「戦略縦深」となって反撃の時間を稼げると甘い見通しを持っていた。その予想は覆される。

西部での快進撃の代償

ザバイカル方面軍の第六親衛戦車軍は、内モンゴルの砂漠地帯を横断し、大興安嶺でも高低差の少ない山地を突破した。そして、戦車を中心とした機甲部隊が、速く深く満洲の平野部へ侵入した。予想外の方角からの急襲に、関東軍は混乱に陥り、あわてて通化へ総司令部を移すなどしている。機動戦は大成功を収めた。

ソ連の機甲部隊の進撃速度は、晴れている日は一日で一〇〇キロを超えることもあった。だが、これには代償を伴う。まず、内モンゴルの砂漠地帯で水と燃料が不足する。炎天下で兵士たちに配給される水は一日二〇〇グラム、コップ一杯分しかなかった。そのため、日射病による死傷者が総兵力の三分の二に達した部隊もあったという。[35]

機甲部隊への燃料の補給も十分ではなかった。途中で補給できる場所はないので、第六親衛戦車軍には燃料が空輸された。それも焼け石に水で、動かせる戦車は減る一方だった。同軍の中には、第三六自動車化歩兵師団のように、燃料不足で前線からの撤退を余儀なくされた部隊もある。[36] 雨で地面がぬかるんでも機甲部隊の進撃は止まった。机上の計算通りには必ずしもいっていない。

北京の占領は中止

日本時間の八月一〇日午前二時四〇分、ソ連の衛星国であるモンゴル人民共和国政府（通称、外モンゴル）も、対日宣戦布告文を批准した。

モンゴル人民革命軍はソ連のザバイカル方面軍に組み込まれ、内モンゴルの熱河と張家口を目指す。張家口は日本に協力する蒙古自治邦政府の首都である。八月一九日から、モンゴルとソ連の連合軍は張家口近くの丸一陣地を攻撃した。

張家口の日本人が脱出し終えたことを知ると、八月二一日に日本軍は丸一陣地から撤退する。陣地の抗戦で日本人が多く助かったことから、「奇跡の脱出」といわれた（「蒙疆における日ソ戦」）。

鮮やかな撤退をなしとげた駐蒙軍司令官の根本博（ねもとひろし）中将の名声は高い。しかし根本も、停戦に応じているのにソ連軍の攻撃が続くのに憤慨して、張家口で最後まで戦うと打電し、大本営などから宥められている（「連合国ト／折衝関係事項　其四」防衛省防衛研究所　文庫―柚―一〇）。

ソ連軍はそのまま南下し、熱河と張家口の二方向から北平（現北京）へ向かう。だが、イッサ・プリエーフ騎兵機械化集団司令官によると、「この時とても残念なことに」進撃の停止を命じる電報を受け取った。[37] 誰が命じたのかぼかされているのは、スターリンの命令だったからではないか。プリエーフは名残惜しげに、回想録に北京への進撃予定図を掲げている。

ソ連軍は八月三一日には山海関と秦皇島を占領し、万里の長城の出入り口を塞いだ。これで蒋介石の国民政府が満洲へ進出するのは難しくなり、中国共産党が満洲で勢力を伸ばすのを間接的に助けることになる。

内モンゴルの幻の「解放」

西部戦線は内モンゴルが戦場となる。この地域はモンゴル人が多く住むが、モンゴル人民共和国とは切り離されて、中国や満洲国の支配下に置かれていた。

開戦後の八月一一日、モンゴル人への軍事教育を施す目的で作られた興安軍官学校のモンゴル人学生や教員が蜂起する。満洲国の興安総省で省長を務めていたボヤンマンダフも、この動きに合流した。ザバイカル方面軍司令官のマリノフスキー元帥は、ボヤンマンダフに省政府を再興するよう指示した。そこで、八月一八日に内モンゴル人民解放宣言が出される。

この宣言は「内外モンゴルの合弁」を目標に掲げていた（「内モンゴル人民解放委員会」、「ボヤンマンダフと内モンゴル自治運動」）。

一方、モンゴル人民共和国の首相ホルローギーン・チョイバルサン元帥も、内モンゴルの「解放」を八月一〇日のラジオ放送で呼びかける（『日本陸軍とモンゴル』）。

しかし、スターリンは同じ八月一〇日に、宋子文との会談でこう述べた。

「モンゴル人は内モンゴルを統合することを夢見ている。〔中略〕モンゴル人に夢を見させないようにするには、〔外モンゴル独立の〕承認が与えられるべきで、もし彼らが内モンゴルを望むのなら、戦争で脅してやる」[38]

当時の中国には、モンゴルも自国の領土とみなす世論がある。そこでスターリンが優先したのは、モンゴル人民共和国の独立を中国人に認めさせることだ。そのためならば、モンゴル人が夢見る内外モンゴルの統一は犠牲にした。ソ連は「諸民族の解放」を大義名分に掲げたものの、内モンゴル人の「解放」を喜ばなかったのである。

航空兵力の大差

ここからは、各地の戦闘を離れ、日ソ両軍が戦力を運用して作戦を遂行するための方法、すなわち戦術に着目したい。

まず、制空権は開戦初日からソ連軍が握った。そのためソ連軍は空からの援護を受けて、作戦を有利に進めた。関東軍が制空権を簡単に奪われたのは、航空兵力で大差をつけられていたからだ。

関東軍は停戦時に推定七〇三機を保有していた。このうち三一七機が練習機で、戦闘機は一六七機、爆撃機は四二機に過ぎない（「飛行機現況表」鹵獲関東軍文書）。多数の練習機があったのは、空襲の続く日本を避けて満洲国で特攻部隊を養成していたからだ。

戦闘機や爆撃機が少なかったのは大本営の方針による。一九四四年秋から関東軍には対ソ作戦のための航空兵力は置かないことになり、満洲の防空と教育関係のため最低限の機数しか残さなかった（「関東軍作戦記録資料」）。

これに対し、ソ連側が投じたのは六〇一四機、うち戦闘機は二八三六機で、対地攻撃機は八四四機、爆撃機は一六七二機を数えた。[39] ただし、これは太平洋艦隊に所属する一五九七機も含む。[40]

八月九日の一日だけで、ソ連軍の航空機は延べ一二九九回も出撃し、うち五七二回は日本軍に攻撃を加え、二〇二回は鉄道を標的にしたとスターリンへの報告には記されている。[41] この数字には誇張もあるかもしれないが、ソ連軍はまず激しい空襲で日本軍を圧倒してから地上部隊を展開した。さらに鉄道の分岐点や終点などを中心に爆撃したのは、関東軍が鉄道で援軍に駆けつけるか、撤退するのを阻止するためだ。

最後の航空特攻

一方、関東軍の航空部隊を率いる第二航空軍司令官の原田宇一郎中将は、西から突進してくるソ連の機甲部隊に目標を定める。八月一二日から航空部隊が出撃し、ソ連軍の車輛や砲を破壊した。しかし、燃料や弾薬が不足したせいなのか、出撃した機体は最も多かった八月一四日でも二九機にとどまる。八月一五日には待機命令が出て、そのまま終戦を迎えた(「航空作戦経過ノ概要」鹵獲関東軍文書)。

なお、航空特攻を意味する「特別攻撃」は、八月一五日に朝鮮北部の城津に上陸するソ連の船団を攻撃するため第五練習飛行隊に準備が命じられた。だが、出撃が命じられる前に終戦となる。

それから特攻をした将兵もいるが、軍の命令にはよらないものだ。満洲では八月一九日に、妻を乗せてソ連軍の戦車目がけて航空特攻をした谷藤徹夫少尉が知られている。

一方で、ソ連領内でも航空特攻があったことは知られていない。八月一八日に、ウラジオストク郊外の石油備蓄基地に停泊するタンカーを標的にしたが、撃墜された。この航空機は満洲から飛来したといわれてきた。だが、札幌の丘珠空港から出撃した第一飛行師団所属の一機という説も出ている。これも命令によらない特攻と見られる(「一九四五 ウラジオのカミカゼ」)。

戦車が左右した陸戦

最前線に立った関東軍の参謀たちは、シベリア抑留から帰国すると復員局に報告書を提出する。その「関東軍作戦記録資料」で、ほぼ全員があげる敗因は関東軍の火力の貧弱さだ。そして、ソ連軍の戦車に苦しめられたという回想が多い。

戦車は第一次世界大戦では脇役だったが、無限軌道(キャタピラ)による機動力と大型化した主砲の攻撃力が増すと歩兵を圧倒し、第二次世界大戦では陸戦の主役となる。そうなると、戦車の性能や数が勝敗を左右するようになった。

ソ連軍は、一九四一年からの独ソ戦で、優秀な戦車を駆使するドイツ軍に苦しめられたことから戦車の改良を重ねる。ソ連軍の主力となったT－34は防御力を示す戦車の鉄板の厚さ、すなわち装甲厚が四五ミリ。一方、日本軍の主力だった九七式中戦車は最も厚い部分でも二五ミリしかない。攻撃力を示す主砲は最新型のT34－85は八五ミリで、九七式中戦車は五七ミリと劣る。時速もT－34が上回った。

そもそも、九七式中戦車は味方の歩兵を支援するための戦車だ。敵が歩兵なら近距離からの榴弾射撃で殺傷効果は大きかったが、相手が戦車となると役に立たなかった（『天皇の軍隊』）。

伏せられたソ連の戦車の実力

独ソ戦を戦うドイツにいた駐在武官は、ソ連の戦車が改良を重ねていると知っていた。一九四二年一二月に在独大使館付武官の坂西一良中将は、ソ連の戦車についてまとめた報告書で、T－34がソ連の戦車でも「最も優秀なるものにして世界に誇るに足るものなり」と高く評価した（「アレグザンドリヤ史料二　蘇軍戦車と独軍の経験」防衛省防衛研究所　中央戦争指導―外交文書―一三二）。

満洲にあった四平陸軍戦車学校の幹事だった扇廣も、その前に陸軍機甲本部の研究部主事を務め、ソ連軍の戦車をよく知っていた。彼も、日本軍の九七式中戦車では「戦車対戦車の遭遇戦では、どうも打つ手がない」と感じていた。だが「学生に退却せよと教えるわけにも参らぬので」、T－34を見つけたら「素早く要線を占領」し、二〇〇メートル以内に近づいたところで不意を襲って撃つように教えた。もっとも「それで果たしてT－34を撃破し得るものかどうか、教える私にも自信はなかった」（「座談会　戦車の学校を語る」）。

この四平陸軍戦車学校を一九四四年末に卒業し、見習士官として牡丹江の戦車第一連隊に配属されたのが、のちに作家となる司馬遼太郎だ。彼は満洲で、「敵の戦車団が百両、こちらが百両、同じ実力、という想定のもとに訓練されました」と回想する（『司馬遼太郎対話選集』第六巻）。

ソ連軍の戦車は性能が桁違いなのを、関東軍の幹部には知る者もいた。だが、司馬のような現場の将兵には伝えられなかった。士気が落ちるのを危惧したのだろう。このように正確な情報が隠蔽されたことが、敵の過小評価につながる。

司馬遼太郎の命拾い

ソ連軍は、まず戦車が敵の陣地の弱点を突破し、突破口の両側の制圧はほかの部隊に任せ、「突破部隊は一意陣中深く楔入（せつにゅう）」したと、第五軍参謀の柏田はまとめている（「関東軍作戦記録資料」）。

これは、ソ連軍の得意とした「縦深攻撃」である。戦車を中心とする機甲部隊に短時間で深く侵入されると、迎え撃つ側は情報不足と混乱に陥る。そして実際には一部しか攻撃を受けていないにもかかわらず、防衛線の全体が崩壊していく。

日本陸軍も、ソ連軍やドイツ軍による機甲部隊の巧みな運用を研究したが、実践に移すにはほど遠かった。数少ない機甲師団として編成された戦車第一師団も、開戦前の一九四五年四月に本土決戦に備えて満洲を去っていた。この師団に属した司馬も栃木県で終戦を迎えている。

もっとも、開戦直前まではソ連軍も極東に旧式の戦車しか配備していなかった。そこでスターリンは、一九四五年三月一九日にT－34を極東方面軍とザバイカル方面軍の戦車部隊に配備し、機材を改良するよう命じた[42]。

これ以降、戦力は著しく増強された。八月五日の段階でソ連極東には戦車が五五四八輌も配備されていた。なかでもT－34は一八九九輌でその三分の一を占める。[43]

これに対し、関東軍の戦車は第三方面軍に四四八輌、第一方面軍に四五輌、第四軍に二四輌で、計五一七輌に過ぎない（「関東軍車輛概見表」鹵獲関東軍文書）。

しかも、主力である第三方面軍の独立戦車第一旅団は開戦後に四平から奉天に下げられ、戦わずに終戦を迎えた。

戦車への自爆攻撃

ソ連軍の戦車を止めるため、日本軍は兵士に爆薬を抱えさせ戦車に体当たりさせた。

この戦術は張鼓峰（ちょうこほう）事件までさかのぼる。このとき、日本軍は機械化されたソ連軍と初めて衝突した。一九三八年八月六日、日本軍の一四名が「火を吹きつつある爆薬を抱き戦車目掛けて邁進（まいしん）」し、迫るソ連軍の戦車一一輌のうち九輌を「完全に破壊」する（「昭一四・三・一九　侍従武官御差遣時　張鼓峯事件に於ける工兵第一九連隊　小林武井両小隊の戦車肉迫攻撃説明要旨」防衛省防衛研究所　満洲―支那事変―一八）。

これは強烈な成功体験となる。このときの主力部隊では、ソ連軍の戦車は優秀ではないし、最後は肉迫攻撃すれば歩兵も戦車も撃退できるというのを教訓とした。埋める場所が限られる地雷よりも肉迫攻撃は有効とも評価される（『日ソ張鼓峯事件史』）。ただし当時は、兵士は爆薬を戦車のどこかに付けたらすぐに退避した。兵士の命と引き換えにする戦術ではない。

一九三九年夏のノモンハンの戦いでも、戦車へ火炎瓶を投げつける接近戦術が試みられた。もっとも、それよりも大きな戦果をあげたのは対戦車砲や野砲だ（『明と暗のノモンハン戦史』）。

ノモンハン事件研究委員会の小沼治夫（こぬまはるお）大佐は、歩兵は敵に肉迫する前にソ連軍の強力な火力に阻まれて「殲滅的打撃」を受けたから、火力の向上に力を入れるように説いた（※「対「ソ」近代戦に関する史的観察　其の他」防衛省防衛研究所　満洲―終戦時の日ソ戦―三五）。

しかし、その金言は活かされなかった。すでに日中戦争が泥沼化しており、関東軍の火力を充実させる余裕がない。そのため、一九四一年夏の関特演でも、「皇軍独特」の肉迫攻撃の「決死断行」こそ「偉大なる戦果」をあげられると推奨された（※「関特演参考資料其の一対機甲部隊戦闘法　其の二　対機甲兵器資材及用法」防衛省防衛研究所　満洲―全般―四三〇）。

やがて、自爆してでも攻撃を成功させることが兵士に強要される。太平洋戦線で米軍の戦車を撃破できる武器がなかったために、陸軍上層部が推し進めたという（『日本軍兵士』）。

つまるところ、日本陸軍が味方の将兵の命を軽んじる戦術を採用したのは、戦車・対戦車兵器・弾薬が乏しかったからだ。自己犠牲を尊び、上官への服従は絶対とし、将兵の人命を軽んじる教育もあいまって、「陸の特攻」は全軍で推進されてゆく。

戦果乏しき「陸の特攻」

関東軍も、戦車への自爆攻撃を開戦前から訓練していた。作戦計画には「敵戦車に対しては肉迫攻撃を主とす。之が為全員は爆薬を携行して敵戦車に体当りを行う如く訓練す」とある（「第一方面軍作戦計画」鹵獲関東軍文書）。

開戦直前に関東軍に召集された学者も、「入隊して驚いたことには、隊内には兵器も弾薬もほとんどなく、模型戦車の前に模型地雷を抱いて飛び込むという単調な訓練がおもな日課だった」と回想している（「満洲の思い出」）。

だが、自爆攻撃の戦果の乏しさは参謀も兵士も証言している。

第四軍の第一二三師団参謀長だった土田穣大佐はこう記す。航空機や戦車がなかったことはやむをえないとしても、対戦車兵器すら皆無だった。そこで「対戦車肉薄攻撃」を教えた。もっとも「攻撃した戦車は簡単に故障を修理して行って了った」。さらに「大多数の者は敵戦車の直前へ爆弾を投げ出して自分は退避した」（「関東軍作戦記録資料」）。

土田は、兵士が単独でも「肉薄攻撃」をするよう自覚を促す教育が足りなかったと嘆くが、そもそも無謀な戦術を強いたことに鈍感である。

兵士の回想によると「この攻撃では戦車は一尺〔約三〇センチ〕位ハネ上るだけで、爆煙のなかを平気で走り去った」。むしろ効果的だったのは「砲弾の火薬を抜いて石油カンにつめ、信管をつけた速成地雷」で、「七台の戦車を炎上させた」。それでも「肉迫攻撃」は続けられ、失敗した兵士が戻ってくると、部隊長は「みせしめにその兵隊をピストルで射殺した」（「国境要塞最後の日」）。

多くの青年がこの戦術のため犠牲となった。なかでも磨刀石陣地（現黒龍江省牡丹江市）では、関東軍の歩兵第二下士官候補者隊の七五〇名がほぼ全滅した（『肉弾学徒兵戦記』）。

ソ連軍は「肉薄攻撃」に対抗するため、戦車の側に自動小銃を構えた兵士が立ち、「肉攻班の動作を封殺、陣地に潜在する守兵に対しては一人残らず射殺又は刺突」することで対処した（「関東軍作戦記録資料」）。彼らは随伴歩兵といわれる。

随伴歩兵だけでは塹壕や茂みで待ち伏せする日本兵を見つけづらいため、精鋭の空挺隊員を戦車の上に陣取らせ、爆薬を背負って走ってくる日本軍兵士を至近距離から撃つこともした[44]。これはソ連軍が得意とした戦車跨乗といわれる戦術だ。

間違った優先順位

火力について付け加えると、関東軍は小火器も足りなかった。一九四五年七月には、三八式歩兵銃を七万六一五〇丁、九九式短小銃を二四万二二四〇丁保有していた。しかし、この二つの歩兵銃は合わせても定数より九〇五八丁の不足と記されている。その他にも、軽機関銃は二二六三丁の不足とある（「関東軍部隊装備主要兵器現況表（銃砲）」鹵獲関東軍文書）。

性能でもソ連軍に遅れをとっていた。一九〇五年（明治三八年）から制式採用された三八式歩兵銃は五発の弾を装塡でき、一発ずつ槓桿（ボルトハンドル）を引くことで射撃できる、いわゆるボルトアクション式である。一九三九年に制定された九九式短小銃も、同じく五発のボルトアクション式小銃だが、三八式とは銃の弾が口径も形状も異なる。弾が尽きても貸し借りができない。

ソ連軍も、ボルトアクション式小銃のモシン・ナガンを持つ歩兵もいた。しかし、それだけではない。関東軍の参謀たちは、ソ連軍の多くの歩兵が持つシュパーギン式短機関銃に驚かされた。その形から、日本軍には楽器の「マンドリン」のあだ名で呼ばれたこの自動小銃は、最大七一発の弾倉を装塡し連射できる。

日本軍にも短機関銃はあった。一〇〇式機関短銃がそれで、関東軍は九二五一丁を要望していたが、一九四五年七月に保有数はゼロなので、日ソ戦争には間に合わなかったと思われる（同前）。

第一方面軍参謀だった松本博大佐は記す。日本軍は服などを膨大に準備していた反面、「兵器の準備を軽視したるに非ざるや」。「身にボロを纏いたる」ソ連の兵士が、豊富で精鋭な兵器を持つのは「皮肉なる対照」だったと。彼はこうも評す。「兵員充実せるも、兵器皆無に近き軍隊を以て、作戦せざるべからざりし関東軍の末路は悲惨なりき」（「関東軍作戦記録資料」）

巧みな諜報戦

もっともソ連軍の兵士たちは「米国からの輸入物資に負っている所が多い」と、第一二三師団参謀長だった土田は見抜いた。服はイギリス製、自動車はアメリカ製で、ソーセージや砂糖といった食料もアメリカ製だった。

また、ソ連軍の軍紀はゆるかった。略奪や強姦は悪事と考えておらず、航空機で奉天に着いた彼らは出迎えた日本軍の将校たちに拳銃を向け、腕時計を奪った（「関東軍作戦記録資料」）。脅し取った腕時計をいくつも腕に巻くソ連軍兵士は、民間人の回想でもおなじみだ。

さらに、ソ連軍の兵士の無教養ぶりは際立っていた。第三四軍参謀だった扇によると、掛け算や割り算を知らない者、ロシア語を書けない者もいた。しかし「情報業務を重視すること、ソ軍の如きは殆（ほと）んど世界に類例を見るに非ずや」とも賞賛している（同前）。情報業務とは、要するにスパイ活動だ。ある関東軍の参謀も「ソ軍の課報、謀略、地下潜行的工作は優秀にして我方の遠く及ざる所」と認めている。彼によると、開戦と同時に満洲ではソ連の諜報網がすぐに活動を開始した（同前）。

ソ連側は、軍や内務人民委員部がそれぞれ満洲で諜報網を張り巡らせていた。極東ソ連軍総司令部でも、一九四五年六月に諜報局が設けられ、およそ一五〇〇人が諜報活動に従事していた[45]。

平時には諜報網を張り巡らし、戦時になると兵力と火力で圧倒する。関東軍の参謀たちの証言からは、こうしたソ連軍の姿が浮かぶ。

特殊部隊「スメルシ」

諜報について付け加えると、ソ連軍の実戦部隊の後から来た特殊部隊も、日本人を恐怖させた。その部隊は、国防人民委員部防諜総局。俗称は「スメルシ」で、その由来は諸説あるが、「スパイに死を」のロシア語の頭文字をとったとされる。

「スメルシ」は一九四三年四月に創立され、同月にはザバイカル方面軍にも支局が置かれた。この支局は満洲国内の「白系露人」を使って諜報活動を行った。[46]

一九世紀末に、ロシア帝国が満洲にシベリア鉄道の一部である中東鉄道を敷設する工事を始めると、ロシア人のほかウクライナ人・ユダヤ人・ポーランド人などが移住してきた。一九一七年のロシア革命後には、共産主義を嫌った人々も満洲へ流れてくる。それ以前からの移住者も含め、日本人は彼らを「白系露人」と総称した。一九四五年一月に満洲国内の「白系露人」は六万八八七七人で、約半分がハルビンに住んでいた(「満洲国における白系ロシア人の位置付け」)。

独ソ戦で苦しむ「祖国」ソ連への同情や強権的な関東軍への反発から、ソ連に内通する「白系露人」は少なくなかった。開戦後、彼らはソ連軍を支援する遊撃隊「パルチザン」や通訳に志願する。[47]

しかし、「スメルシ」はソ連軍に協力した「白系露人」もソ連へ連行した。彼らは日本軍の二重スパイと疑われたのである。疑わしきは罰するのがスターリン時代のソ連だ。「スメルシ」を率いたヴィクトル・アバクーモフが一九四六年二月にスターリンへ行った報告によると、日本の防諜・諜報の協力者として五九二一人、「祖国への裏切り者」として二八二四人を逮捕した。そのなかで民族別では日本人が最も多いが、ロシア人がそれに次ぐ。[48]

一方、日本人ではソ連の情報を集めていた者が特に狙われた。関東軍情報部や憲兵隊・警察・満鉄調査部などの関係者はソ連で尋問される。彼らがソ連の内情をどこまで知っていたのか聞き出し、ソ連国内に張りめぐらされた日本の諜報網を根絶やしにするためだ。

総司令部の「転進」

最前線の奮戦をよそに、関東軍の幕僚たちは開戦翌日の八月一〇日に総司令部を通化へ後退させると決めた。

総司令部を移すことは開戦前から決まっていたことだ。しかし、開戦翌日に後退するとは総司令部も想定していなかったようだ。

関東軍の参謀たちからの戦後の聞き取りによると、これも第三方面軍が作戦を変更して、連京線で会戦することにしたので、新京が「第一線の戦場」となるからだと責任を転嫁している。また関東軍総司令部の参謀部第二課（情報）が、西からのソ連軍の進撃が早く、八月一四日か一五日にソ連軍は新京に突入できると予想したことも理由にあげている（「関東軍作戦記録資料」）。

山田総司令官も、「新京は第一線となるから、総司令部が新京に位置し得ないことは戦術を知らぬ者でも常識上理解し得る筈」と帰国後に弁明している（「山田乙三回想日記」）。だが、この決定は関東軍の評判を落とす。通化で指揮をとれば満洲国の大部分の防衛を諦めることになり、満洲に住む日本人を犠牲にする。新京を守る第一四八師団参謀だった丸岡茂雄中佐はそう考え、「総軍司令部の通化転進は日本戦史上一大汚点」と断じている（「関東軍作戦記録資料」）。

八月一二日に関東軍の幕僚が去った新京には混乱だけが残された。取材のため、同日に新京駅に着いた『朝日新聞』南京支局員の杉田礼三は、その光景をこう記す。

> 駅には疎開民がつめかけ駅の構内、軒下、広場を真黒に埋め尽し、子どもの泣き声と髪をふり乱した女の叫び合う中に雨に濡れて鍋の冷たい飯をつつき合っている。〔中略〕その中へトラックに満載された疎開民が続々流れこんで来る。
>
> （『朝日新聞』一九四五年九月四日付朝刊）

停戦命令を待つ関東軍

総司令部が通化にあったのは数日に過ぎない。玉音放送があると知って、山田関東軍総司令官らは八月一四日の夜に通化から新京に戻った。だが、昭和天皇の肉声を聞いても戦闘を続けた。山田は、八月一五日午後一〇時過ぎに、玉音放送は拝聴したが、「正式の統帥命令」がない限り作戦を続行中だと、東京の河辺参謀次長に打電した（「連合国ト ノ折衝関係事項 其三」防衛省防衛研究所 文庫―柚―九）。

軍隊は上官からの命令を絶対とするのは古今東西変わらない。天皇に直属する関東軍総司令官に停戦を命じるには、参謀総長から伝えられる天皇から陸軍への命令（大陸命）が必要だ。

だが、八月一五日の大陸命は停戦を命じていない。陸軍の各方面司令官は「各軍は別に命令する迄各々現任務を続行すべし。但し積極侵攻作戦を中止すべし」と命じている（大陸命第一三八一号）。

大本営は、完全な停戦を押しつけることで、納得しない現地の軍が暴発することを恐れていたと思われる。

激論の末に停戦へ

関東軍では、八月一五日夜に幕僚会議が開かれたと、山田関東軍総司令官は回想している。会議では「徹底的継戦」「結局は停戦だが、しばらく戦闘を継続して、さらに好条件の停戦に持ち込む」「即時停戦」の三つに意見が割れた。「即時停戦」を唱える者はごくわずかだった。だが秦総参謀長が、あくまで抗戦を主張する者は「予(よ)の頭を刎(は)ねて然(しか)る後、往(ゆ)け」と一喝する。山田総司令官と打ち合わせたうえでの演出だ（「山田乙三回想日記」）。ただし、実際は「継戦」を選び、大本営に打電しているのは前述の通りなので、この会議は八月一六日の可能性が高い。

八月一六日の大陸命は、「即時戦闘行動を停止」するように命じた（大陸命第一三八二号）。また、戦闘行動を停止するため、ソ連軍に対する局地停戦交渉、および武器の引渡などを実施してもよいと特別に関東軍総司令官に許可した（大陸指第二五四四号）。ただ、この日の大陸命は停戦の成立までなら「自衛」の戦闘を認めてもいる。

山田総司令官は八月一六日午後一〇時、各軍司令官に「速(すみやか)に戦闘行動を停止」して現在地近くに集結するよう命じた。また「満洲国側とも連携し極力居留民を保護」するようにも命じる（「関總戰作命甲第百六號」鹵獲関東軍文書）。

これに先立ち、同日午後四時、関東軍総司令部はラジオを通じて英語で極東ソ連軍総司令部に停戦を申し入れた。ヴァシレフスキーの返事は、翌八月一七日にラジオを通じて流された。日本時間の八月二〇日午後一時（ハバロフスク時間の同日正午）には敵対行動を止め、武器を置いて捕虜となるように求めた。[49]

マッカーサーの指揮は拒否

関東軍が停戦しても、ソ連軍の攻勢は止まらなかった。極東ソ連軍には、まだ最高総司令官のスターリンから停戦命令が下りていなかったのだ。

アメリカは攻勢を止めようとした。しかし、八月一四日に日本政府がポツダム宣言受諾を再度申し入れても、ソ連政府は無視した。

八月一五日夜、モロトフ外務人民委員はハリマン駐ソ米国大使に声明文を渡し、前日の日本の受諾申し入れは「一般的な性質のもので」、天皇による停戦命令が出ていないことを理由に、進撃は続けると宣言した。[50]

この会談でハリマンは、日本側のポツダム宣言受諾の諸文書を確認するよう求めたが、そうした書類には目を通しておらずアントーノフ参謀総長からもらうつもりだと、モロトフは返事を濁した。[51]

同じ八月一五日に、モスクワでディーン在ソ米軍使節団長は、前日に連合国最高司令官に就任したばかりのマッカーサーが日本軍への攻撃を停止するよう求めた文書をアントーノフ参謀総長に渡した。極東ソ連軍への伝達が依頼されたのは以下の文言だ。

「日本政府との停戦交渉が進展している。貴官らの指揮の安全が保たれる限り、貴官らの各担当地域における日本軍に対する更なる攻撃を中止せよ。この命令は、航空機による偵察を含む、すべての必要な警備任務を禁止するものではない[52]」

けれども八月一六日にアントーノフは、攻勢を停止するか続けるか決めるのはソ連軍最高総司令官であると返信した（『日ソ戦争への道』）。つまり、ソ連軍はスターリンの命令にしか服さないということだ。同日の共産党中央委員会機関紙『プラウダ』には、アントーノフ参謀総長の名で、攻勢を継続するという声明が掲載された。日本軍に天皇からの停戦と武装解除の命令が出されていないという理由だ。

スターリンの停戦命令

スターリンとアントーノフが署名して、最高総司令部が停戦を命じたのは日本時間の八月一八日午前五時三〇分（モスクワ時間の一七日午後一一時三〇分）である。極東ソ連軍総司令官と、第一・第二極東方面軍の両司令官、そして太平洋艦隊司令長官はこう命じられた。

一、日本軍が武器を置き、捕虜となった前線では軍事行動を中止する。捕虜となった日本人たちには態度よく接するように

二、日本人から解放された満洲の諸都市は、蔣介石が任命した行政官たちによって中国の支配下に置かれるだろう。そうした行政機関を邪魔せず、秩序を回復するのに協力せよ

三、我が軍が受領した食料・燃料・武器・全装備、同じく車輌やそのほかの機械は我が

　戦利品と見なし、中国人には引き渡さない
四、本命令の伝達は連隊長までとする[53]

また、師団や旅団の司令官は「日本と満洲国の司令部と連絡を取り〔中略〕敵軍の受け入れと武装解除の手続きを独自に確立する」ことも許可された[54]。

　こうして、八月一八日にヴァシレフスキー極東ソ連軍総司令官は、各方面軍の司令官に右とほぼ同じ内容の停戦命令を出す。そのなかで、「降伏した日満軍に対し、捕虜になったときも収容所にいるときも、好待遇を与えるよう求める」と全部隊に命じた[55]。ソ連領内への捕虜の移送はまだ指示されていない。

停戦命令の背景

　継戦の命令を新聞に出した直後に、なぜ一転してスターリンは停戦を命じたのか。理由は二つ考えられる。

　第一に、八月一六日午後、「即時戦闘行動を停止すべし」と命じる大陸命第一三八二号が大本営から各軍の総司令官に出された。大陸命は天皇の命令であり、ソ連側の求めていた停戦条件が満たされた。これを受けて、同日に関東軍も停戦を申し込んだため、ソ連側も停戦に応じた。

第二は、アメリカへの配慮だ。その裏には日本からアメリカへの懇願がある。

八月一五日に総辞職した鈴木内閣に代わり、八月一七日に組閣した東久邇宮稔彦内閣と大本営は、マッカーサーに縋る。同日、大本営はマッカーサーの司令部に次のように訴えた。日本軍には停戦の命令が出されているが、ソ連軍はまだ「積極攻勢」を続けている。そのため、満洲の日本軍は停戦に「多大の困難を感じ」ている。そこでソ連側に、「即時攻勢停止」を要請してほしいと(『日本外交文書』太平洋戦争第三冊)。

これは八月一七日にマッカーサーから在ソ米軍使節団に転送された。日本側の訴えだけなら聞く耳を持たずとも、アメリカには配慮した可能性がある。

ジャリコーヴォでの会談

ようやく現地で停戦がまとまったのが一九四五年八月一九日である。沿海地方のジャリコーヴォにおける秦総参謀長とヴァシレフスキーの会見で、ソ連側は一方的に次の停戦条件を伝える。

一、遅くとも八月二〇日午後一二時までに戦闘行動を停止すること
二、部隊の部署の変更と移動の禁止
三、延吉(現吉林省延辺朝鮮族自治州)・寧安・牡丹江(ともに現黒龍江省牡丹江地級市)

関東軍と極東ソ連軍の降伏交渉　奥の右から2人目が山田乙三関東軍総司令官，3人目が秦彦三郎関東軍総参謀長

　に関東軍の各軍の代表者を派遣させる
四、関東軍総司令部が諸部隊の降伏に責任を持つ
五、関東軍総司令部が、降伏期間中の各部隊の給食と衛生に責任を持つ
（「無題」鹵獲関東軍文書）

　ヴァシレフスキーからスターリンへの報告書によれば、この会見で秦は、ソ連軍ができる限り早く満洲全土を占領するように要請した。関東軍と日本人をソ連軍の保護下に置いてもらうためだ。さらに、中国人や朝鮮人との関係が悪化しているので、自衛のため武装解除は延期させてほしいとも頼んでいる[56]。だが、延期は認められなかった。

　シベリア抑留という結果を知っていると、関東軍がソ連軍に保護を頼んだのは血迷った印象を受ける。ただ、関東軍の幕僚はまさか抑留されるとは思っていなかった。それに加えて、次のような甘い考えも影響したのかもしれない。

溥儀の通訳も務めた満洲国司法部参事官の嘉村満雄（かむらみつお）によると、ソ連とはこれまで「戦争らしい戦争もしていない」、だから「報復されるような心配はあるまいという安心感があった」。一方、中国人は「苛酷な行為で」苦しめたので「現地人からの報復を極度に恐れ、警戒もしていたから」「多くの者の頭には、むしろソ連軍がきてよかったという気持さえあった」（『満洲国壊滅秘記』）。関東軍の幕僚にもこれに通じる気分があったのではないか。

停戦を難しくした要因

停戦の成立は大きな効果があった。第一極東方面軍司令部がヴァシレフスキーに提出した報告書によれば、開戦から八月一九日までに捕虜にできた将兵は七〇〇〇人にすぎない。それが八月一九日の一日だけで五万五〇〇〇人を捕虜にできたからだ[57]。

しかし、完全な停戦までは時間がかかった。これは、日ソ双方に原因がある。

八月一八日、山田総司令官は各軍の参謀長たちを新京に集めた。そして、あらためて停戦と武装解除を命じる。しかし、連絡がつかなくなっている部隊も多く、停戦命令は一斉には伝わらなかった。また、八月一九日からは、関東軍総司令部が各部隊に自由に通信するのをソ連軍は禁じたという（「山田乙三回想日記」）。

ただ、停戦直後、山田はソ連側へ異なる説明をしている。まず、有線がつながらなくなったのは、満洲電信電話株式会社の日系社員が生活や生命の危険を感じて出社しなくなったからだ。無線がつながらないのは、武装解除の際に関東軍の各部隊がソ連軍へ無線機を引き渡したからだという（「「ワシレフスキー」元帥ニ対スル報告」鹵獲関東軍文書）。

いずれにせよ、関東軍の多くの部隊はソ連軍と個別に停戦交渉をせざるをえなかった。そして、停戦がまとまるかは現地の部隊長の判断に左右される。

一方、ソ連軍は停戦と武装解除を同時に求めたが、そのことが日本軍の抵抗を各地で招いた。武装解除を後回しにすることで、日本軍は自軍と民間人を守りたいと思っていたからだ。

さらに、ソ連軍は停戦に構わず占領を急ぐ。停戦を命じた八月一八日にも、チチハル・新京・通化を占領してから遼東半島全土も占領するよう、ヴァシレフスキーはザバイカル方面軍に命じた[58]。その他の方面軍にも期限を切って各地の占領を命じる。

命じられた期日までの占領を焦るソ連軍は、局地停戦に応じるよりも進撃を優先し、各地で衝突を招いた。これは、ソ連軍が停戦より占領地の確保に重点を置いていたためだ。ヤルタ会談で約束された利権を確実に手中にするのがソ連軍の最大の戦略目標で、日本軍の無条件降伏をゴールとし、それが実現してからは流血を避けた米軍とは異なる。

最後に降伏した師団

関東軍にも、簡単には停戦に応じない部隊があったことも確かだ。有名なのは第一〇七師団だろう。

第一〇七師団は、モンゴル人民共和国との国境に近い興安北省（現内モンゴル自治区）の五叉溝（ウサコウ）などで陣地を作っていた。ところが、八月一〇日に第三方面軍から新京に向かうよう命じられる。師団は移動中にソ連軍の機甲部隊と戦闘となった（「凪　第二〇〇〇〇部隊報告　昭和二〇年八月二八日」鹵獲関東軍文書）。

この間に師団長の安部孝一（あべこういち）中将は異変に気付いていた。戦後の回想によると、八月一八日夕刻、捜索連隊長から「退路上に敵を見ず」との報告を受けた。また師団の無線機のラジオで、新京の放送局が終戦を報じているとは知ったが、正式の命令もないうえに謀略放送かもしれないと疑い、部下には知らせなかった（「日ソ戦に於ける第百七師団の作戦」防衛省防衛研究所　満洲―終戦時の日ソ戦―二二）。

その後、師団は大興安嶺をさまよい、八月二五日には激しい戦闘となる。八月二九日になって、航空機で探しに来た関東軍総司令部の参謀らに発見され、停戦となった。第三方面軍の報告書によると、第一〇七師団の戦闘による死者は六五〇名、負傷者は一八五〇名と推定される（「患者（今次作戦ノ損耗）数」鹵獲関東軍文書）。

もし、停戦の情報が流れてきたときに確認を重ねていれば、犠牲者が増えるのは避けられただろう。

こうして九月に入り、ようやく満洲での戦火は終息する。しかし、満洲に残る民間人たちの苦難はまだ始まったばかりだった。

3　在満日本人の苦難

満蒙開拓団の入植

第二次世界大戦で失われた世界の人命は五〇〇〇万人以上と言われる。その大部分は、無差別爆撃や組織的な殺戮（さつりく）の犠牲となった一般市民であった。

日ソ戦争にもそうした大戦の特徴が現れている。軍人よりも戦闘に巻き込まれて亡くなった民間人の方が多い。なかでも犠牲が多かったのは満洲へ渡った日本人の農業移民だ。

満洲国への農業移民は、関東軍が指導して一九三二年から始まった。満洲国の治安対策のための屯田兵であり、一九二九年からの世界恐慌の煽（あお）りで、貧困に喘（あえ）ぐ農民の救済も狙っていた。

当時の農家では長男が土地を相続することが多かったので、次男や三男が満洲に新天地を求めた。もっとも、新天地として与えられたのは、未開墾地やソ連との国境近くの土地、「治安不良」といった地域がほとんどだ。そうでなければ、中国人から安く買い上げた農地を分け与えられた。これは入植者には好都合だが、土地を奪われた中国人には恨まれる。

一九三六年、広田弘毅内閣は満洲への一〇〇万戸移民計画を国策にした。これは二〇年後

満洲の開拓団など邦人入植地

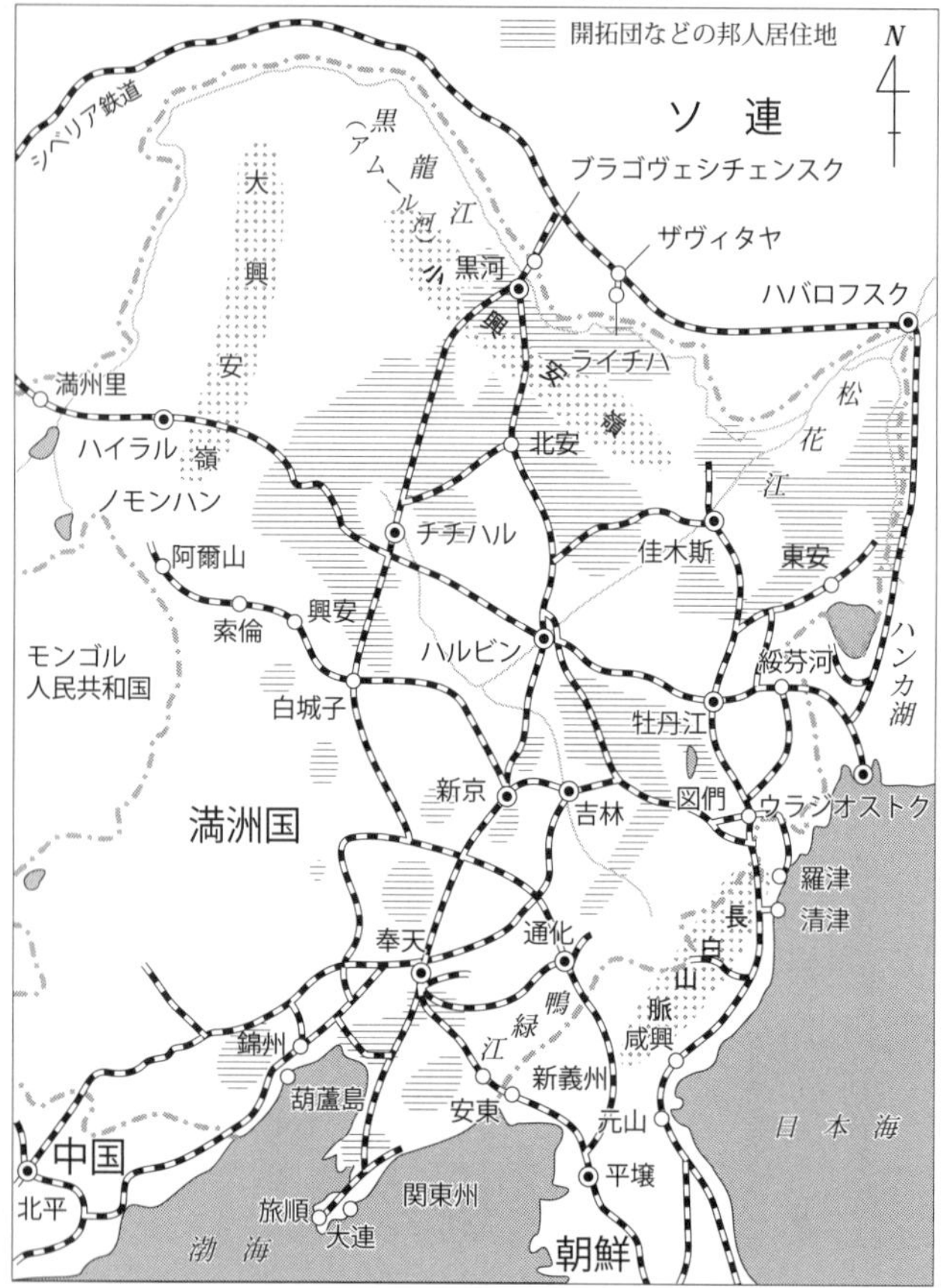

出典：読売新聞社編『昭和史の天皇』5（読売新聞社，1980年），生田美智子編『女たちの満洲』（大阪大学出版会，2015年）を基に筆者作成

の満洲国の人口を五〇〇〇万人と予想し、その一割の五〇〇万人を農業移民で満たすというものだ。ただ、終戦までの農業移民は約三二万人にとどまった。

日本人の移民が頭打ちのなかで、日本の統治下にあった朝鮮半島から満洲国への移民も奨励された。彼ら朝鮮人移民も日ソ戦争に巻き込まれることになる。

一九三七年七月から始まった日中戦争で、日本人の成年男性は軍隊に召集されていく。そのため、移住対象を成年に限ったそれまでの計画では、目標の達成は難しくなった。

そこで、一九三七年から未成年の男子を集める満蒙開拓青少年義勇軍の制度が始まった。徴兵前の一六歳から一九歳までの青少年が、現地に永住する開拓者として送りこまれた。彼らは兵役を免除され、将来は土地を与えると約束された。

彼らには農業移民としてだけでなく、対ソ戦をにらんだ準戦闘員、すなわち「鍬の戦士」の使命も課せられていた。こうして一九四五年八月までに満洲へ渡った青少年は八万六五〇〇人といわれる。

民間人への無差別攻撃

関東軍のなかには、開戦前に「老幼婦女子は隠密裏に避難させてもよい」と指示を出していた部隊もある。しかし、隠密に事を運べなかったら、軍機保護法に違反するのではと恐れ、開拓民たちは決行できなかった（『戦争』下巻）。関東軍を信頼して、開戦後も農作業を続けた開拓団も少なくない。こうした避難の遅れや、追い詰められると集団自決を選ぶ「同調圧力」も、犠牲を大きくした。

たとえば、一九四五年八月一四日に、興安中省西科前旗（現内モンゴル自治区興安盟）にあるチベット仏教の寺院「葛根廟」の側の草原で、ソ連軍が避難民を銃撃し、戦車で踏みつぶすという事件が起きている。このとき、避難民が約一〇〇〇人も死亡したが、なかには逃げきれないと自決した者も多い。

なお、開拓団では関東軍による「防衛召集」もあり、ソ連軍が侵攻したとき、街や村に残されていたのはほとんどが老人や子ども、女性たちといった非戦闘員だった。しかしソ連側は、軍事色の濃い満蒙開拓青少年義勇軍のみならず、開拓団を対ソ攻撃のための基地、団員も準戦闘員と見なしていた節があり、それが無差別攻撃につながったと思われる。ただ、こうした非戦闘員への攻撃について、ロシア側では当時の戦闘報告でも公刊戦史でも触れるものはなく、襲撃の意図は必ずしも明らかにはなっていない。

襲撃者はソ連兵だけでなく中国人も多かった。開拓団に奪われた土地を取り返そうとする者や、差別待遇を受けた恨みを晴らす者、それとは無関係に略奪する絶好の機会と見る者もいた。政治権力が崩壊し、満洲が持つフロンティアの暴力性が一気に表面化すると、関東軍という後ろ盾を失った開拓団は中国人の「格好の標的」となった（『満蒙開拓団』）。

作家の安部公房は、奉天から引き揚げた経験を下敷きに、小説『けものたちは故郷をめざす』を一九五七年に発表している。同年のエッセイで彼は、満洲国の日本人全般が「温室の花」であり、外に出されれば「枯れるのも早かった」と表現している（「私の中の満州」）。であるならば、開戦前から開拓民は「温室」の隅に置かれ、開戦後は真っ先に外気にさらされたのである。

瀬島龍三の弁明

なお、開拓民を棄てたのは関東軍だと責める論調が、当時から現在まで日本には根強くある。

一方、関東軍の参謀たちは、彼らを救えなかったのは作戦上やむをえなかったと弁明する。関東軍の作戦班長だった草地はこう記す。

「何故に居留民よりも速かに後退したのか――とただされれば、それはただ一つ、作戦任務の要請であったと答えるばかりである」（『その日、関東軍は』）

関東軍総司令部参謀部第一課で参謀を務めた瀬島龍三中佐も、開戦後の関東軍は大本営の命令に基づいて「南満、北鮮の山岳地帯に拠って戦い、我が本土たる朝鮮を守ること」を中心にしていたから、「居留民の保護、一般治安の確保に当たる余力がなかった」と大本営に責任転嫁した（『幾山河』）。

ただ、瀬島も指摘する通り、開戦前の関東軍には開拓民を避難させる手段も残されていた。

そのため、関東軍の参謀たちの弁明は説得力に欠けるが、関東軍だけに責任を押し付けても全容を解明できない。満洲への移民を推し進めた日本政府や、関東軍に満洲を放棄してもよいと暗に命じた大本営の責任も考えなければ公平さに欠ける。

何より、開拓民やその家族といった非戦闘員を保護せず、無差別攻撃を行ったのはソ連軍である。このように満洲におけるソ連軍の加害を追及すると、満洲国時代の日本人から現地民への加害を持ち出して相対化を図ろうとする議論が見受けられる。しかし、それはソ連軍の蛮行を不問に付す理由にはならないだろう。

日本人狩り

ソ連軍の蛮行は都市部でも繰り広げられた。一九四四年の人口は六七万九五四六人と、北満洲で最大の都市だったハルビンを例にしよう（『満洲年鑑　昭和二〇年版』）。もともとハルビンはロシア帝国が一九世紀末に築いた。松花江の水運と四方に伸びる鉄道が交わる交通の要衝である。

松花江にかかる鉄橋を日本軍に爆破されるのを恐れ、ソ連軍は早急に確保しようとした。メレツコフ第一極東方面軍司令官は、ハルビンへ八月一八日に落下傘部隊を投入する。その翌日には、ソ連軍はハルビンの主要な建物を占拠した。

日本軍の武装解除が終わると、八月二六日から翌日にかけて、日本人の民間人が次々に捕まる。開拓民や官吏・警察官・満洲国を下から支えた協和会の会員など、健康であれば誰でも連行された。

一七歳以上の男性は投獄され、牡丹江方面へ連行された。残ったハルビンの老若男女は鉄道局へ収容された。ここでも、女性に対する暴行は「各地と同様」だった。また、日本人の家屋は一切残らず略奪された（※「ポツダム宣言受諾関係一件　善後措置及び各地状況関係　第五巻　南方、満洲、欧米（中国を除く）」外務省外交史料館　A門一類〇項〇目）。

では、なぜ民間人まで強制連行されたのか。

八月二三日にスターリンは五〇万人のソ連への移送を命じている。この「員数合わせ」として民間人が標的にされたと考えられる。現在、日本でもよく使われる「ノルマ」はロシア語だが、それを達成しなければソ連軍が処罰された。

第二に、鉄道の改築に使うためだ。ソ連軍は兵站をソ連からの鉄道輸送でまかなっている。しかし、ソ連の鉄道のレールは広軌で、満洲国の鉄道は通常軌のため乗り入れができなかった。そのため改築工事が急がれ、日本人が手当たり次第従事させられた（「日ソ戦争期の中国東北地域の鉄道輸送」）。

修羅場と化した街を逃げ回っていたのが、ハルビン交響楽団の指揮者だった朝比奈隆（あさひなたかし）である。ホテルがソ連軍の司令部になったので追い出されると、弟子である朝鮮人の林元植（イム・ウォンシク）が隠れ家を提供した。ソ連兵の検問も「林君が巧みにロシア語と朝鮮語を使い分けて救ってくれた」(『私の履歴書　文化人(一三)』)。

このように、日本人以外との交流があったことで救われた例は少なくない。もっとも、それが裏目に出て密告された例もあるから、ことは単純ではない。

森繁久彌が抱えた「憎悪」

ほかの都市でも占領下の日本人の扱いは酷い。ソ連軍の将兵は日本人の住居にまで押し入り、略奪や強姦を繰り広げる。新京のラジオ放送局に勤めていた森繁久彌(もりしげひさや)もソ連兵に時計を奪われ、次に家を襲ったソ連兵にも時計を要求されたが、差し出すものがない。

「「お前のズナコイム(友達)〔正確にはズナコームィ。「知り合い」の意〕がもう持って行ってニエット(無い)。そのかわりこれをやる」と、私〔森繁〕が台所でライターを出したら、いきなりガーンとピストルをぶっぱなした」

ソ連兵たちは、ライターを知らなかったのである。

「彼等にこれが武器ではないとわからせるのに、三〇分以上は要した」(『森繁自伝』)

満洲国の日本人は、それまで比較的、戦争の被害と縁遠かった。それが突然、酷い暴力にさらされる。これは深いトラウマとなる。アントン・チェーホフの戯曲『桜の園』に憧れて演劇を志した森繁も、晩年にこう語っている。

私の中には、その代り、ソ連への憎悪が、今日も消えることなくあります。昭和二〇年九月の、彼らの暴虐は、とても言葉にはできないくらいのものでした。私は至近距離でこの目で見たのです。向いのご主人が大きな拳銃で頭を撃たれて死にました。隣りの乳飲み子が足を摑まれぐるぐる振り回された挙げ句、壁に投げつけられて、この世のいいことを一つも知らずに死んだのです。みんな非戦闘員、一般の市民です。

（『生きていりゃこそ』）

同じく俳優の宝田明も、「ソ連に対しては増悪しかない」と語っている。彼は小学校五年生のときハルビンで終戦を迎えた。近所の女性は強姦され、宝田の家に押し入ったソ連兵は「家中の金目になりそうなものを略奪」し、宝田にも「冷たい銃口をこめかみに突き付けた」。宝田は出征した二人の兄を探して列車に近寄ったところ、ソ連兵に撃たれ、麻酔なしで弾を摘出している（『中央公論』二〇一五年九月号）。

このような市民の被害は当時の記録が少なく、戦後の証言に頼らざるをえないのだが、例外もある。

第三方面軍の関係者が当時まとめた一九四五年八月二〇日から二五日までの奉天の被害状況によると、急速に治安が悪化したのは、八月二〇日に日本軍が武装解除されてからだった。統計によると、ソ連兵による日本軍将兵の殺害は二名、傷害は一名だった。しかしソ連兵による民間人の殺害は三一名、傷害一五名、性的を含む暴行は四五名と、軍人よりも民間人が被害に遭っていたことがわかる。

なお、同時期の中国人による日本の民間人の殺害は九名、傷害は四名だ。略奪事件はソ連兵によるものが一六六件、中国人によるものが五四件と記録されている（「治安状況概要（二七／八）奉天地区」鹵獲関東軍文書）。このように、日本の民間人にとってはソ連兵が最も恐ろしい相手だった。

赤塚不二夫が見た性暴力

さらに日本人女性は、ソ連軍の将兵から性暴力の標的にされた。

母親を襲われたのが、のちの漫画家、赤塚不二夫（あかつかふじお）である。父親がシベリアに抑留され、母子だけの家に、夜になるとソ連兵が来る。

> 錠をぶっちぎって入ってくると、彼らはやにわにかあちゃんに襲いかかった。
>
> 「オーチン、ハラショ！」
>
> ぼくは夢中でロシア語を叫び、大男に飛びかかった。「ノー、グッド！（やめろ！）」のつもりでいった「オーチン、ハラショ！」は、実際は「ベリー、グッド」という意味だった。ぼくはとんだ言い間違いをした。まるで漫画だ。でもこれは笑えない！　気が

ついたときは五メートルもぶっとばされていた。

（『これでいいのだ』）

赤塚少年はソ連軍の憲兵に助けを請い、憲兵は「何も言わず兵士たちをぶん殴ると、狼たちを連行して行った」。しかし、これは幸運な部類に入る。

ある女性は二人の子どもを連れ、命からがら満洲南部の延吉にたどり着いた。しかし、そこもソ連軍に占領される。「ロスケ」と蔑(さげす)むソ連兵が部屋を物色に来ると、あわてて逃げた。

畠の中にしばらくかくれていた。しんとしずまりかえって、何の音も聞えなかったが、さっきの悲鳴の女の人がロスケに強姦されたと云う。銃をむけられて、泣き泣きモンペの紐をといたそうだ。男達は助けることも出来ず、窓からのぞいて見てたそうだ。ロスケの陰茎が大きくて、膣がさけて畳が血だらけになったと云う。犠牲になった女の人は直ちに離婚されたとのこと……。そこで、女という女は皆髪を切ってボウズ頭になり、顔には鍋の墨をぬり、きたなく見せるようにした。

（『続　戦争と私』）

自衛のため髪を切り、顔を汚す女性は多かったが、抜き打ちで服を脱がされて強姦された例も多い。子どもを抱えた母親や妊娠中の女性、一〇代前半の少女も見逃されなかった（『不条理を生き貫いて』）。

暴行の前後に自殺した女性も少なくない。日満パルプの敦化工場では、八月二七日に女性と子ども合わせて二三名が青酸カリで集団自決をした。彼女たちもソ連兵に暴行されていた（「救い無き敦化」）。

性暴力は、精神的にも肉体的にも後々まで女性たちを苛む。望まない妊娠のため、堕胎や離婚を選ばざるをえなかった女性も多い。ソ連兵らの暴行による望まぬ妊娠は「不法妊娠」と呼ばれ、帰国後に当時は違法だった人工中絶が国の施設で施された。日本社会でもこうした話が広まるにつれ、引き揚げてきた女性たちは偏見にさらされた。

日本側の性的な「接待」

ソ連兵の性暴力を目の当たりにしても、日本人男性は無力だった。むしろ、開拓団の男性が若い未婚女性をソ連兵に差し出して、中国人などから開拓団を保護してもらおうとした黒川開拓団の例もある（『ソ連兵へ差し出された娘たち』）。

こうした女性を犠牲にする行為は、「接待」という隠語で呼ばれた。都市部の「接待」では、性差別に加えて職業差別の要素も加わった。

ソ連兵の相手をする女性を選ぶ際には戦前の職業が大きく影響した。大連赤十字病院の副院長だった男性によると、ソ連兵は「日本人の女と見ればすぐひっぱる」。そこで「無垢の」女性看護師一六〇名を守るため、遊郭の女性八人に「人身御供」となってもらったという

（衆議院「海外同胞引揚に関する特別委員会」一九五〇年三月三一日）。

吉林郊外でも、満洲電気化学工業の男性重役が自ら「キャバレーと自称する怪しき店」を開いた。「婦女子の純潔」を「死守」するためで、「社宅街に逃げ込んだ玄人筋に納得してもらい」開いたが、働く女性たちには、「わたしの気持ちがわかる」かと、詰め寄られたと回想する（『大いなる流れ』）。

女性を守ると称して女性を犠牲にする矛盾に、多くの日本人男性が無自覚なのを彼女たちは見抜いていた。しかし、共同体を守るためには自己犠牲を当然とみなす「滅私奉公」の価値観は根強く、彼女たちもやむなく協力を選んだ。奉天では、ソ連兵の相手をする女性たちのことを「婦人特攻隊」と呼んでいたという（『満洲奉天日本人史』）。

蛮行が生じたメカニズム

日ソ戦争における性暴力の研究は日本でも少しずつ進むが、被害者とそれを取り巻く日本社会の分析に焦点が絞られ、加害者の分析が欠けている。

アメリカ人研究者の楊大慶は、戦争犯罪がなぜ起きたのかの原因を探るには、普遍的要因・状況的要因・構造的要因に分ける必要を説く（「南京残虐事件」）。これを日ソ戦争に当てはめて考えたい。

軍隊による性暴力や略奪はあらゆる戦争で生じる。そして軍の上層部は、戦場で将兵にたまった不満やストレスのはけ口として蛮行を黙認する傾向がある。これが普遍的要因だ。

ソ連でも指導者が蛮行を黙認していた。一九四五年一月九日、ユーゴスラヴィアのヘブラング産業相との会談で、ソ連軍の兵士の評判が悪いと示唆する相手に、スターリンはこう擁護した。

「兵士たちは疲れ、長く困難な戦いで消耗している。「上品な知識人」の観点から見るなど間違いだ[59]」

スターリンは、無断での退却や、捕虜になることには厳罰で臨んだ。しかし、戦場で死をもいとわず勇敢に戦い、勝利に貢献すればほかを大目に見ていた。実際にソ連軍では、占領地における強姦や略奪に厳しい処罰が下されることがほとんどなかったのも、蛮行を助長した。

次に状況的要因だが、ソ連軍の将兵が略奪や性暴力を実行しやすい状況があった。日本軍や警察は武装解除されており、日本人男性の多くも軍に召集されていて、ソ連軍の蛮行を止められる者がいなかった。死と隣り合わせの緊張感も、日本軍が早々に降伏したことで薄れ、軍紀が緩んでいた。

蛮行に潜むソ連特有の事情

最後は構造的要因である。ソ連軍が蛮行をためらわなかったのは、ソ連の社会構造の反映だ。

最新の研究では、戦時性暴力は過剰な性欲にかられた一部の軍人の行き過ぎた行為とは見なされない。問題は、加害者の属する社会構造にあるとされる。この「性暴力連続体」という分析概念によると、平時に社会で女性が劣位に置かれているジェンダー秩序が、戦時の女性に対する性暴力につながっている（「戦争と暴力」）。

この概念を応用すると、ソ連軍将兵による性暴力が頻発したのは、表向きは隠されていた男尊女卑のソ連の社会構造が原因だ。彼らが日本人から貴金属や腕時計、万年筆に服まで強奪したのも、ソ連における嗜好品や日用品の不足が背景にある。

そもそも、一九三〇年代の大粛清や、「矯正」の名の下に行われていた強制労働など、ソ連は自国の市民の人権すら尊重する国ではなかった。そうした国家が占領地の住民や捕虜を丁重に扱うことはない。

以上でも十分な分析とはいえないが、加害者であるソ連軍の将兵の心理分析には史料が足りない。

ロシアでは、戦時中から現代まで、第二次世界大戦に従軍した将兵はファシズムや軍国主義と戦った「英雄」である。さらに現在のロシアでは、戦時中のソ連の活動について「誤った情報」を故意に普及させると、高額の罰金と懲役か禁錮刑が科される（『スターリン時代の記憶』）。

そのため当時のソ連軍将兵の蛮行について、加害者側からの供述や史料が表に出ない。記憶の風化も進み、蛮行のメカニズムを解明するのは難しいだろう。

満洲国の滅亡

日ソ戦争の陰で満洲国はあっけなく滅亡した。満洲国が独立国ならば日本の敗北には左右されないはずだ。しかし、それが解体に直結したところに満洲国の本質が現れている。

関東軍の求めに応じ、皇帝の溥儀は開戦直後に新京を脱出した。対岸はもはや朝鮮という通化省の大栗子（だいりっし）鉱業所（現吉林省臨江市）で、ようやく荷を解く。ここが満洲国の終焉の地になる。

関東軍がソ連に報告した文書によると、八月一八日夜、満洲国の重臣会議が開かれ、溥儀は退位を表明した。そして溥儀から「日本に向いたき御内意を承（うけたまわ）り」、溥儀と弟たちの一行は通化から奉天へ航空機で向かった。一行は八月一九日午前一一時に奉天飛行場に到着し、休憩していた。そこで飛行場に着陸したソ連軍に拘束される（「満洲国帝室ニ関スル現況」鹵獲関東軍文書）。ただし日付は、重臣会議が八月一七日、皇帝の退位は八月一八日とする回想が多い（『昭和史の天皇』5）。

なお、溥儀自身はまったく異なるストーリーを語っている。

一九四五年八月二八日、溥儀は上申書をソ連側に提出した。それによると、関東軍総司令部付の吉岡安直（よしおかやすなお）中将が、退位後に溥儀を移送するのが日本政府の意向だと伝えてきたという。そして「日本人たちは私を強制的に日本へ移送しようとした」。溥儀は、大栗子では日本軍がいたから命の危険があり、同意するしか選択肢はなかったと記している。

溥儀によると、吉岡は奉天飛行場でソ連の将校に溥儀を日本へ連れていく許可を求めた。しかし、「私は助けを乞う印（こしるし）に、自分の席にしがみつき、ソ連の将校に手を差し伸べた。ソ連の将校は私の希望を理解し、吉岡の頼みに否と答えた」[60]。溥儀は自らの意思でソ連に投降したのか。ソ連側の一次史料では確認できない[61]。

ソ連軍に拘束された溥儀

ソ連に媚びる溥儀

八月二三日、ソ連当局は溥儀の拘束を短く伝えた。関東軍総司令部は、その報道をこの日のサンフランシスコからの放送で知ったと思われる（「国際情報綴」鹵獲関東軍文書）。

同じ八月二三日付で作成された、山田関東軍総司令官からヴァシレフスキー極東ソ連軍総司令官に宛てたメモには、溥儀は「当分ソ連に於て保護せられ度（たし）」とある。線で消された部分には、「保護し重慶に引渡さること」とも記されている（「皇帝今後ノ処置ニ関スル件」鹵獲関東軍文書）。

重慶とは、蔣介石率いる重慶国民政府を指す。もしそちらに引き渡されていれば、民族の裏切り者を意味する「漢奸（かんかん）」として処罰された可能性は高い。それよりは、ソ連に「保護」される方がよいというのが関東軍の判断だったのか。

一方、捕まった溥儀はソ連の歓心を買おうと必死だった。八月二八日の上申書の最後で、満洲が「解放」された喜びとソ連軍への感謝を示し、スターリンの健康を祈っている[62]。この変わり身の早さこそ、溥儀お得意の処世術だ。彼の弟が「溥儀は芝居がうまい」と評したのもうなずける（『溥傑自伝』）。

溥儀はソ連極東のチタで軟禁され、一九五〇年に中華人民共和国に引き渡される。釈放後、一九六七年に北京で生涯を閉じた。

中ソ友好同盟条約

さて、ここからはソ連と中国の関係を見ていきたい。

当時、ソ連はじめ各国が認める中国の正式な政府は、蔣介石の率いる重慶国民政府だ。ヤルタの秘密協定も、ソ連に蔣介石との交渉妥結を課していた。そこでスターリンは、一九四五年八月一四日に、国民政府と中ソ友好同盟条約を結んでいる。

この条約でソ連は、満洲の主要な鉄道や、旅順の共同経営権などを手に入れた。旅順は租借できず、大連もさまざまな使用制限を課せられたが、ヤルタ秘密協定の骨子を中国側に認めさせた。スターリンは、こうした利権をソ連が得るのは、日本の復讐に備えるためだと中国側を説き伏せた。

なお、この際に、満洲におけるソ連軍の駐兵協定も結ばれた。中国側も占領統治の代表を一名送れるが、戦闘が続く限り、戦闘地域の最高権力と責任はソ連軍の最高指揮官が持つとされた。

中国共産党の進出

日本の侵略に対抗するため、当時の中国では、蔣介石の率いる中国国民党と毛沢東の率いる中国共産党は協力関係にあった。陝西省延安（せんせいしょうえんあん）に拠点を置いていた中国共産党は、ソ連から対日参戦についてあらかじめ知らされていたのか。しばしば議論になるテーマはここでは措く。

いずれにせよ、勢力拡大には絶好の機会を中国共産党は逃さなかった。日本がポツダム宣言を受諾したと知ると、一九四五年八月一〇日から翌日にかけて、延安の朱徳（しゅとく）総司令は日本軍の武装解除を部隊に命じた。八月一一日には中国共産党中央も、可能な限り多くの都市や交通の要所を押さえるように指示した（『毛沢東年譜　修訂本　一八九三〜一九四九』下巻）。

一方、重慶にいる蔣介石は、八月一一日に勝手に動かぬよう朱徳に釘を差す。八月一〇日には、米英の合同参謀長会議も、蔣介石のもとで中国戦区参謀長を務めるアルバート・ウェデマイヤー少将に、中国における日本軍の降伏は蔣介石の軍が受けられるよう加勢を命じた。[63]

すべては一歩遅かった。中国共産党の軍は熱河と張家口でソ連軍と合流する。[64] 日本軍の降伏を受け入れつつ「解放区」を広げ、日本軍から接収した武器で軍を強化した。

先述のように、八月一八日（日本時間）のスターリンの停戦命令には、占領した満洲の都市は中国国民党に委ねるよう記されている。だが、実際には満洲で勢力を拡大したのは中国共産党だ。その素早さは、スターリンの想定を上回っていたのかもしれない。

アメリカの疑念

蔣介石を支援するアメリカは、スターリンが中国共産党を助けていると疑っていた。そのためソ連軍が急速に占領地を拡大するとともに、アメリカ側は中国共産党の勢力拡大にも危機感を覚える。

一九四五年八月二七日、スターリンと会談したハリマン駐ソ大使は、中国共産党と連絡を取り合っているかと単刀直入に尋ねた。スターリンは、まだだと答える。そして「中国に二つの政府を持つなど愚かなことだ」し、蔣介石にはいま中国を統一するチャンスがめぐって来ていると述べた。だが、蔣介石の軍は南にとどまり、満洲や内モンゴルを占領するために派兵していない。蔣介石は張家口から北京の地域までソ連軍が進出するのを恐れているのだろうが、両市を占領するつもりはなく、満洲に中国共産党の部隊はいない、ともスターリンは語った[65]。

ここでスターリンは、明らかな嘘をついている。ソ連軍と中国共産党の軍は、張家口の攻略などで共同戦線を張っていたからだ。

旅順と大連の占領

「大日本帝国」の崩壊で生じた空白の地図をめぐり、米中ソの角逐は激しさを増していく。焦点となったのが大連である。

ヤルタ秘密協定では、大連は自由港に指定されていた。アメリカは大連を通じて、満洲での「門戸開放」すなわち自由貿易を維持しようとした。しかし、モスクワにおける中ソ交渉で、ソ連が大連を自由港にするのか疑わしくなってくる。

そこでハリマン駐ソ米国大使は、スターリンが中国代表への圧力を強めていることを理由に、米軍を朝鮮半島と遼東半島に上陸させることを八月一〇日にトルーマン大統領とバーンズ国務長官に進言した。両半島は、ポツダムで合意した作戦区域ではソ連側に入っている。しかしハリマンは、ソ連の作戦区域を尊重する義務があるとは思えないと記している[66]。

進言を受けたトルーマンの動きは早かった。翌八月一一日には、「日本降伏直後に大連港と朝鮮における港を、もしこれらの港がその時点でソ連軍によって接収されていなかったなら、占領する」ため、手はずを整えるよう命じた（「三八度線分割」）。

しかし、ソ連との協力を進めてきたマーシャル参謀総長らの反応は鈍い。八月一四日になってから、米軍の統合参謀本部はマッカーサーやチェスター・ニミッツ太平洋艦隊司令長官らへ、大統領が大連とどこか朝鮮の港を一つ占領するよう望んでいると打電する（『朝鮮分断の起源』）。

この翌日に大統領が承認した「一般命令第一号」の草案で、朝鮮半島の北緯三八度以南の日本軍の降伏は米軍が受けることで決着した。これで釜山や仁川など朝鮮南部の港は米軍が占領できる。

一方、アメリカは大連を占領するためには積極的な手を打たなかった。遼東半島にこだわるソ連を刺激せず、朝鮮南部を優先したと考えられている（同前）。

ソ連では、八月二〇日になってアントーノフ参謀総長がヴァシレフスキー極東ソ連軍総司令官に、最高総司令官であるスターリンの命令として、大連と旅順を早急に空挺部隊で占領するよう命じた[67]。

占領を円滑に進めようと、ソ連軍は事前に進駐を関東軍へ通告した。八月二一日、山田総司令官は、第三方面軍参謀長の大坪一馬少将と関東州警備司令官の柳田元三中将に、八月二二日か二三日にソ連軍が進駐するので整然と武器を引き渡すように命じた（「関總参一電第一〇五六號」鹵獲関東軍文書）。

こうしてソ連軍が旅順と大連へ一番乗りをはたす。八月二二日、ソ連軍の空挺部隊が両市に進駐する。ようやく九月二日になって米軍の巡洋艦二隻が大連に入港したが、すでに街はソ連軍が掌握しており、なす術(すべ)なく退去した[68]。ソ連の支配下に置かれた大連と旅順には中国共産党が進出する。国共の内戦中に大連は中国共産党の重要な拠点となった。

総司令部も抑留

各地での戦闘も終わりつつあった八月二九日、関東軍の秦総参謀長は復員の要領を各部隊に通知した。復員対象は「帝国全陸軍部隊」とし、細則についてはソ連側と交渉してから決めるという（「関總参編第五號」鹵獲関東軍文書）。

このように関東軍の幕僚たちは、全部隊が帰国できると信じており、まさかソ連に連行されるとは想像もしていなかった。

しかし、ソ連側は機会をうかがっていた。九月二日には、長春で武装解除にあたるフョードル・フェデンコ中将が、関東軍総司令部をすべて捕虜にして山田関東軍総司令官や秦総参謀長をモスクワに送るよう、ヴァシレフスキー極東ソ連軍総司令官に進言した[69]。

九月三日、新京から名前を戻した長春で、ヴァシレフスキーと山田は会見する。ヴァシレフスキーは、日本軍の要望を聞きたいと申し出る。大急ぎで書類がまとめられた。そして翌日に、冬を越すのが難しいので八〇万人の日本人を日本へ送還してほしいといった要望を出す（「関東軍総司令部の終焉と居留民・抑留者問題」）。

関東軍はそれまで、満洲の日本人のうち民間人は「開戦前の態勢に復帰」させ、軍人はソ連の庇護のもと「満鮮に土着」させようと考えた。けれども九月に入ってから、日本人を現地に再定着させることは難しいとようやく悟り、民間人の送還を東京にも求めていた（「ソ連軍の満洲進攻と関東軍の解体」）。

九月五日午前一時にも、長春の秦総参謀長が大本営の河辺参謀次長に打電し、在留邦人には言語に絶する被害が出ていると訴えた。しかし、関東軍の努力もここまでだった。同日夕方、関東軍の幕僚たち四六名は四機の航空機に乗せられ、ハルビン経由でハバロフスクへ送られた。

停戦後もすぐに彼らが移送されなかったのは、九月五日にソ連軍が歯舞群島まで占領するのを待ったのかもしれない。東京や札幌との連絡用に残していた関東軍総司令部も、ここで「用済み」となったのだろう。

一方、満洲に残された日本人には過酷な生活が待っていた。権力の空白を埋めるべきソ連軍は、満洲から日本人を連行するのには熱心だったが、保護には関心がない。その結果、現地に残る日本人は飢えや寒さ、伝染病で倒れてゆく。

自国の軍隊が作戦を優先して民間人の保護を後回しにするとどうなるのか。占領軍が占領下に置いた軍人や民間人をほしいままに拉致・使役し、それ以外は放置するとどうなるのか。日ソ戦争はその悪例として後世に語り継がれるべきだろう。次節では朝鮮半島の事例を見てみたい。

4　北緯三八度線までの占領へ

朝鮮半島の防衛体制

日本が大韓帝国を併合したのは一九一〇年である。それから朝鮮半島で暮らす日本人は増え続け、日ソ戦争前には朝鮮北部に約三〇万人、南部に約四二万人いた。

日本が朝鮮を支配するための出先機関が朝鮮総督府である。さらに朝鮮軍も置かれていた。しかし、朝鮮軍は一九四三年に太平洋戦線に部隊が送られ弱体化する。これを補うため、同年三月の改正兵役法で朝鮮人の兵役義務が明記され、多くの青年が入営した。

それでは、日本はどのように朝鮮半島を守ろうとしていたのか。

一九四五年二月、朝鮮軍という名称が廃止され、第一七方面軍および朝鮮軍管区が設けられた。六月に沖縄が占領されてから、米軍は一〇月に九州に上陸すると大本営は考えた。そして、朝鮮半島の南端にある済州島(さいしゅうとう)にも、米軍は九州北部への上陸を支援するため基地を置くと予想した。

このため済州島へ三個師団半、約六万人が集められる。その結果、朝鮮本土には四個師団半しか残らない。朝鮮半島で新たな師団も作られたが、訓練も武器も足りなかったのは関東軍と同じだった。

昭和天皇の意向を汲む

朝鮮半島でもソ連との戦いが準備される。

一九四五年五月九日、梅津参謀総長は、対ソ戦準備のため朝鮮の第一七方面軍をただちに関東軍の隷下に編入したいと上奏した。だが昭和天皇は拒む。「外国（満州）と国土（朝鮮）の関係上不可なり」というのが、昭和天皇の考えだと推測された（『戦史叢書』第八二巻）。

つまり、満洲国という「外国」に駐屯する関東軍が、植民地とはいえ日本の領土内にある朝鮮半島の軍隊を指揮下に置くのは前例がない。さらに、朝鮮軍は天皇直属とされてきたから、その原則を曲げるのも問題視された。これは、昭和天皇が「最後まで統帥大権の侵害は断乎（だんこ）として許さなかった」からだといわれている（『昭和天皇の戦争指導』）。

昭和天皇に反対され、大本営は第一七方面軍を関東軍に編入するのを断念した。それでも第一七方面軍は対米戦に専念したいと主張し、関東軍は朝鮮北部の防衛を担いたいと希望したので、朝鮮半島の防衛は南北で分けることになった。

五月二八日、大本営は関東軍総司令官に朝鮮北部で対米・対ソ作戦に備えるよう命じる。

五月末には南京から第五航空軍も京城（現ソウル）へ到着する。六月には、中国の漢口（現武漢）から朝鮮北部の咸興に第三四軍が移ってきた。こうして朝鮮半島全土に約三四万人の兵力が展開したが、主力は対米戦に備えて朝鮮南部に集結した（「朝鮮における日本統治の終焉」）。

七月一三日、関東軍と第一七方面軍に、梅津参謀総長から作戦要領が示された。それによればソ連軍を咸興の平地で撃破する。それができなければ両軍の主力は平壌へ向かう敵を、そして一部の兵力で京城に向かう敵を阻止するよう命じられた（大陸指第二五二二号）。

このように、米軍の上陸を予想して日本軍の主力は朝鮮南部に集まっていた。その結果、手薄となった朝鮮北部にソ連軍が襲来する。

連合国の戦後構想

現在まで続く朝鮮半島の分断の起源は、日ソ戦争に先立つ。

朝鮮半島にソ連を関与させることをローズヴェルト大統領は早くから考えていた。一九四二年一二月、オーウェン・ラティモアという学者へ次のように語っている。中国とアメリカは、西太平洋の広い地域で、最も責任ある大国としての資質を持っている。しかし、北太平洋では、朝鮮の独立などの問題からソ連を排除しようとすることは望ましくない。

「この地域でソ連を孤立させることは、緊張を和らげるどころか、緊張を生み出す危険性をはらんでいる」[70]

そこで編み出されたのが、米英中ソという「四人の警察官」による朝鮮の信託統治の構想だった。信託統治とは、まだ十分に自立する能力を持っていないと見なされた人々が居住する地域を、指定された国が、国際組織（現在は国連）の監督を受けて統治することをいう。

カイロで一九四三年一二月一日に公表された米英中の共同声明、いわゆるカイロ宣言には、「やがて朝鮮を自由と独立のものにする決意を有する」という一文があった。つまり、朝鮮の独立は先送りにして、それまでは信託統治にするということだ。

ソ連側はアメリカの構想に同意する。一九四五年五月二八日、アメリカのホプキンズ大統領特使との会談で、米英中ソによる信託統治案にスターリンは同意した。

ソ連の外交官たちも、信託統治に積極的に参加するよう六月二九日の報告書で上層部へ提言している。そして「やがて」朝鮮が独立したときに、日本の影響力を排除し、ソ連に友好的な政権を樹立する構想を立てた。朝鮮半島がソ連極東の安全保障を脅かさないようにするためだ。[71]

なお、朝鮮の戦後構想を検討しているのに朝鮮人は蚊帳の外だった。のちに初代韓国大統領になる李承晩（イ・スンマン）は、在米駐ソ大使館に対して、朝鮮の戦後構想については日本の壊滅後にあらためて表明するよう一九四五年三月二八日に求めている。[72] しかし、その声が届くことはなかった。

朝鮮半島北部図（1945年8月）

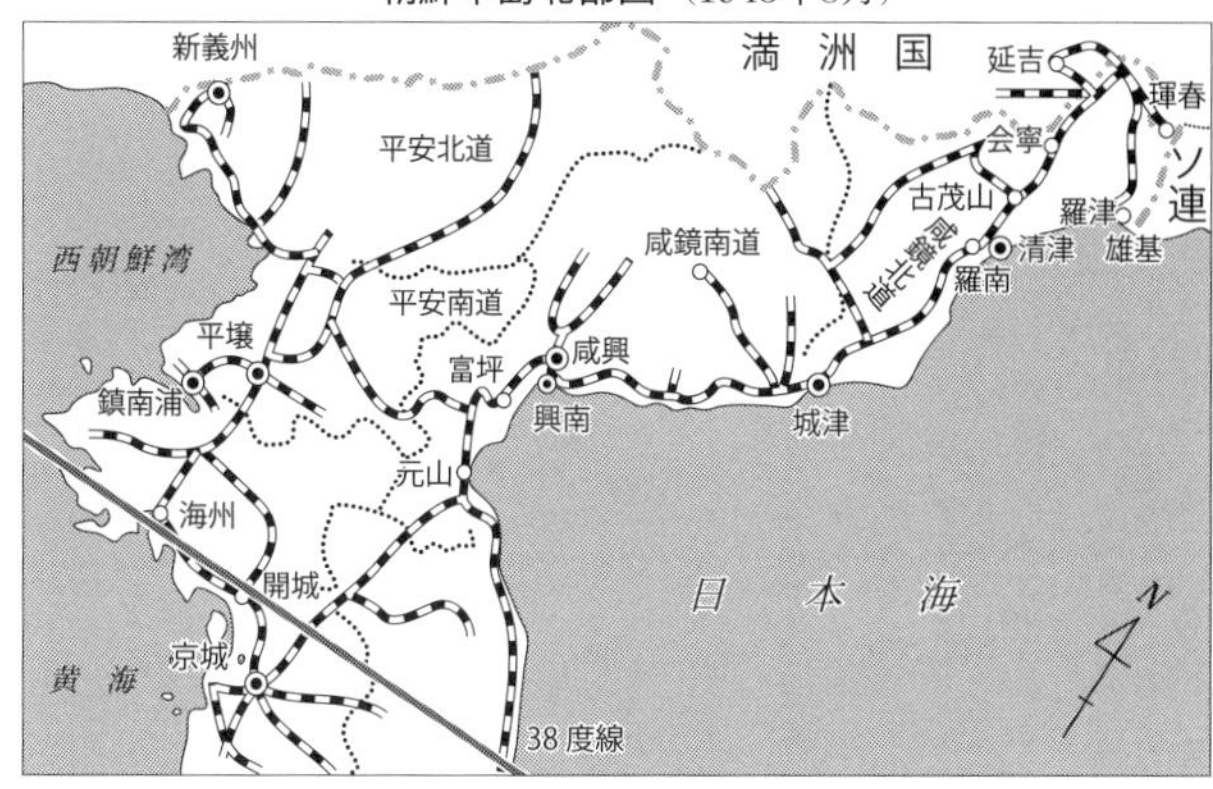

出典：富田武『シベリア抑留』（中公新書，2016年）を基に著者作成

朝鮮半島におけるソ連軍の作戦計画

同じソ連でも、外交官たちとは違って、ソ連軍は朝鮮を統治するための青写真は持っていなかった。ソ連軍の関心は朝鮮北東部の港に集中している。

一九四五年六月二八日における、モスクワの最高総司令部から沿海兵団への命令では、朝鮮半島で主力を差し向けるのは羅南（らなん）だ。同じく朝鮮半島北東部の羅津・清津への進出も命じている。その他には、朝鮮との国境沿いにある満洲の諸都市の占領が優先された[73]。朝鮮の統治を考えるなら、それよりも重要なソウルや平壌は開戦前には眼中にない。

不思議に思われるかもしれないが、そもそもソ連軍の目標は関東軍の包囲殲滅だ。関東軍の包囲を完成させるため、朝鮮半島と満洲の国境地帯を確保することが重視された。

さらに、ソ連軍には別の目的もあった。一九四五年七月二四日の米ソ参謀長会議で、アントーノフ参謀総長は「ロシアの作戦が成功するには、中国と日本列島からの増援によって、日本軍が満洲戦線を強化するのを防ぐことが重要である」と述べている。[74] 日本本土からの援軍が満洲に向かうのを防ぐためにも、その入り口になり得る朝鮮北東部の港を占領したかった。

なお、ソ連側は朝鮮半島での作戦には米軍の協力を期待していた。

一九四五年七月のポツダムでの米ソ参謀長会議で、ソ連側は朝鮮半島へ攻勢をかけるソ連軍と調整し、米軍が朝鮮の沿岸で軍事行動をとれるかを尋ねた。

しかし、米統合参謀本部はすでに一九四五年五月三一日に、日本本土を最優先にして満洲と朝鮮では軍事行動をとらないと決めていたという（『スターリンの極東戦略』）。そのためマーシャル参謀総長は、米軍が朝鮮半島に上陸する作戦の予定はないと断った。

結局、ソ連側は単独で作戦を展開する。

スターリンの命令を破る

一九四五年八月九日午前〇時、ソ連太平洋艦隊の航空機が雄基・羅津・清津を爆撃し、戦闘の火蓋（ひぶた）は切られた。[75]

八月一一日、メレツコフ第一極東方面軍司令官は、スターリンとヴァシレフスキー極東ソ連軍総司令官に、翌日までに汪清（おうせい）と琿春（こんしゅん）（ともに現吉林省延辺朝鮮族自治州内）を占領すると報告している。また、第三八六狙撃師団を清津・雄基・羅津に向かわせるとした。

同日、メレツコフは太平洋艦隊司令長官のイヴァン・ユマーシェフ元帥に朝鮮の港への上陸作戦を準備するよう命じた。主な目標は清津で、雄基と羅津も同時に占領するよう命じている。[76]

だが、八月一一日にアントーノフ参謀総長は、スターリンの命令として、羅津と清津への上陸作戦を行わないようメレツコフへ命じた。「第一極東方面軍の部隊の主要任務は、副次的任務を遂行するために兵力を分散させることなく、できるだけ早く吉林地区に到達することである」というのがモスクワの指示だ。[77]朝鮮半島の任務は「副次的」で、吉林の占領こそ「主要」な任務だった。

第一極東方面軍のうち、朝鮮半島を攻略したのはイヴァン・チスチャコフ大将の率いる第二五軍である。八月一一日午後一一時二六分、メレツコフもチスチャコフに、「朝鮮では攻勢を中止する。雄基・羅津は占領しない」と命じた。そのうえで、汪清などを占領し、敦化へ進出するよう命じる。[78]さらに翌八月一二日にメレツコフは、清津への上陸作戦も中止するようユマーシェフに命じた。[79]

だが、ソ連太平洋艦隊の勇み足が作戦を狂わせた。

偵察によって雄基が放棄されていることを知ると、ソ連太平洋艦隊は、八月一一日午後八時三〇分に雄基へ陸戦隊を上陸させた。この報告が極東ソ連軍参謀総長に伝達されたのが同日午後一〇時五三分だ。モスクワからの中止命令よりも前に上陸を終えてしまっていたのである。翌一二日午前、羅津も陸戦隊が占領した。[80]

清津でソ連軍は苦戦

日本軍が頑強に抵抗したのが清津だ。八月一三日、ソ連太平洋艦隊の陸戦隊が清津に上陸する。もっとも、先遣隊は一八一名しかいなかった。雄基と羅津を簡単に占領できたので、日本軍を侮っていたのだろう。

清津を守る日本軍は八〇〇名を超え、桟橋付近に斬り込みをかけてソ連の船艇を沈めた。包囲されたソ連軍の将兵は全滅を覚悟して遺書をしたためたほどだ。[81]

八月一五日になってソ連軍に援軍が到着して形勢は逆転する。この日の夕方、ソ連の陸戦隊は日本軍の陣地がある高秣山（コマルサン）を占領する。守備隊のほとんどは戦死した。

清津では郊外で戦闘が続き、完全に占領されたのは八月一七日である。清津におけるソ連側の戦死者は六〇名、日本側の戦死傷者は四四四名だが、ここには含まれていない部隊もある（『朝鮮終戦の記録』）。

清津で出血を強いられて、ソ連軍は慎重になる。そこでヴァシレフスキー極東ソ連軍総司令官は八月二〇日に、山田関東軍総司令官へ朝鮮半島東海岸中部の元山（げんざん）の占領を事前通告した。翌日に元山に上陸部隊を送るつもりなので、元山の軍と官庁が上陸部隊へ協力するよう、あらかじめ山田が指示することを求めた（「無題」鹵獲関東軍文書）。

だが、堀勇五郎（ほりゆうごろう）海軍少将率いる元山方面特別根拠地は武装解除に応じなかった。堀の説得に手を焼いたことがソ連側の史料に残されている。結局、八月二二日にソ連太平洋艦隊の陸戦隊によって元山の街が占領され、日本軍は武装解除された。[82]

方針転換で急ぎ占領

では、日本海の沿岸以外の地域は、どのようにソ連軍に占領されたのだろうか。

第二五軍の主力は、雄基と羅津が占領されてからも満洲での作戦を続けた。八月一六日にメレツコフ第一極東方面軍司令官はチスチャコフ第二五軍司令官へ、可能な限り早く敦化を占領し、吉林・新京へ向かうよう命じた。[83]

だが、トルーマンからスターリンへ八月一六日に届けられた「一般命令第一号」の草案で、三八度線以北がソ連軍へ降伏する地域に指定される。すると八月一七日に、メレツコフはチスチャコフへ翌日に軍を朝鮮に投入するよう命じた。ただし、南進は北緯三八度線付近までに制限された。[84]

さらに翌八月一八日、メレツコフはチスチャコフに、平壌や海州（かいしゅう）など朝鮮半島の中央部の占領を命じた。一方で、第二五軍は汪清に司令部を置き、満洲国と朝鮮との国境地帯も占領するよう命じている。[85] 朝鮮と満洲を遮断するのが目的だ。このように、第二五軍は朝鮮半島の北緯三八度線以北の占領を急に命じられた。

八月一九日に関東軍と極東ソ連軍が停戦に合意してからは、ソ連軍はもはや満洲を気にする必要もなく、一気に朝鮮北部を占領する。八月二三日に城津と咸興、八月二五日に平壌と鎮南浦（現南浦）、八月二七日には新義州に進駐した。ソ連軍が北緯三八度線以北の占領を終えたのは九月一七日である。

第三四軍の解体

朝鮮北部を守る日本軍の第三四軍は、ほぼ無傷のままだった。

司令官の櫛淵鍹一中将は八月一七日に咸興で市民を集め、こう励ました。ソ連軍上陸の場合は一戦も辞さず、市民の生命財産は保証する。また、軍の引き揚げは市民を送還し終えてからだと（咸興日本人委員会、北鮮戦災者委員会「北鮮戦災現地報告書」友邦文庫　三六九―四）。

だが、ジャリコーヴォでの会見で、ヴァシレフスキー極東ソ連軍総司令官は、第三四軍司令官を八月二二日朝までに延吉に出頭させるよう秦総参謀長に命じた（「無題」鹵獲関東軍文書）。そのため櫛淵は関東軍から、延吉でソ連軍と停戦協定を結ぶように命じられる。

八月二一日の交渉では、ソ連軍の第二五軍が、北緯三八度以北の日本軍はすべて古茂山（現咸鏡北道富寧郡）に集結し、捕虜となるように求めた。古茂山は寒村で全部隊を養えないから、集まれば全軍が餓死してしまうと櫛淵らは反対する。こうして日本軍は元山や平壌などに集結することになった。この件を除けば、第三四軍の武装解除は円滑に進んだ。

櫛淵らは、八月末に沿海地方に航空機で移された。各地に集結していた将兵たちも連行される。朝鮮半島から貨車に詰め込まれ、ウクライナまで連れて行かれた部隊すらある。

米ソの角逐の始まり

朝鮮半島の占領の経緯を追うと、これまでの通説は見直す必要があることに気づく。

第一に、朝鮮半島におけるソ連の発言力を確保するため、あるいは朝鮮半島を日本の植民地支配から「解放」するため、スターリンは朝鮮半島への進撃を急がせたといわれてきた。しかし、実際には朝鮮半島の占領より満洲で関東軍を包囲殲滅する作戦が優先され、朝鮮半島は後回しだった。

第二に、アメリカはソ連軍の進撃の速さに慌て、北緯三八度に軍事境界線を設けたとされる。だが、ソ連軍には朝鮮半島を南下して占領地を拡大するという作戦計画は当初なかった。アメリカが北緯三八度線以北をソ連に委ねてから、ソ連軍はあわてて朝鮮北部を占領したというのが実情である。

しかし、ハリマン駐ソ米国大使はソ連に疑いの目を向けていた。八月二三日には、バーンズ国務長官へこう打電する。

「朝鮮では、ある程度の困難が生じるだろうと予想している。私の印象では、四大国の信託統治を通じて独立に導くというスターリンとの合意があるにもかかわらず、ロシア人はこの国を支配したいと考えているからだ[86]」

朝鮮半島をめぐる米ソの角逐は、日を追って激しさを増す。そのなかで苦難を強いられたのが日本人の民間人だ。

出口なき日本人難民

ソ連軍の占領下に置かれた民間人には過酷な運命が待っていた。

ソ連軍は、朝鮮総督府の行政権を朝鮮民族執行委員会へ引き渡すよう命じ、日本人官吏や警察官を多数抑留した。日本の軍人や警察官がいなくなると、朝鮮人による日本人への暴行や略奪が頻発した。

日本人の被害状況をまとめた朝鮮総督府の官僚は、日ソ戦争の前から買っていた恨みが爆発したと見ている。朝鮮人の起こした事件は、相手が日本人か朝鮮人かを問わず、警察官や地元の官吏を対象とする「個人的怨恨関係」によるもので、その背景には「戦時中民衆の最も苦痛としたる労務及び食糧の供出を繞(めぐ)る官の政策に対する反動」があったという(『朝鮮総督府終政の記録』第一)。

昭和天皇の弟で日本赤十字社総裁の高松宮宣仁親王(たかまつのみやのぶひとしんのう)にも、朝鮮北部に留まっている日本人の情報が入っていた。彼の日記には、とりわけ女性の悲惨な境遇が記されている。

「北鮮に侵入せる「ソ」兵は白昼街道にて通行中の婦女を犯す」「元山か清津にては慰安婦を提供を強いられ人数不足せるを籤引にて決めたり、日本婦人の全部は強姦せらる」（『高松宮日記』一九四五年一〇月二三日条）

大本営陸軍部が九月七日に作成した文書でも、日本人の苦境がわかる。

朝鮮半島に進駐したソ連軍は「無秩序なる行動」が多かった。そのため日本軍は歩兵を再武装させて警備に当たらせたが、武装解除されてしまった。その結果、治安がきわめて悪い。北緯三八度線以北の鉄道はソ連軍が管理することになったが不通になってしまい、満洲から逃れてくる避難民を輸送できない。平壌には約六万人が残っているという（※「ポツダム宣言受諾関係一件　善後措置及び各地状況関係　第二巻（一般及び雑件）」外務省外交史料館　A門一類〇項〇目）。

日本人の置かれた状況は日増しに悪くなっていくが、なかでも満洲からの難民が最も悲惨だった。彼らは朝鮮へ避難してきたが、日本へ逃げようとしても北緯三八度の軍事境界線で立ち往生させられてしまう。満洲の家を捨て逃げてきた彼らは難民となり、食料も尽きて、避難所では伝染病も流行した。

連合国最高司令官への幻想

ソ連軍の占領下に置かれた日本人を救うため、日本はアメリカに頼る。

一九四五年九月八日の会見で河辺参謀次長は、ソ連占領下にある満洲や朝鮮北部の日本人八〇万人を保護する名案はないかと、マッカーサーの司令部の参謀長、リチャード・サザランド中将に問う。サザランドは、「名案なし」とにべもなかった（同前）。

重光葵（しげみつまもる）外相や吉田茂外相も、サザランドに直談判する。しかし、ソ連側には取り次げるだけだと、やはり断られた。

実際、極東ソ連軍はマッカーサーの指揮を受けない、とつっぱねられたことは先に記した。そうした事情を知らず、日本側は連合国最高司令官というマッカーサーの肩書を過大評価していた。

それでも頼れる国はアメリカしかない。一〇月八日、日本政府はあらためてマッカーサーへ、満洲・朝鮮北部・南樺太・千島列島に残っている日本人とカムチャツカ半島に連行された人々の早期送還を願い出た。そこには、朝鮮北部にいる七万人の日本人が飢えで死に瀕しているとも記されている（『日本外交文書』占領期第三巻）。これを、在ソ米軍使節団がソ連軍に取り次いだのが一〇月一三日だ[87]。

日本人難民をめぐるソ連の内部対立

では、占領下に置いた日本人をソ連はどうするつもりだったのか。実はソ連でも意見が割れていた。

一九四五年一〇月二二日、ロゾフスキー外務人民委員代理は、上司のモロトフ外務人民委員に書簡を送る。朝鮮北部にいる日本人は全部で七万人から八万人と推計され、朝鮮北部を占領するソ連の第二五軍は、日本人の困窮ぶりから、冬が来る前に送還すべきだと考えている。また、朝鮮駐留米軍司令官ジョン・ホッジ中将も、満洲と朝鮮北部の日本人難民を中国の山海関から送還するようソ連側へ提案していると記す。

ロゾフスキー自身も送還に賛成だった。日本政府が船舶を提供するなら、朝鮮北部の日本人は元山と平壌南西の鎮南浦から送還する。ただ、満洲の日本人送還は、中国側の決定を待つとした。そして、ヴィシンスキー外務人民委員第一代理の賛同を得られれば、アメリカ側に通告したいと伺いを立てた[88]。

ヴィシンスキーは反対だ。同年一一月二日にモロトフへこう意見する。ニコライ・ブルガーニン国防人民委員代理とアントーノフ参謀総長は、朝鮮北部からの日本人送還に反対である。送還に必要な船舶がソ連にはないからで、そうかといって、代わりに日米の船舶を受け入れるのは不都合であると[89]。

歴史が示す通り、採用されたのはヴィシンスキーの案だ。ソ連の国益のために留め置かれた日本人難民は、日本への送還も積極的な保護もされず、宙に浮いた存在となる。そして、寒さや飢え、伝染病で倒れていった。

五木寛之の経験

各国による救済に望みがないなか、朝鮮北部から日本人は自力で脱出する。命がけで平壌を脱出した一人が、のちに小説家となる五木寛之（いつきひろゆき）である。買収したソ連軍のトラックに乗り、三度目の逃避行を試みた。

トラックがソ連兵の検問にひっかかると、着のみ着のままの避難民には差し出す物がない。そこで、そのほかの女性の「純潔」や「貞淑」を守るという名目で、接客業をしていた女性が犠牲となることが多かった。

> 彼女らが素直に応じない場合、皆で引きずり出して、トラックから突き落したりもした。非国民、などとののしったり、水商売のくせに、などとこづいたりもした。中には出かけて行ったまま、帰ってこない女の人もいた。帰ってきたくなかったのではないか、と思う。私たちが引揚げて生きのびているのは、そんな人々の犠牲の上にである。
>
> （「敗戦国民の純潔」）

このように、危機に際して日本人は、以前からの性差別や職業差別を剝（む）き出しにした。もっとも、通過する避難民に代償を要求するソ連兵がいなければ、そもそも彼女たちが犠牲になることもなかった。

家に帰るまでが戦争

日本人の送還は、ようやく年を越してから米ソ間で交渉が進む。朝鮮北部のソ連軍占領地域からの日本人送還を、一九四六年三月一日に開始することで米ソは合意した。しかしそれからも送還は難航する。朝鮮半島が米ソの冷戦の最前線となったことが災いした。

日ソ戦争やシベリア抑留を生き延びても、故郷の朝鮮半島が分断された朝鮮人の元日本軍兵士や軍属には、さらなる困難が待ち受けていた。

一九四九年二月、シベリア抑留から解放された朝鮮南部出身の元兵士約五〇〇人が、北朝鮮経由で韓国へ帰国しようとした。彼らが三八度線を越えようとすると、韓国の国境警備隊に銃撃された。北朝鮮側から連絡がなかったため、北朝鮮軍が進撃してきたと勘違いしたのだ。この誤射で三七人の命が失われた（「三八度線で射殺されたソ連抑留元朝鮮人兵士（下）」）。兵士にとっては家に帰り着くまでが戦争である。それを象徴する事件だった。

さらに朝鮮人の元抑留者のなかには、一九五〇年に勃発した朝鮮戦争にも従軍させられた者もおり、反共を掲げる韓国では、ソ連から帰って来たということで戦後も白眼視された（『朝鮮人シベリア抑留　私は日本軍・人民軍・国軍だった』）。彼らに戦争の終わりはあったのだろうか。

第3章　南樺太と千島列島への侵攻

1　国内最後の地上戦——南樺太

海上交通路の確保のため

南樺太と千島列島における戦いは、二重の意味で埋没している。

まず、日ソ戦争自体がアジア・太平洋戦争のなかで埋没し、個別に論じられることが少ない。さらに、日ソ戦争のなかでも光が当たるのは犠牲者の多い満洲だったからだ。

だが、これらの戦いは現在の日露間の領土問題の出発点であり、検証が重ねられなくてはならない。

実は南樺太に戦略的価値を見出したのは、ソ連よりもアメリカが早い。少し時間をさかのぼろう。

一九四一年六月にドイツがソ連へ侵攻すると、アメリカは武器貸与法に基づいて多くの軍需物資をソ連に供与した。

アメリカからソ連へ物資を運ぶルートは主に三つだ。北極海を経由する北方ルート、ペルシャ湾経由の南方ルート、そして太平洋を横断する東方ルートである。連合国が供給した物資の四七・一%は東方ルートで運ばれた。[1] しかし、日本領の千島列島や宗谷海峡を通るため、日本海軍によって輸送船一七八隻が抑留され、九隻が沈められた。[2]

日本海軍の目が届きづらいルートとして頻繁に使われていたのが、アメリカ西海岸から太平洋を北上し、カムチャッカ半島南端からオホーツク海へ入るルートだ。しかし、アメリカ側は物資を運ぶソ連領の沿海地方までより距離を短くできる、宗谷海峡の通行を望んでいた。

宗谷海峡を安全に通過するには、少なくとも対岸のどちらかから日本軍を排除しなければならない。その場合は北海道の北端より、ソ連領とは地続きの南樺太の方が占領しやすい。

こうして、米統合参謀本部は一九四四年九月二八日に、ソ連軍が対日戦に参加するにあたっての要求をモスクワのディーン在ソ米軍使節団長へ示した。[3] 沿海地方とカムチャッカ半島に米ソの空軍と海軍を配備する。そして、日本と大陸との交通を遮断し、満洲の陸軍と空軍の基地を壊滅させる。さらに、北海道と南樺太を空軍で無力化する。また、宗谷海峡の海上輸送ルートを確保するためソ連軍による南樺太の占領も求めた。[4]

アメリカ側の占領要請

だが、南樺太での作戦についての話し合いは進まず、翌年に持ち越された。

一九四五年二月八日のヤルタにおける米ソ参謀長会議で、アメリカ側は対日戦に関する質問状を提出する。そのなかで、「東シベリアでの作戦計画に関連して、サハリンの南半分を占領するつもりがあるか」「その場合、ラ・ペルーズ〔宗谷〕海峡を開通させることができると考えているか」を質問した。[5]

ソ連側は、次のように回答する。

「ソヴィエトは、敵対行為の開始後、アメリカの助けなしに、できるだけ早く南サハリンを占領するだろう。ソヴィエト海軍はラ・ペルーズ海峡を日本人に航行させないが、ソヴィエト海軍の基地と沿岸砲が設置されるまでは、ラ・ペルーズ海峡で〔アメリカの〕友好的な海上移動を許可することは難しい」[6]

翌日、アントーノフ参謀次長はスターリンと相談したうえで、「ロシアは、最初の作戦の一つとして、サハリン島の南半分を占領」し、宗谷海峡も占領すると正式に回答した。[7]ソ連軍が南樺太を占領して、宗谷海峡の海上交通は保護すると言質を取られた形である。

爆撃基地を求めて

南樺太を米軍が重視した二つ目の理由は、東日本を爆撃する基地として活用できるからだ。ソ連領内の基地が使用できないとわかると、南樺太の重要性はますます高まる。少し時間を戻してみたい。
ソ連領内に空軍基地を借り、日本本土を爆撃するのは、アメリカの悲願だった。日米開戦後すぐの一九四一年一二月一一日、ハル国務長官はマクシム・リトヴィノフ駐米ソ連大使に、カムチャツカ半島かウラジオストクで爆撃機の基地を提供してほしいと要望した。だがリトヴィノフは断る。[8]
それでも、ローズヴェルト大統領は引き下がらず、三日後にリトヴィノフを招く。大統領は地図を広げながら華南やアリューシャン列島・カムチャツカ半島から、日本を来春に爆撃する計画を説明した。[9]
アメリカに基地を提供すれば、ソ連は日本に攻撃されかねない。ソ連としては避けたいシナリオだが、独ソ戦ではアメリカの支援を受けているため、その期待も裏切れない。ソ連は、アメリカの爆撃計画に賛成はしても具体的な話は避けた。

「日本への爆撃に乾杯」

アメリカからの要求はかわす一方で、ソ連は単独で日本を爆撃する作戦を立てていた。

一九四二年二月六日に、海軍人民委員のニコライ・クズネツォーフ提督は、もし日本がソ連を攻撃してきたら、ウラジオストクから長距離爆撃機で東京・名古屋・大阪・京都などを爆撃できると、スターリンへ報告した。[10]

これを受けて、同年三月一六日に、スターリンとシャポシニコフ参謀総長は連名で命令を出す。もし日本と戦争になったならば、太平洋艦隊は長距離爆撃機で東京や海軍の拠点である横須賀・舞鶴・大湊（おおみなと）を爆撃するよう命じた（『スターリンの極東戦略』）。

スターリンは、このようなソ連側の爆撃計画は伏せたまま、アメリカが協力を求めてもかわし続ける。

同年八月一四日、チャーチルとともにハリマン米大統領特使がクレムリンを訪問する。ハリマンが米ソで日本を一緒に爆撃できたら素晴らしいというと、スターリンは「日本への爆撃に乾杯」し、沿海地方でもっと航空機が欲しいと述べた[11]。アメリカの計画には賛成するが、機体がないというわけだ。

米軍の爆撃基地として

ソ連との話し合いが進まないなか、アメリカは自力で日本への爆撃に必要な飛行場を手に入れる。西太平洋のマリアナ諸島を拠点に、一九四四年一一月からB29で日本本土を空襲した。だが、米統合参謀本部はソ連極東にも空軍の基地を望む。日本本土を北から脅かすためだ。

ソ連側は消極的だ。一九四四年一二月一六日、アントーノフ参謀次長は、カムチャツカ半島にアメリカの海軍と空軍の基地を提供すると申し出たが、沿海地方の飛行場はソ連軍が使用するので、米軍に供与できないと断る。[12]

それでも、ローズヴェルト大統領は諦めない。一九四五年二月八日、ヤルタ会談でローズヴェルトはスターリンに述べる。日本本土には四〇〇万人の日本兵がいるので、できれば侵攻したくない。爆撃を強化して日本を壊滅させ、アメリカの兵士を救いたいと。スターリンは、アムール河の下流の街ならアメリカの基地を置くこともできると応じた。しかし、カムチャツカ半島に基地を置くのは次の段階だと渋った。[13]

スターリンは、カムチャツカ半島に基地を置いた米軍が、そこから目と鼻の先の千島列島を占領するのを恐れたのではないか。次節で述べるが、実際に米軍には千島列島を占領する計画があった。

結局、米統合参謀本部は、太平洋艦隊司令長官のニミッツ元帥の意見に従い、ソ連領からの日本爆撃を取り止めた。[14]この作戦を悲願としたローズヴェルトの死去から一週間後の、一九四五年四月一九日のことだ（「第二次世界大戦後半期（一九四三～四五）における米軍部内の対ソ戦略論争と対日政策への影響」）。

攻略に消極的なソ連

アメリカの統合参謀本部は、ソ連領に飛行場を獲得できなかった代わりに、日本領の南樺太に目を向ける。一九四五年五月三日、部内で作成した検討用の文書には、重爆撃機の駐機に最適な場所が南樺太には八ヵ所あると指摘している。[15]しかし、この作戦が正式に採用されることはなく、南樺太の占領はソ連軍に任せることになる。

一方、ソ連は南樺太での作戦になおも乗り気ではない。同年六月二八日に、極東方面軍の第一六軍にスターリンとアントーノフ参謀総長が与えた命令は、ソ連領である北樺太への日本軍の侵攻と樺太沿岸に日本軍が上陸するのを阻止することだ。南樺太への進撃は命じなかった。[16]

なぜソ連は南樺太の攻略に消極的だったのか。第一に、ソ連軍にとっては満洲での作戦が最優先であって、南樺太の攻略を急ぐ必要はなかった。第二に、南樺太は無理を押して占領せずとも、戦後にソ連の手に入る可能性が高かった。

「日本国が暴力および貪欲によって取得した他の一切の地域より駆逐される」という一九四三年のカイロ宣言の条項に基づけば、日露戦争の戦勝で得た南樺太も日本は戦後に放棄させられた可能性が高い。日本が受諾することになるポツダム宣言も、「日本の主権は本州、北海道、九州、四国各島およびわれわれの決定するいくつかの小さな島に限定される」と定めている（『史料検証　日本の領土』）。

しかし、アメリカ側はソ連に宗谷海峡の航行の安全を確保してもらいたい。そこで一九四五年七月二四日、ポツダムにおける作戦会議で南樺太は再び議題となる。

合衆国艦隊司令長官兼海軍作戦部長のアーネスト・キング元帥は、「ロシアがサハリン島の南端を、ロシアの参謀長が実行可能と考えている限り早い時期に攻略することで、この〔宗谷〕海峡の管理は行われるだろう」と述べた。米海軍が宗谷海峡を安全に航行できるように、ソ連軍が南樺太を占領せよという督促である。

それに対しアントーノフは、ソ連軍の最初の任務は満洲にいる日本軍の撃破だとかわした。その代わり「サハリン南部への攻撃は第二波として行われるだろう」と述べた。[17]

樋口季一郎の戦略——ソ連よりもアメリカに備える

一方、日本の防衛体制はどうなっていたのか。北海道と樺太・千島列島の防衛は豊平町（現札幌市）に司令部を置く第五方面軍が担当していた。司令官は樋口季一郎中将だ。

第五方面軍の戦略は参謀たちが回想を残している。

一九四二年六月に、日本軍がアリューシャン列島を占領する。それから米軍が島伝いに反撃してくると予想した。反撃に備えて、大本営は北千島に重点を置いたが、第五方面軍は千島列島の中部と南部、そして北海道東部（以下、道東）を重視した。本州を爆撃したい米軍が狙うのは、本州により近い千島列島南部か道東だと判断した。

そのため「北千島は不用不利となるので戦車を残し主力を道東地点にさげて展開した」。北千島には陸軍の一個師団強と海軍の千島根拠地隊がいて堅固な陣地もあるから、長く抗戦できるとも考えた（「北方軍第五方面軍関係聴取録　昭一八・二・五〜二〇・八・一五」防衛省防

衛研究所　北東―千島―一一）。

一方、南樺太の日本軍は常に北のソ連を意識していた。アメリカを意識して南へと注意を向けさせたのは、樋口第五方面軍司令官である。当時の部下によると、これは「北海道本土決戦に際してはその有力部隊を樺太から北海道に転用すること等を考慮したもの」であったという。

そこで樋口は一九四四年一〇月に南樺太を視察し、「北向きだけに拘らず南部樺太も考えろ」「国境へばりつきでなく、機動兵力を掌握に努めろ」「状況如何によっては樺太にある機動兵力の北海道本島転用も考えられる」といった指示を現地軍へ与えた（同前）。

樋口季一郎第５方面軍司令官

同年一一月二七日、峯木十一郎少将が樺太混成旅団長に任命される。樋口は着任の挨拶に訪れた峯木にも、「今後は一部をもって対ソ、主力をもって対米作戦に備えるようにせよ」と指導した（『札幌歩兵第二五連隊誌』）。

一九四五年二月にも樋口は兵団長たちを集め、敵には北海道で決戦を強いる戦略を指示した。道東の防衛には精鋭の第七師団が当てられた（『戦史叢書』第四四巻）。

兵力も武器も限られている以上、防衛する地域に優先順位をつけるのは当然だ。しかし、北海道より下位に置かれた南樺太は手薄となる。樺太混成旅団は第八八師団と名前を改めるが、戦車も航空機も配備されなかった。

樋口の判断にも弁護の余地はある。実際にアメリカの脅威は北海道に迫っていたからだ。一九四五年七月一四日から翌日にかけて、アメリカ第三艦隊の艦載機によって北海道の各都市が爆撃される。製鉄所のある室蘭は艦砲射撃も受けた。札幌から見れば、目下の敵はアメリカだった。

開戦直前もアメリカ重視

なお、大本営も北海道の防衛を重視していた。「戦備の重点を北海道本島に保持し来攻する敵を撃破」して、「本土決戦の遂行を容易」にすることを、一九四五年五月九日付で第五方面軍は求められた（大陸命第一三二六号）。

ただし、大本営はそれと同時に下達したソ連が参戦した場合の作戦計画で、南樺太では「作戦の重点を対蘇作戦に指向」するよう指示した。だがそれからも樋口は、南樺太でも対米戦を重視するよう命じる。

南樺太の第八八師団は、停戦直後に報告書をまとめている。それによると重点は対米戦に置き、一九四五年五月には主力を北の上敷香（現レオニドボ）から南の豊原（現ユジノサハリンスク）に移した。六月上旬には、満洲国との国境にソ連軍が集結していると知っていたが、来春までソ連は中立を守ると第八八師団も信じていたという。

七月中旬に北海道で開かれた会議でも、ソ連の対日戦不介入説が濃厚だった。そのため、第八八師団は対米戦の準備に努めるよう命じられた。

開戦直前の八月三日にも第五方面軍から電報があり、ソ連との国境の古屯（ことん）（現ポベジノ）には歩兵一個連隊を置き、ソ連と戦争になっても師団の主力は南部を守備するように命じられた。米軍が南樺太に上陸することを想定した布陣である。これに基づき、八月六日と翌日に豊原で開かれた部隊長の会議では、米ソの両方に備えた作戦を準備するよう師団は命じる（「報告書　昭和二〇年九月一九日」鹵獲関東軍文書）。

札幌の方針に従い、第八八師団の主力はソ連との国境からは遠くに置かれた。この布陣はソ連軍を有利にする。

静かな開戦

戦後、札幌の第五方面軍の元参謀たちは、抑留から引き揚げてきた南樺太の第八八師団の将校たちから聞き取りを行った。以下の記述は、この「終戦前後に於ける樺太千島方面陸軍部隊の消息」（一九四六年一二月）に多く拠っている（『海外引揚関係史料集成——国外篇第三〇巻（樺太篇）』所収）。

樺太での日ソの国境線は北緯五〇度で、東西に幅一三〇キロある。東京から沼津の距離とほぼ同じだ。鉄道の終着駅、古屯から国境までの約二〇キロは、民間人が立ち入り禁止となっていた。ここが最初の戦場となる。

第八八師団長の峯木は、八月九日午前五時にアメリカの放送でソ連参戦を知る。そして、午前七時に国境を警備する歩兵第一二五連隊へ防戦を命じた。この日は少数のソ連兵が偵察のため越境し、国境に近い警察署が砲撃を受け、電話線を切られる程度で被害は軽かった(「樺太古屯付近戦闘歩兵第一二五連隊　戦闘詳報　昭二〇・八・九〜二〇・八・一九」防衛省防衛研究所　北東―樺太―二四)。

ソ連軍の総攻撃は八月一〇日に始まる。大本営が札幌の第五方面軍に「全面的作戦を開始」と命じたのも同じ日だ(大陸命第一三七九号)。

国境地帯での激戦

八月一〇日午前〇時三〇分、プルカーエフ第二極東方面軍司令官は、第一六軍を率いるレオンティー・チェレミソフ少将に、「南サハリンから日本人を一掃」し、敷香(しすか)(現ポロナイスク)や内路(ないろ)(現ガステロ)などを八月一二日までに占領するよう命じた。[18]

本格的な戦闘は、八月一一日午前五時から国境の南約三キロにある半田川を挟んで始まった。日本軍と国境警察隊が丸一昼夜、ソ連軍の第七九狙撃師団の前進を阻んだが、半田川陣地は陥落する。

次の戦場は南樺太を縦断する中央軍道だ。満洲と同じく、ここでも日本軍の兵士は爆雷を持ってソ連軍の戦車の下に飛び込む。もっとも、それよりも威力を発揮したのは日本軍の重機関銃で、ソ連軍を何度か後退させた。

八月一二日に、迂回したソ連軍が古屯駅を襲撃する。国境地帯にいる日本軍は南北から挟み撃ちにされた。それでも第一二五連隊は八方山周辺で抵抗を続けた。ソ連軍の南下を止められはしなかったものの、遅らせるのには成功する。結局、第一二五連隊が停戦命令を受けたのが八月一八日、武装解除されたのはその翌日だ。

なお、第一二五連隊長の小林与喜三大佐の要請で、一連の戦闘には国境警備の警察官や地元の民間人も戦闘に参加し、食料や弾薬の運搬や対戦車壕を築くのを手伝って、多数の戦死者を出した。

この国境地帯の日本軍の戦死者は民間人も含めて六五一人、ソ連軍は七三〇人である。南樺太での最大の激戦地はこの国境地帯である（「日ソ戦争樺太戦」）。

民間人の動員

沖縄や南樺太での戦闘の特徴は民間人がその場で動員されたことだ。日本人だけでなく、朝鮮人や先住民も軍属として動員された。

南樺太は「軍民一体」のかけ声のもと、全島民が防衛体制に組み込まれていた。たとえば恵須取町（現ウグレゴルスク）では、この街の国民義勇戦闘隊がソ連軍と交戦している。国

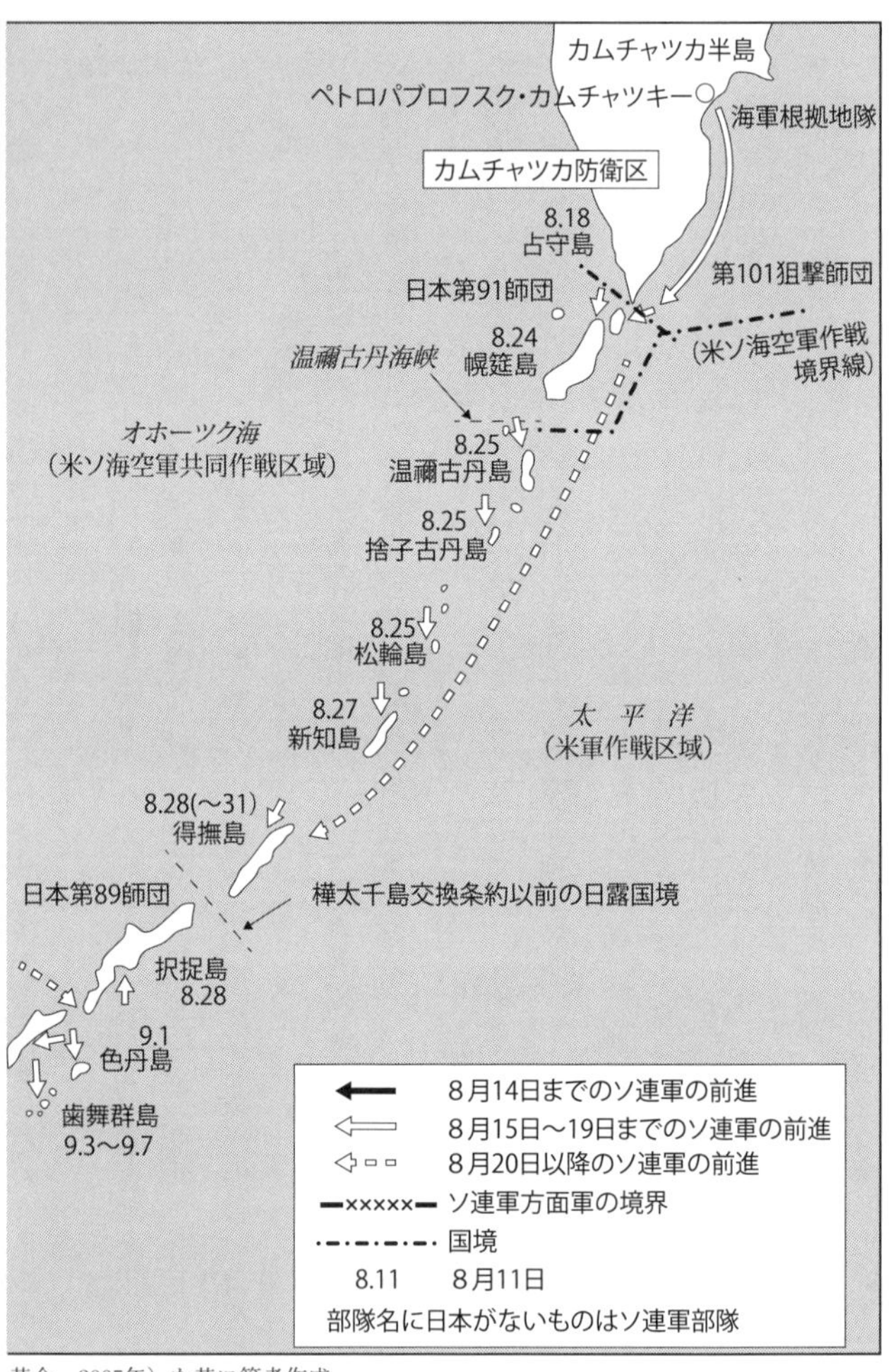

基金，2005年）を基に筆者作成

ソ連軍の南樺太・千島列島への侵攻図

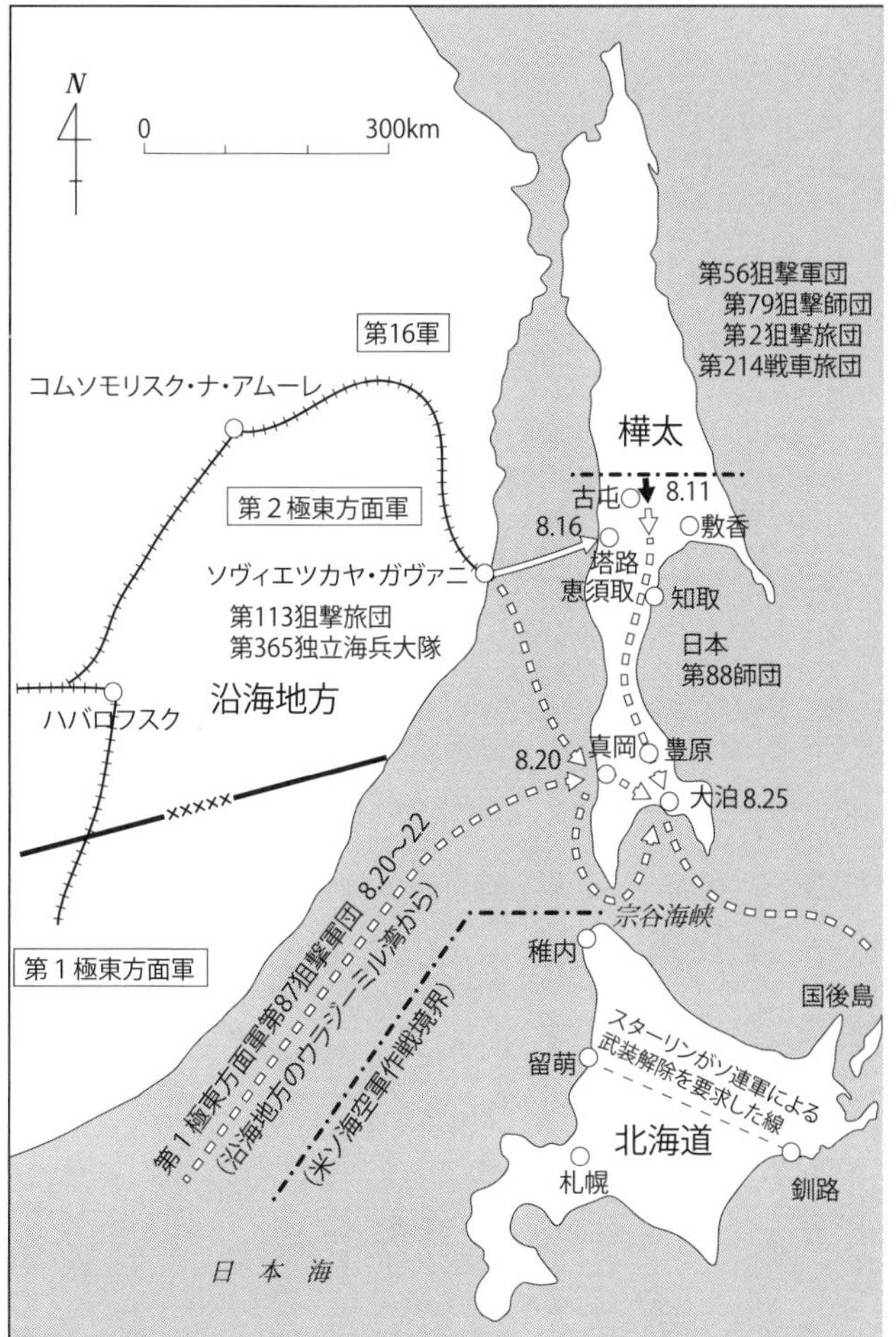

出典：戦後強制抑留史編纂委員会編『戦後強制抑留史』第１巻（平和祈念事業特別

第５方面軍主要部隊の編成表（日ソ戦争開戦時）

第５方面軍司令部（札幌）　樋口季一郎中将
- 第７師団（帯広）　鯉登行一中将
- 第42師団（稚内）　佐野虎太中将
- 第88師団（豊原）　峯木十一郎中将
  - 歩兵第25連隊（逢坂）　山沢饒大佐
  - 歩兵第125連隊（上敷香）　小林与喜三大佐
  - 歩兵第306連隊（豊原）　高沢健児大佐
- 第89師団（択捉島）　小川権之助中将
  - 混成第３旅団（択捉島）　志波信孝少将
  - 混成第４旅団（色丹島）　土井定七少将
- 第91師団（幌筵島）　堤不夾貴中将
  - 歩兵第73旅団（占守島）　杉野巌少将
  - 歩兵第74旅団（幌筵島）　佐藤政治少将
  - 戦車第11連隊（占守島）　池田末男大佐
- 独立混成第101旅団（苫小牧）　桂朝彦少将
- 独立混成第129旅団（得撫島）　仁保進少将
- 独立混成第41連隊（松輪島）　上田美憲大佐
- 第１飛行師団（札幌、帯広）　佐藤正一中将

註記：（　）内は開戦時の駐屯地．人名は司令官，階級は陸軍

民義勇戦闘隊とは、兵力不足を補うため兵役未満の若い男性や高齢者・女性も動員し、一九四五年六月から日本全国で作られていた。

このほかにも、「国土防衛」のため全国で創設された特設警備隊があった。南樺太では兵役を終えた民間人、いわゆる在郷軍人が中心となり、一九四三年頃から各地に作られていた。開戦後、彼らも戦闘への参加や避難民の援助、治安活動を担った。豊原では中学校の生徒たちも特設警備隊に動員された。

満洲や朝鮮と違って、住民の大多数を日本人が占め、社会の隅々まで防衛体制に組み込まれていた

南樺太では、開戦に伴い強い不安と緊張に襲われる。すると、噂が噂を呼び、疑心暗鬼が生まれた。

疑いの目は朝鮮人に向けられる。南樺太では、炭鉱などさまざまな現場で約二万人の朝鮮人が働いていた。多くの場合、朝鮮人のなかにスパイがいるという噂から、上敷香や南部の瑞穂（現パジャルスキー）で日本人住民や警察の手で朝鮮人が殺された。島民の高ぶった国防意識がマイノリティーへ刃を向けた、陰惨な事件だった。

西海岸へのソ連軍上陸

国境で戦闘が続くなか、横腹を衝くようにソ連軍は西海岸へ上陸作戦を行う。

海軍が提案したこの作戦に第二極東方面軍は反対だった。そこで、上陸作戦を提唱した北太平洋艦隊が手持ちの陸戦隊を投入する。朝鮮北部で上陸作戦が首尾よくいったことや、偵察では南樺太の飛行場に航空機が発見されなかったことから、艦隊の司令部は作戦に自信を抱いていた[19]。

八月一二日午前三時、国境沿いにある最北の集落、西柵丹村（現ボシュニャコヴォ）の安別が艦砲射撃を受けた。続いてソ連軍が上陸し、日本軍と激しい戦闘になる。夜明けまで応戦した日本軍も、内陸部の陣地へ撤退を余儀なくされた（「樺太安別国境防衛の回想」防衛省防衛研究所　文庫―依託―四七三）。

翌八月一三日には、恵須取に北太平洋艦隊の陸戦隊八〇〇名が上陸した。しかし、準備不足がたたったのだろう。恵須取への上陸は日本軍の抵抗を受けて失敗する。

そこで、上陸地点には守備が手薄な場所が選ばれた。八月一六日の明け方、陸戦隊の第三六五独立大隊が塔路町（現シャフチョルスク）に上陸する。そこから陸戦隊は約三キロ南にある恵須取を目指す。南樺太では最大の港街で、一九四二年末の人口はおよそ三万九〇〇〇人である。

日本軍の第八八師団は、近隣から部隊を引き抜いて恵須取へ向かわせた。しかし、分かれて到着したのでまとまって力を発揮できない。八月一七日の恵須取での局地停戦の交渉も決裂し、恵須取を守る日本軍は衝突を避けるため内陸部に退いた。

恵須取での無差別攻撃

艦砲射撃と空襲を受けて、恵須取の町民は家族連れで逃げ始める。といっても、恵須取からは南へ向かう鉄道がない。町民たちは、九〇キロ南の西海岸の珍内（現クラスノゴルスク）か、一〇〇キロ先にある東海岸の内路の駅へ向けて歩いた。しかし、逃げる途中にも空襲され、犠牲者が続出した。

こうしたソ連軍の攻撃について、島民の大部分が国民義勇戦闘隊員になっていたのだから、「無辜の一般市民への攻撃」というのは正確ではないという主張もある（「樺太国民義勇戦闘隊」）。

しかし、武器も軍からの指示も彼らには満足に与えられていない。また、ソ連軍は相手が国民義勇戦闘隊員かを一々確認して発砲していたわけではない。抵抗する市民だけでなく、逃げ惑う老若男女を無差別に攻撃したのである。

八月一九日、札幌の第五方面軍は関東軍の秦総参謀長に恵須取での無差別攻撃について報告している。それによると、ソ連側は日本軍の軍使に、避難する住民は敵意を持っているとみなして攻撃すると「高言」していたという（「連合国トノ折衝関係事項　其四」）。丸腰の避難民への攻撃は、このようなソ連側の過剰な敵意が原因だろう。

沖縄や満洲と同じく、南樺太でも追い詰められた民間人が集団自決をした。恵須取の大平炭鉱病院の女性看護師たちはソ連軍の暴行を恐れ、八月一七日に二三名が集団自決を選び、六名が亡くなった。

この事件について取材し、一九七二年に小説「手首の記憶」を発表したのが作家の吉村(よしむら)昭(あきら)である。彼はその前年に、樺太引き揚げの船が撃沈された事件も小説「烏の浜」にまとめている。半世紀前に日ソ戦争に着目し、世に広めた業績は再評価されるべきだろう。

真岡への上陸作戦

次に狙われたのは、同じく樺太の西海岸にある真岡町(まおかちょう)（現ホルムスク）だ。

真岡の人口は約二万人。漁業や製紙業などで栄えた。この島では珍しい不凍港で、国鉄樺太西線と、真岡と豊原を結ぶ豊真線(ほうしんせん)の分岐点でもある。こうした好条件を生かして、開戦後から住民は脱出していた。しかし、義務感から残った公務員や船の順番待ちで残っている町民も多かった。

それまで、南樺太では上陸作戦に消極的だったソ連の第二極東方面軍も、真岡の攻略を急ぐ。北海道を攻略するのに兵員や物資を陸揚げする港が必要になったからだ（『千島占領』）。第二極東方面軍は、八月一八日に北太平洋艦隊へ上陸作戦を命じる。だが、塔路と恵須取の攻略に向かった艦艇が戻るのが遅れて、真岡は後回しにされた[20]。

一九四五年八月二〇日の早朝、濃い霧のなか艦砲射撃しつつ、北太平洋艦隊の陸戦隊と第一六軍の各一個大隊が真岡に上陸する。わずかな日本軍や警察官が駆けつけたが太刀打ちできない。この日だけで、真岡では日本軍の軍人四名、民間人四四三名が亡くなった（『樺太一九四五年夏』）。

真岡に住んでいた小学生の一人がのちに小説家となる李恢成(イ・フェクソン)だ。こう振り返っている。

> 八月二〇日の早朝六時半ごろ、砲声がとどろき、それから死が始まった。ひとびとは折からの濃霧のなかで本土への疎開を急いでいたが、この砲撃におどろき、山をこえて逃げようとした。逃げおくれた者は、防空壕の中にひそんだ。死は、どちらの側にも襲っ

てきた。兵士にも、町のひとびとにも。〔中略〕死は、日本人の上にも朝鮮人の上にも区別なく襲いかかってきた。もちろん、死は、子どもにもおとずれている。

（『サハリンへの旅』）

李は同級生のエピソードも記している。同級生の父親は軍人で、ソ連軍が真岡に上陸すると五人の家族と隣人を手にかけ割腹した。同級生は「いちばん先に首をはねられたという」。まず子どもが戦争の惨禍に呑（の）みこまれるのは、いつの世も変わらない。

真岡でも集団自決が起きている。

当時、電話をつなぐにはまず交換局に電話し、交換手に相手の番号を伝えた。交換手が相手を呼び出し、回線をつなぐと話せる。真岡では、この作業をすべて郵便局の若い女性職員が担当していた。

ソ連軍が上陸した八月二〇日も真岡郵便局は仕事を続けていた。交換手たちはソ連兵が迫るなか自決し、うち九名が亡くなる。この悲劇は映画やテレビドラマとなり、彼女たちは南樺太の犠牲者の象徴となっている。

熊笹峠の戦い

真岡を守る日本軍は歩兵第二五連隊の第一大隊だった。逢坂（おうさか）（現ピャーチレーチエ）にいた連隊長の山沢饒大佐はソ連軍の上陸を知ると、真岡の第一大隊に「穏便」に対処するよう指示を出す。しかし、軍使の一三名は三名を除いてソ連軍に射殺された。

真岡から日本軍は後退し、住民は街から逃げる。ソ連軍が真岡の東の峠道を越えて、豊原のある平野部になだれこむのを防ごうと、山沢連隊長は峠道の頂上にあたる熊笹峠（現ホルムスク峠）の死守を第一大隊に命じた（「歩兵第二五連隊真岡熊笹峠付近の戦闘要報　昭二〇・八・二〇～二〇・八・二三」防衛省防衛研究所　北東―樺太―一九）。

しかし、ソ連軍の迫撃砲や艦砲射撃で熊笹峠の日本軍は死傷者が続出し、八月二二日に撤退する。部隊は逢坂に退いたが連隊本部とは連絡がとれず、武装解除は九月四日になった（同前）。

現在、熊笹峠の頂上には巨大な戦勝記念碑が建てられている。ソ連側にとっても記憶すべき激戦だった。

宝台の戦い

八月二二日、真岡と豊原を結ぶ豊真線の沿線でも激戦が繰り広げられた。舞台は宝台（現カムイシェボ）だ。第二五連隊は、少ない兵力を熊笹峠と宝台に分散させねばならなかった。

ソ連軍は宝台の陣地を攻めるのに、その手前にある橋を渡らなければならない。ところが少人数でしか橋を渡れず、多くの死傷者を出した。最後は橋を迂回したソ連軍に攻められ、日本軍は撤退した。激戦地となったこの宝台ループ線は現在ロシアで「悪魔の橋」と呼ばれている。

八月二三日の朝、日本軍の停戦の使者が射殺される。結局、山沢連隊長がソ連軍に呼び出されて、この日ようやく停戦となった。

「終戦前後に於ける樺太千島方面陸軍部隊の消息」によれば、熊笹峠と宝台の戦闘で、日本軍は一〇五名の戦死者と八七名の負傷者を出した。ここに真岡も加えれば、戦死者は二〇〇名前後となる（「歩兵第二五連隊真岡熊笹峠付近の戦闘要報」）。

ソ連側の犠牲はさらに大きい。八月二二日から翌日にかけて、真岡から豊真線の二股駅（現チャプラーノヴォ）へ進軍する間に二度も退却を余儀なくされ、戦死者二一九名・負傷者六八〇名を出した。[21]

第五方面軍の様子見

南樺太で続く戦闘に札幌の第五方面軍は援軍も送らず、かといって南樺太の第八八師団に撤退も命じない。その理由について、第五方面軍の作戦主任参謀だった田熊利三郎中佐はこう回想している。

〔樺太の〕北部国境の対ソ作戦については「待てよ、しばらく情勢を見よう」ということで直ちに増援反撃の処置をとらなかったわけである。即ち樺太は北海道の前進陣地である。「ソ」の進攻が北海道にないという保証は何もない。米軍の機動は極めて大きく、あっという間に進攻してくる。〔中略〕結局樺太は大変だけれど一寸待とうかということで古屯方面に反撃することは方面軍の方で抑制した。

（「北方軍第五方面軍関係聴取録」）

このように第五方面軍は、ソ連軍と米軍が北海道に侵攻するのに備えていた。そのため、南樺太の第八八師団の主力が北上して応援に行くのを許さなかった。その主力を北海道の近くに置いておくためだ。

そうした消極的な指導に不満だった第五方面軍の参謀もいる。防衛主任参謀の福井正勝少佐は、八月一四日に南樺太の視察から戻ると、道内の兵力で北樺太のアレクサンドロフスク・サハリンスキーに逆上陸することを提案した。これに樋口司令官は「同意され、田熊参謀に計画作戦命令起案を命ぜられる」。

しかし、八月一四日夜になって樋口は福井に「戦さは終った」と述べ、作戦を中止させた。樋口はポツダム宣言の受諾をあらかじめ知っていたのだろう。では、なぜ樋口は作戦を認めたのか。福井によると、樋口は「どうせ実行はされないから迷惑はかからないだろう」ということで認めたのだという。そこで福井が「大事なことだから各参謀を集めて歩く」というと、樋口は「好い事は早く、悪いことは遅く知らせた方がよい」というので、福井は翌日まで軍司令官舎で飲んでいた（同前）。

こうして逆上陸作戦は消えた。しかし、南樺太では戦闘が終わったわけではない。八月二〇日には真岡にソ連軍が上陸する。田熊は「真岡からはないだろう。即ち約二コ師団半の敵が北部国境に来たのでこれ以上はあるまいと見誤った」という。しかし、このときも「宗谷〔海峡の〕突破という問題があるので兵力転用は軽々にはできない」として、第五方面軍は第八八師団の主力が動くのを止める（同前）。

こうして、第八八師団の主力は、進むことも退くことも許されない状況に追いやられていた。

停戦に応じないソ連軍

南樺太で広がる戦火には、東京の大本営も苦慮していた。

八月一六日に大本営は即時戦闘行動を停止するように命じつつも、停戦が成立するまでは自衛のための戦闘行動は妨げないと、条件付きの停戦命令を出した（大陸命第一三八二号）。

命令が曖昧になった一つの理由として、満洲や南樺太でソ連軍の侵攻が続いていることが念頭にあったと思われる。これを受けて第五方面軍は、同日に「自衛戦闘」の実施と「南樺太死守」を第八八師団に命じた（『戦史叢書』第四四巻）。

だが、「自衛戦闘」は停戦をまとめることが前提だ。そのため八月一八日に即時停戦と非武装地帯の設定を求め、第八八師団は軍使を送った。

ソ連側は拒絶する。この際、国境近くの半田で応対したのは「ビアクノフ近衛少将」だったと日本側の記録にある。第五六狙撃軍団長のアナトーリー・ディヤコノフ少将だろう。彼は日本軍の軍使に「傲然たる態度」でこう述べた。

「予は上司より予定目標への前進を中止すべき命令に接しあらざるを以て、日本軍の行動如何に拘らず之を敢行すべし」（「連合国トノ折衝関係事項　其四」）

そこで樋口第五方面軍司令官も、ソ連軍が攻撃を続けるなら「飽く迄自衛戦闘を敢行すべし」と、八月一九日に第八八師団へ命じる。

八月一九日に満洲では停戦がまとまったものの、南樺太では戦闘がやまず、新たに占守島でも戦闘が勃発する。大本営は焦った。同日、梅津参謀総長は樋口へ、ソ連軍と局地停戦交渉に入り武器を引き渡すことを認めた（大陸指第二五四六号）。

南樺太では八月一九日と翌日に会談がもたれたが、停戦はまとまらなかった。最終的に、八月二二日午後〇時過ぎに東海岸の知取（現マカロフ）で、第五六狙撃軍団長代理のミハイル・アリモフ少将と第八八師団参謀長の鈴木康生大佐が停戦で合意した。これを「知取協定」という。

ソ連軍は、交渉が続いていた八月二〇日に真岡へ上陸している。もしソ連側が停戦を引き延ばさなければ、真岡に限らず救われた命は多かったはずだ。

豊原空襲

札幌の第五方面軍は河辺参謀次長へ、八月二二日午後三時に停戦協定の成立を報告した。しかし、南樺太ではまだ戦火はやんでいなかった。

豊原は南樺太の最大の都市で、樺太庁や第八八師団の司令部が置かれていた。一九四二年の人口は三万七一六〇人である。

豊原駅と北豊原駅には、各地から逃れてきた六〇〇〇人ともいわれる避難民がいた。八月二二日午後三時、ソ連軍機がそこに機銃掃射や爆弾を浴びせる。犠牲者は少なくとも一〇〇人以上、最大五〇〇人ともいわれる。「知取協定」を結んだ後になぜ爆撃したのか。理由は不明だ。「知取協定」が最前線まで伝わっていなかったか、南樺太の全面占領まで避難民への攻撃は問題にしていなかったということだろう。

豊原にある第八八師団の司令部は、八月二五日に武装解除された。同日には大泊（おおどまり）（現コルサコフ）がソ連軍に占領され、プルカーエフ第二極東方面軍司令官がヴァシレフスキーに南樺太での作戦完了を報告した。[22]

日本では「知取協定」が結ばれた八月二二日を南樺太の終戦と記すものもあるが、ソ連やロシアでは八月二五日までが一連の戦闘と考えられている。「知取協定」は、全面占領まで日本軍の抵抗を封じるための駆け引きに過ぎなかったのではないか。

「三船遭難事件」

ソ連軍から逃れようと、日本人は続々と港へ集まってくる。八月一三日から樺太庁が指揮して、まず女性や子ども、老人の北海道への移送が始まった。

主な脱出ルートは北海道の稚内と南樺太の大泊を結ぶ稚泊航路で、八月二四日が最後の便になった。真岡や樺太南西岸の本斗（現ネヴェリスク）からも出港したが、八月二〇日までに船便は途絶えた。そのため、小型の漁船で脱出した人も多い。しかし、海上に逃れても無事ではなかった。

八月二二日早朝に、大泊から逃れる人々を乗せた三隻が北海道の留萌沖で攻撃される。「小笠原丸」と「泰東丸」は沈没し、留萌港に逃れた「第二号新興丸」も多くの犠牲者を出した。

この「三船遭難事件」の公式の犠牲者数は一七〇八人以上だが、長年この事件について調査している元参議院議員の中尾則幸によると、犠牲者のうち身元が判明しているのは一五九四人で、いまだ一〇〇名以上の身元不明者がいる（『北海道新聞（どうしん電子版）』二〇二二年五月三日付）。

責任追及はされず

一九四五年八月二四日に大本営はマッカーサーへ、宗谷海峡でソ連の潜水艦による被害が出ていると訴える（※「対敵交渉経過　昭二〇・八・一九〜二〇・九・四（其三）（一）」防衛省防衛研究所　文庫―宮崎―九一）。このように、当時から攻撃したのはソ連の潜水艦だと知られていた。近年のロシア側の論文も、太平洋艦隊の潜水艦二隻が輸送船を攻撃したと明記している。[23]

第二次世界大戦中には、連合国も枢軸国も避難民を乗せた船舶を撃沈している。米軍の潜水艦も沖縄から疎開する学童らを乗せた「対馬丸」を攻撃し、学童七八四人を含む一四八四人が死亡した。

だが、「対馬丸」が撃沈されたのは一九四四年八月二二日で、まだ交戦中だ。「三船遭難事件」は日本政府が降伏を表明していた後にもかかわらず起きた。

ロシア側の責任を追及する第一歩として、一九九三年四月一五日に武藤嘉文（むとうかぶん）外相はアンドレイ・コズィレフ外相へ「三船遭難事件」に関するソ連側の史料の開示を求めた（「参議院決算委員会会議録」一九九三年五月一二日付）。しかし、大きな進展はなく、日本政府も事件の解明に及び腰になっている。

二〇一八年三月二九日には、逢坂誠二（おおさかせいじ）衆議院議員がこの事件について政府に質問した。留萌市立図書館の所蔵する一九四五年八月一九日付の「ソ連太平洋艦隊第一潜水艦隊司令官宛命令書」を紹介したうえで、日露首脳会談の際「ロシア政府に本事件についての事実の照会を行い、あるいは謝罪を求め、その回答を得るべきではないか」と質問した。だが日本政府は「会談の詳細については、現在調整中であり、その内容について予断をもってお答えすることは差し控えたい」という答弁で済ませている。

「引揚者」のその後

話を日ソ戦争の直後に戻す。南樺太から脱出できても、明るい未来が待っていたわけではない。海外在住で終戦を機に帰国した多くの「引揚者」は、無一文で故郷に帰り着く。生活の再建には、並々ならぬ苦労を強いられた。

ある女性は、一九四五年八月一八日に、「四人の幼児と老婆」と南樺太から帰国した。現地には夫や兄弟を残したままだ。彼女は新聞にこう投書した。

> 私たちにはもう所持金もなくなりました。こんなことなら異国になった樺太で主人、兄弟となぜ一緒に残っていなかったかと現在の運命をのろっています。いまはただ、樺太へ行く船がほしい。いとけない子どもたちの父のいる樺太へ行ける船がほしいのです。
>
> （『朝日新聞』一九四五年一一月二一日付朝刊）

実際、残した家族に会うため、ソ連軍が占領する南樺太へ密航を企てた女性は多かったが、ソ連軍に拘束された。一九四六年一〇月の一ヵ月間だけでも、男女合わせて二五三名が捕まっている（『日本領樺太・千島からソ連領サハリン州へ』）。

引き揚げで生活を破壊されたのは、日本人だけではない。

一九四六年のソ連側の調査によると、樺太にはアイヌが一一五九人いた。樺太へ残留を希望して残ることができたアイヌもいたが、彼らの多くは「日本国民」として一九四七年に始まった強制送還の対象となる。日本はアイヌの住む土地を日本国の一部とみなす傾向があるとソ連では考えられており、将来の領土紛争を避けるため送還したのだろうと、ロシア人研究者は推測している。同じ理由で、千島列島のアイヌも送還の対象とされた[24]。同じ樺太の先住民でも、ニヴフやウィルタなどが樺太に残留できたのとは対照的だ。

監獄と化した島

南樺太から脱出できた期間は二週間余りで、島民の多くはソ連軍の占領下に置かれた。一九四五年九月に提出されたソ連側の報告書によると、南樺太には日本人が三五万八六五八人、朝鮮人が二万三四九八人、そのほかに先住民族と開戦前から土着するロシア人が残っていた[25]。

南樺太に残った彼らはソ連兵の暴行にさらされる。占領直後に大泊から稚内へ逃れた男性は、こう語っている。

「ソ連の駐屯兵は時々交替している模様で、新しい兵隊が来る度に民家に侵入、女、酒その他の物資を強要している。大泊高女〔高等女子学校〕の某教諭は同僚の女教師を押入れにかくまったためソ連兵の狙撃を受け即死した」（『朝日新聞』一九四五年九月一三日付朝刊）

さらに、ソ連軍占領下の南樺太では「反革命罪」で民間人の摘発が相次いだ。

摘発は三期に分かれた。占領直後は警察幹部や町長が対象となる。一九四五年末からは樺太庁の幹部や司法官・企業幹部らが逮捕された。ソ連領への編入を宣言した一九四六年二月以降は一般住民にも範囲が広がる。こうして、約二九〇〇人がシベリアに移されたともいう（『読売新聞』二〇一七年五月一〇日付朝刊）。

ソ連軍は占領後もしばらく樺太庁を残していた。樺太に数多く残る日本人の統治を円滑にするためだ。だが、樺太庁長官の大津敏男（おおつとしお）も一九四五年一二月三一日に「反ソ破壊活動」の罪で逮捕された。その翌日、樺太庁は廃止されてソ連側の行政機関に一本化される。

その一方でソ連側は、利用価値がある間は日本人を南樺太にとどめようとした。

一九四五年一一月二日付のモロトフ外務人民委員第一代理は、朝鮮北部のみならず南樺太と千島列島からの日本人送還にも反対した。南樺太には日本人がおよそ四〇万人もいて、送還はただでさえ困難である。さらに、送還は地域の経済に悪影響を及ぼす。なぜなら、日本人の代わりを務めるソ連国民はすぐには得られないからだ。両地域に日本人は長く住んでいるから、生活の基盤がある彼らをソ連が扶養する必要がないことも理由にあげた。[26]

結局、南樺太からの日本人の送還は一九四六年末に始まる。朝鮮人と結婚した日本人女性の一部は、ソ連崩壊前後にようやく帰国できるようになった。いわゆる中国残留孤児は有名だが、樺太残留邦人・朝鮮人・韓国人も日ソ戦争が生んだ悲劇である。

2　日本の最北端での激戦——占守島

千島列島の概略

千島列島は、カムチャツカ半島南端から北海道東端にかけて連なる火山性の列島である。約一二〇〇キロメートルにわたり、主要な島は二五を超える。

一八五五年二月七日（安政元年一二月二一日）に調印された日魯通好条約（日露和親条約）により、択捉島と得撫島の間が国境と定められた。さらに、一八七五年の樺太千島交換条約により、日本は占守島から得撫島までの一八島をロシアから譲り受けた。

千島列島でも択捉・国後・色丹・歯舞群島は、一八五五年から一九四五年まで常に日本領だった。本書はこれらをほかの島々と区別するため、現在の通称である北方領土と記す。

米ソ共同作戦の提案

千島列島は二つの点で米軍にとって重要だった。

第一に海上交通の輸送路である。大戦中、アメリカの船舶が太平洋を通ってソ連へ軍需品を輸送するには、千島列島を必ず通らなければならなかった。その結果、しばしば船舶が日本軍に拿捕や撃沈される。この点は先に記した。

第二に千島列島を飛行場として使うためだ。米軍は「アイランド・ホッピング」と呼ばれる、飛行場となる島々を占領して日本本土へ迫る戦略をとっていた。一九四三年五月には、アリューシャン列島のアッツ島を日本軍から奪還する。北太平洋で米軍が次に狙うのは千島列島で、米軍の航空機や潜水艦による攻撃が盛んになる。

もっとも、千島列島の作戦にはソ連の協力が不可欠とアメリカ側は考えていた。そこでソ連側に何度も協力を呼びかけたが、先にみたように、そのたびにスターリンにはぐらかされる。

一九四四年六月一〇日にも、ハリマン駐ソ米国大使はスターリンにアメリカ海軍には北千島を占領する計画があることを伝え、さらにローズヴェルト大統領は米ソの空軍で日本を爆撃する共同作戦を望んでいると伝えた[27]。

ハリマンの勧誘は続く。同年一〇月一七日にも、ソ連への輸送路を確保するため来春に北千島の占領を計画中だと話した。スターリンは鷹揚で、「それは連合国にとって間違いなく大きな前進だ」と応える。さらにハリマンは、もし日ソ開戦前にアメリカが北千島を占領しないなら、カムチャツカ半島に海軍と空軍の基地が欲しいと述べた。だが、スターリンは返事を保留する。[28]

同席したディーン在ソ米軍使節団長の報告書によると、このときスターリンは、アメリカが北千島を占領するかに強い関心を示したと記されている。彼は、日本と開戦した場合、日本軍はウラジオストク・カムチャツカ半島・北千島・北樺太の順で攻勢をかけてくると見ていた。そのため、カムチャツカ半島を守るためにも、北千島への米軍の関与を歓迎するそぶりだったという。[29]だが、本当にスターリンが恐れていたのは、日本軍の攻撃ではなく、千島列島をアメリカが先に占領することだったのかもしれない。

米軍は千島占領を断念

ソ連の協力が得られないまま、米軍では千島列島への上陸作戦が計画された。キング合衆国艦隊司令長官は、一九四四年一二月一一日付の覚書で、千島列島を翌年五月中に占領するよう提案している。そのメリットは、北から脅かすことで日本軍を分散させられる牽制となるからだ。また、ソ連の対日参戦を促し、ソ連に至る航路も確保できると利点をあげる。[30]

しかし、北千島の攻略はソ連の協力なしでは難しいと考えられた。代わりに、米軍内では千島列島の中部や南部への上陸作戦が検討される。「キール・ブロックス（竜骨盤木（りゅうこつばんぎ））作戦」という。米統合参謀本部の下部組織、統合作戦計画部（JPS）が立案し、一九四五年二月二二日の計画では択捉島・松輪島が標的とされた。時期は、ソ連軍が南樺太を占領するのと同時に開始するのが望ましいとされている。[31]

けれども、スティムソン陸軍長官は乗り気ではない。一九四五年五月二一日、ジョセフ・グルー国務次官に、千島列島での作戦は「容認できない犠牲」をもたらすと書いている。[32] この計画は七月末まで検討されたが、米軍による占領は幻に終わる（『朝日新聞』一九九八年一二月六日付朝刊）。

米軍による艦艇の提供と訓練

それでも千島列島の占領は、アメリカの船舶がオホーツク海を安全に航海するのに必要だ。そこで、ソ連軍による千島列島の占領をアメリカは援助する。

千島列島では、海上の島々が戦場となる。島の占領には上陸作戦のノウハウが不可欠だ。しかし、主に大陸で戦ってきたソ連軍にはそうした装備も経験も足りない。

そのため、一九四四年一〇月一七日の会談でスターリンはアメリカ側に艦艇を要求した。[33] こうして、対日戦のため艦艇の供与が始まった。「マイルポスト計画」の枠組みで、まず一九四四年一二月に一六隻が引き渡される。[34]

アメリカの艦艇の操船には、ソ連人乗組員の訓練が必要だ。訓練を提案したのは在ソ米軍軍事使節団で、キング合衆国艦隊司令長官も承認した。一九四五年四月から八月にかけて、ソ連兵約一万二〇〇〇人がアラスカ州のコールドベイの基地に集められ、艦艇やレーダーの訓練が行われた。アメリカはさらに、同年五月から九月に計一四五隻の艦艇をソ連に無償貸与した。これらは「フラ作戦」と総称される（『北海道新聞』二〇一七年一二月三〇日付）。

ただし、アメリカはソ連だけを優遇したのではない。一九四五年二月、中国（重慶国民政府）は一〇六〇人の将兵をアメリカに送り出す。翌年にアメリカ海軍は彼らを訓練したうえで、駆逐艦四隻と掃海艇四隻を貸与して帰国させた（「中國為抗日尋求外國軍事援助與合作的經歴」）。日本軍を打倒するためなら、どこの軍だろうとアメリカは協力を惜しまなかった。

米ソで作戦区域を分ける

一九四五年七月二四日、ポツダムにおける会談で米ソの参謀長たちは千島列島の作戦を話し合った。

ソ連のアントーノフ参謀総長は、アメリカがシベリアへの輸送路を開くため、千島列島に作戦を展開するか尋ねる。キング合衆国艦隊司令長官は、千島列島で作戦を行う可能性はおそらくないと否定する。[35]

米ソが作戦区域を分けたことは第1章で述べたが、千島列島では「第四千島海峡の北部」すなわち温禰古丹（おんねこたん）海峡が境界線とされた。[36]その場合、千島列島では占守島と幌筵島（ぱらむしるとう）、ほかに二つの小島だけがソ連側の作戦区域となる。それでもソ連が認めたのは、満洲など大陸での作戦が最も重要で、かつ対日戦には米軍の協力が不可欠だったためだろう。

アメリカの動きは後述するとして、千島列島の占領で先手を打ったのはソ連である。

八月一五日、ヴァシレフスキー極東ソ連軍総司令官は、プルカーエフ第二極東方面軍総司令官とユマーシェフ太平洋艦隊司令長官に、カムチャツカで千島列島への上陸作戦を準備し、援軍の到着を待たずに北千島を日本から「解放」するよう命令した[37]。

歴史家の長谷川毅（はせがわつよし）は、ヴァシレフスキーが「スターリンの命令を受けてからこの命令を出した」と推測している（『暗闘（新版）』）。しかし、これを裏付ける史料は提示されていない。後述するが、スターリンが千島列島について電話をかけてきたのは八月一七日夜だとヴァシレフスキーは回想している。

ヴァシレフスキーが千島列島の占領をモスクワに相談せず命じたのか、判然としないが、援軍を待つことなくという命令の文言からは彼の焦りが感じられる。

日本降伏は好機

現地時間の一九四五年八月一五日午前七時三〇分、ペトロパブロフスク海軍基地司令官のドミートリー・ポノマリョフ海軍大佐は、太平洋艦隊の司令部にあたる同艦隊軍事評議会から、占守島に上陸部隊を送る準備を命じられた[38]。

その一〇分後、ソ連軍の第二極東方面軍軍事評議会も、カムチャツカ防衛区司令官のアレクセイ・グネチコ少将に次のように命じた。

「日本の降伏が予想される。この好機を活かし、占守島・幌筵島・温禰古丹島を占領する必要がある」[39]

このように、千島列島の占領は、日本がポツダム宣言の受諾を各国へ通告した後に始まった。朝鮮北部と同じく、終戦のどさくさに紛れての「緊急発進」だ。

なお、温禰古丹島はアメリカの作戦区域だが、ソ連側が気にした様子もない。モスクワの最高総司令部と参謀本部は、極東ソ連軍に米ソの作戦区域を八月四日に知らせていた[40]。ゆえに知らなかったという言い訳は成り立たない。遵守する気がなかったということだ。

出撃準備が大急ぎで始まった。占守島への上陸部隊の司令官にはポルフィーリー・ヂャコフ第一〇一狙撃師団長が任命される。上陸部隊八八二四名を乗せた艦隊は、現地時間の八月一七日午前四時にペトロパブロフスク・カムチャツキーを出港した。

しかし、この海域は寒流と暖流が交わるため、春から夏に海霧がたちこめる。この濃霧でソ連軍は上陸を援護するための航空機を飛ばせなかった。これはソ連軍が苦戦する一因となる。

「日本最北端」の防備

占守島は長さ約三〇キロ、幅約一八キロで、ラグビーボールのような楕円形である。島の北側に占守海峡があり、日本とソ連の国境はこの海峡の中間線上に引かれていた。最短で一二キロ先にある対岸が、ソ連領のロパトカ岬である。

北千島を守る日本軍は第九一師団だ。この師団は一九四四年五月に幌筵島の柏原（かしわばら）（現セヴェロクリリスク）で編成された。幌筵島と占守島を隔てる幌筵海峡は、最も狭い場所で二キロある。

日本軍の兵力は海軍の約一五〇〇人も合わせて約二万五〇〇〇人、軽重火砲二〇〇門、航空機は陸海軍合わせて八機だった。ほかに強力な戦車部隊があった。要塞の攻撃には、攻撃する側が三倍の兵力を必要とするとソ連では教えられていたが、占守島に攻め寄せるソ連軍は逆に日本軍の三分の一でしかない[41]。ただ日本軍も占守島だけに限れば、両軍の兵力に大差はなかった。

堤師団長の油断

ソ連と国境を接していながら、この地域ではそれまで目立った紛争はなかった。もっとも占守海峡は、アメリカからソ連への輸送船が通る海路だ。そのため毎月、数十隻のアメリカ船が往復していた。

第九一師団長の堤不夾貴中将は次のように回想する。

「元来吾々は北千島の将来は米国と強く関係を有するも、蘇連とは全く関係無きものと信じ切って居た」

予兆はあった。八月一五日午後にカムチャツカ半島南端のロパトカ岬から、占守島の小泊岬沖で座礁していたソ連のタンカーが砲撃され、炎上する[42]。ソ連軍は砲弾がどこへ落ちたか観測し、砲撃を正確にする弾着観測射撃をしていたのだろう。

八月一七日午後にもカムチャツカ半島から再び砲撃があったが、堤は「単なるいたずら」と考えた。カムチャツカ半島の西海岸で小型船艇が多数動いているという報告があっても、日本の水産会社の船がソ連に接収されただけと考えた。「ともに珍らしき事ではあるも、唯それだけの事と、軽く考えて居た」(「第九一師団長・堤不夾貴中将手記＝北千島方面兵団の終戦＝昭二九・一二・八」防衛省防衛研究所　北東―全般―四九)。

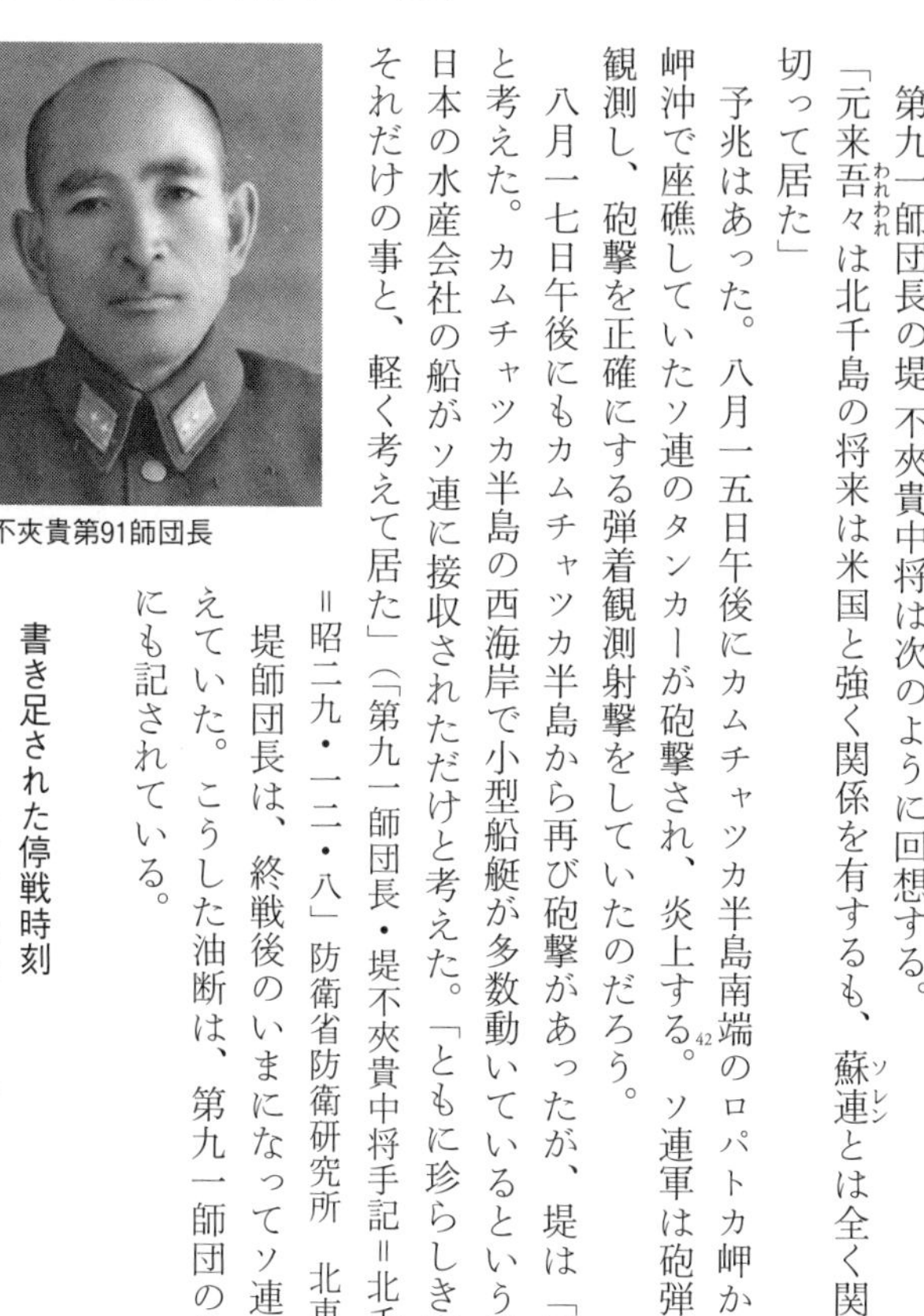
堤不夾貴第91師団長

堤師団長は、終戦後のいまになってソ連の攻撃はないと考えていた。こうした油断は、第九一師団の多くの将兵の回想にも記されている。

書き足された停戦時刻

そこにソ連軍が上陸すると、占守島の日本軍は激しく抵抗する。なぜだろうか。

第九一師団にも八月一五日の玉音放送の内容は伝わっていた。そして、八月一七日夜に幌筵島の師団司令部に部隊長たちが集められ、軽挙妄動しないようにという樋口第五方面軍司令官の訓示を与えられていた。

しかし、同じ八月一七日に大本営から第五方面軍へ次の命令が来る。

「一切の戦闘行動停止但し止むを得ざる自衛行動を妨げず　其の完全徹底の時期を一八日一六時とする」（「第五方面軍作戦概史」防衛省防衛研究所　北東―全般―二七）

第五方面軍司令官だった樋口も「一八日一六時」という時間の指定があったと回想している（『陸軍中将樋口季一郎の遺訓』）。

八月一七日、第九一師団も、札幌からのこの命令を各部隊に伝えた（『戦史叢書』第四四巻）。

この命令は、翌日午後四時までは「自衛行動」は許されるとも解釈できる。だが、「一八日一六時」という時間の指定は、昭和天皇が裁可した大陸命第一三八二号の原文にはない。となると、加筆したのは大本営だ。八月一六日に大本営と日本政府は、昭和天皇が即時停戦の命令を同日午後四時に出したとマッカーサーに報告している。「内地」には四八時間あれば第一線に届くという予想も、合わせて提出した（「連合国トノ折衝関係事項　其三」）。

千島列島も南樺太も当時は「内地」である。したがって「一八日一六時」までというのは、マッカーサーに言い訳可能なぎりぎりの時間まで、第五方面軍の部隊には「自衛行動」の余地を認める大本営の暗黙のメッセージだろう。もっとも、大本営が想定していた戦場は命令を出した時点で戦闘が続く南樺太で、占守島で戦闘になるとは思っていない。

こうした大本営の落ち度があっても、占守島で戦闘が勃発した第一義的責任はソ連軍にある。

日本政府がポツダム宣言受諾を明らかにしていた後に始まった占守島での戦闘は、日本軍に自衛権の発動は認められたのかという議論もある。しかし、日本側はポツダム宣言を受諾し、停戦の意思は明らかなのだからソ連軍は奇襲する必要はなかった。日本軍の「自衛行動」はソ連軍が奇襲しなければ発動されることはなかったのだから、こうした議論は本末転倒だろう。

また、ソ連側は日本政府と直接連絡を取れずとも、モスクワの在ソ米国大使館を通じて日本政府に千島列島への進駐を予告することもできた。現地でも軍使の派遣やラジオ・無線での呼びかけ、空中からのビラの散布など、進駐を予告して無血占領に導く手段はあったが、ソ連軍は何一つ講じていない。

八月一八日の開戦

占守島では、八月一七日に師団司令部の会合から戻った独立歩兵第二八二大隊長の村上則(むらかみのり)

重少佐が中隊長を集めてこう伝えた。

「停戦の詔勅は下ったがわれわれは統帥命令により行動する。統帥命令によれば万一敵が攻撃して来た場合は自衛戦闘を妨げない。但し一八日午後四時をもって停戦すること」

さらに、国端崎の小隊長に村上は、「〔降伏を受け入れる〕軍使が来るかも知れないからよく注意して監視を続行するよう指示した」。ただ、村上も「特別警戒」は指示しなかった。「まさか一七日夜攻撃して来るとは予想出来なかった」からだ（「第九一師団関係聴取綴」防衛省防衛研究所　北東―千島―一二）。

八月一八日午前一時半（史料によっては一七日二三時半）、ロパトカ岬からの砲撃が始まる。そのため警戒していたところ、ソ連軍が上陸を始めた。前線の部隊はすぐに「自衛行動」に移り、戦闘を開始した（『本土作戦記録』第四巻付録）。

竹田浜の戦い

一九四五年八月一八日午前二時過ぎ、占守島の北端の竹田浜にソ連軍が上陸した。しかし、ソ連側が思い描いたシナリオとまったく異なる展開をたどる。

兵士や武器を満載した艦艇は、遠浅の海岸に近づけば座礁してしまう。そこで期待されたのが、アメリカから提供された一六隻（諸説あり）の上陸用舟艇（ＬＣＩ）だ。艦艇からこれに乗り換えて浜辺に近づき、兵士たちは武器や無線を担いで上陸する。さらに、上空からは空爆で、海上からは艦砲射撃で彼らの上陸を援護するのが、アメリカ仕込みの理想的な上陸作戦だ。

だが、占守島の実戦では上陸用舟艇に荷物を積み込み過ぎ、舟艇の喫水が深くなって浜辺まで近づけなかった。[43] そのため、ソ連兵は沖合で下ろされ、上陸前に溺れる者すら出る。無線機も濡れて使えなくなった。さらに、竹田浜には桟橋もない。折からの濃霧で航空機による援護もなく、艦砲射撃ができる艦艇も充分ではなかった。

カムチャツカ防衛区のグネチコ司令官は、上陸作戦を準備するには時間が足りなかったと一九四五年一二月の報告書で弁解している。[44] しかし、そもそもこの部隊が銃火をかいくぐって敵前上陸するのに不慣れで、陸海空の兵力を統合的に運用できなかったことが苦戦の背景にある。

やっとの思いで岸に近づいたソ連兵に、日本軍は十字砲火を浴びせる。占守島の日本軍は、米軍の上陸に備えて、島の北側の国端岬と小泊岬（こどまりさき）へ重点的に火力を配置していた。砲兵は水際の岩壁をくりぬいて砲を入れ、上陸地点と予想された竹田浜は、両側から側射できるようになっていた。さらに奥にはタテに深く火力が置かれた縦深陣地も掘られていた。ソ連兵は守りが最も固い場所へ上陸したため、次々になぎ倒されて、竹田浜は血で染まった。

それでも、上陸したソ連軍の一部は、強力な火砲の陣地はそのままに、村上大隊が司令部を置く四嶺山（しれいざん）を目指す。

日本軍の反撃

幌筵島にいた堤第九一師団長は戦車第一一連隊に反撃を命じる。

戦車第一一連隊を率いるのは池田末男（いけだすえお）大佐だ。中・軽戦車六四輌からなる同連隊は、午前六時に四嶺山に到着する。四嶺山では激戦が展開しており、応援を待たず池田はソ連軍への突撃を命じた。率先して突撃した彼の姿は、占守島の戦闘を語る際には外すことのできないアイコンとなっている。

戦車がないソ連軍は押し戻され、竹田浜へ退却した。だが、ソ連軍も対戦車ライフルなどで反撃したため、連隊長の池田は戦死、戦車も二七輌が失われた。その後も四嶺山をめぐって、両軍の奪い合いが続く。

堤師団長は占守島の歩兵第七三旅団にも、できる限り兵力を集めて反撃に出るように命じる。さらに、堤は幌筵島の歩兵第七四旅団も占守島に急派する。ソ連の艦艇を目がけ、八月一八日には北東海軍航空隊の一機が特攻も敢行した。

ソ連軍は島の北端へ追いやられた。ところが、八月一八日午後に札幌の第五方面軍から「戦闘を停止し、自衛戦闘に移行すべし」との命令が入る。堤師団長も八月一八日午後四時に攻撃を中止し、防御に移るよう命じた。四嶺山にも軍使が派遣される。

しかし、ソ連軍は戦闘をやめない。日本軍は、八月一八日午後四時の停戦はソ連側にも伝わっていると思いこんでいたので、浮き足立った。

停戦を望んだ樋口と大本営

長谷川毅によると、千島列島・南樺太・北海道の停戦は、大本営が現地に「丸投げ」して一切関与しなかったという。さらに、樋口第五方面軍司令官はこの状況を「利用」して「自衛行動を逸脱」し、占守島の戦火を拡大させたと非難する（『暗闘（新版）』）。

しかし、それは誤った見方だ。樋口は占守島での戦闘の拡大を望んでいなかった。一九四五年八月一八日早朝に、おそらくソ連軍が占守島に上陸してきたと、首相兼陸相の東久邇宮に報告した。そして「不都合」な戦闘を止めるため、折衝をしてくれるよう願い出ている（「連合国ト折衝関係事項　其三」）。

八月一九日に現地では停戦交渉が始まったが、ソ連側が停戦と同時に武装解除を要求したのに対し、堤師団長は停戦には応じるが武器引き渡しは拒否したため、まとまらなかった。

そこで、八月一九日に梅津参謀総長は樋口司令官に局地停戦交渉に入ることを認める（大陸指第二五四六号）。その際、八月一六日に山田関東軍総司令官に出したのと同じ内容の命令を出した。その結果、武器引き渡しも認められる。

同じ八月一九日に大本営はマッカーサーに窮状を訴えた。「貴軍隊の一部」が占守島に上陸した。敵対行為を早急に停止されたいと（『日本外交文書』太平洋戦争第三冊）。

大本営は、連合国の軍隊はすべてマッカーサーの指揮下にあると思っていた。だが第2章で述べたように、ソ連軍はマッカーサーの指揮権を認めておらず、これには効果がなかった。

関東軍の介入

占守島や南樺太で苦戦するソ連軍は、長春の関東軍総司令部を通して停戦を実現しようとする。ソ連軍が東京や札幌と直接、連絡するのを避けたことは、事態をより複雑にした。

一九四五年八月二〇日に関東軍の秦総参謀長は、前日に会見したヴァシレフスキー極東ソ連軍司令官が北東部の戦闘について「心痛」し斡旋の依頼があったと、東京の河辺参謀次長と札幌にいる第五方面軍参謀長の萩三郎中将に打電した（「関總参一電第一〇四五號」鹵獲関東軍文書）。

ヴァシレフスキーが占守島を制したとスターリンに報告したのは、八月二〇日である。[45] しかし停戦はまとまっておらず、しびれを切らしたソ連軍は関東軍へ再び圧力をかける。翌八月二一日、大本営から関東軍へ派遣されていた朝枝繁春中佐は秦総参謀長を通じて、河辺と萩に、千島列島で戦い続ければ関東軍が「不利苛酷なる状態に陥る」と懇願した（「関總参一電第一〇五〇號」鹵獲関東軍文書）。

それに対し第五方面軍の萩参謀長は、八月二一日午後七時三〇分に関東軍の秦総参謀長に宛て、南樺太と千島では停戦の意思があるが現地のソ連軍がヴァシレフスキーの命令を遵守していないようで停戦できないとして、むしろ関東軍がソ連軍と交渉するよう返信した（「達電第一〇〇号」鹵獲関東軍文書）。

それでも第五方面軍は、八月二一日に停戦と同時に武器引き渡しを認めると第九一師団に伝えた。第九一師団はこの日に攻撃を再開するつもりだったが、この指示を受けて中止する（「強かった北千島守備軍」）。結局、占守島で停戦が成立したのは八月二一日、武装解除は八月二四日になった。

なおソ連側は、自軍の死傷者は一五六七名、日本軍の死傷者を一〇一八名と見積もっている[46]。ソ連側の犠牲が上回ったのは、奇襲の失敗を物語る。

南下するソ連軍

占守島で激しい抵抗を受けてから、強攻は愚策とソ連軍も悟った。そこで千島列島のほかの島は、第九一師団の幕僚を案内人にして降伏させる。

一九四五年八月二二日頃に、第九一師団の幕僚と会見した際、ソ連軍司令官のグネチコ少将は、「近日中に松輪島以南千島方面に参るのであるが、閣下も是非私と同行してもらい度い」と堤師団長に申し出た。しかし堤は拒否し、第九一師団作戦主任参謀の水津満少佐が「同道」する（「第九一師団長・堤不夾貴中将手記」）。占領を急ぐソ連側と流血を回避したい日本側。両者の思惑は一致し、奇妙な道中が始まる。

そして八月三〇日、プルカーエフ第二極東方面軍司令官はヴァシレフスキー極東ソ連軍司令官に次のように打電した。

「第二極東方面軍の部隊により、占守島より得撫島までの千島列島を占領せよとの貴殿の命令は八月三〇日一二時〔正午〕をもって遂行された。得撫島への上陸は完了しつつある」[47]

占守島より南の千島列島の占領は、日本軍の協力で戦闘が回避された。結果的に、占守島の戦闘は無駄ではなかったといえる。ほかの島々では無意味な強攻策をソ連側はとらず、両軍の将兵の命が救われたからだ。

では、得撫島よりも南にある北方領土はどのように占領されたのか。それは北海道の占領計画とともに検証しなければならない。

3 岐路にあった北海道と北方領土

ソ連軍部の高望み

ロシア政府が二〇二三年九月の新学期から導入した、日本の高校二年生に相当する一一年生向けの歴史教科書には、次の一文がある。

「日本軍の敗戦前夜、モスクワとワシントンの間でソ連軍による北海道占領に関しての予備的合意が成立した。しかし、日本の降伏後、日本の全領土は（ソ連の見解に反して）米軍によって占領された」[48]

これはロシア側に都合よく歴史を書き換えている。以下では、北海道と千島列島の占領について米ソの交渉を中心に検証したい。

一九四五年八月一四日、トルーマン大統領は日本陸海軍の解体指令である「一般命令第一号」の草案を承認する。スターリンへ八月一六日に届けられた草案では、極東ソ連軍総司令官に降伏すべき地域は、「満洲、北緯三八度線以北の朝鮮、サハリン」のみとなっている。[49]千島列島は記されていなかった。

ソ連側は即座に反応する。八月一六日にブルガーニン国防人民委員代理とアントーノフ参謀総長は、モロトフ外務人民委員にトルーマンへの返信の草案を提出した。

この草案はソ連軍部の野心を示すものとして重要だ。第一項は以下の通りである。

「極東において連合国を代表する最高司令官は設けず、軍の指揮権は、それぞれの占領地域における、連合国の総司令官たちに委ねる」[50]

さらに第四項で以下のように要求する。

「日本の主要な島々を、連合国のための占領地域に分割し、特にソ連には北海道を割り当てる」[51]

この二つの条項は日本を分割占領し、北海道はソ連軍が占領することを意味する。

ソ連の軍部が分割占領を画策したのは、アメリカに日本の米ソ共同統治が否定されたためだ。八月一一日にモロトフは、マッカーサーとともにヴァシレフスキー極東ソ連軍総司令官を連合国最高司令官に任命するよう求めた。ハリマン駐ソ米国大使は、たった二日間だけ対日戦に参加したソ連がそのような提案はできないと、「イライラした口調で」断った[52]。結局、連合国最高司令官には八月一四日にマッカーサー一人が任命される。

アントーノフらの草案に戻ろう。その第三項は、日本軍がソ連軍に降伏する地域について次のような修正を求めた。

満洲域内・大連港とポルト・アルトゥール（旅順）港を含む遼東半島・内モンゴル・サハリン島（樺太）・クリル諸島・対馬・釜山港・同じく北緯三八度線以北の朝鮮と華北に駐屯する日本の司令官たちと全陸海空軍・補助部隊は、極東ソ連軍総司令官に降伏しなければならない[53]。

ソ連軍部が対馬と対岸の釜山港を要求したのは、朝鮮海峡（対馬海峡西水道）を制するためだ。対馬は、ウラジオストクと占領したばかりの旅順・大連との中継地点でもある。華北の要求は占領地域を北京周辺まで拡大するつもりがあったということだ。

しかし、内モンゴル・対馬・釜山港・北緯三八度線以北の華北はトルーマンへの返信には書かれなかった。軍部の野心に満ちた案を抑えこめたのはスターリンだろう（「ソ連による日本の分割占領と海峡管理計画」）。

北海道の半分を要求

スターリンは一九四五年八月一六日付でトルーマンに返信を送る。そして、「満洲・北緯三八度線以北の朝鮮・サハリン」に加え、ソ連に降伏する地域に「全クリル諸島」つまり千島列島を含めるよう求めた。さらに北海道の北半分も要求する。

「北海道の北半分と南半分の境界線は、島の東岸の釧路市から西岸の留萌までを通る線とする。なお、この両市は島の北半分に含む[54]」

釧路から留萌までという線の引き方は二つの良港を定規で結んだだけだ。日高山脈など地理を無視しており、よく練られた案とは思えない。

スターリンの狙いは陸地ではなかった。彼は、オホーツク海と太平洋を結ぶ宗谷海峡と千島列島を完全な支配下に置くことを最優先にしていた。そのためには、南樺太と北方領土の対岸の北海道も支配したい。それに必要な最小限の領域が「北海道の北半分」だった。

千島列島と北海道を占領しようと、スターリンは部下への指示を急ぐ。ヴァシレフスキーの回想によると、スターリンは八月一七日夜の電話でこう述べた。

「クリル諸島の問題について、アメリカ人はより賢くなり始めている。南サハリンの早期解放とクリル全島の獲得は、われわれにとってきわめて重要だ[55]」

同じ八月一七日、スターリンとアントーノフ参謀総長は、マッカーサーの司令部に赴くクジマ・デレヴャンコ中将に指示を与える。それによると、ソ連に降伏する地域に千島列島と北海道の北半分なども加えるよう、マッカーサーに「主張する義務がある」。さらに、東京ではどこにソ連軍が配置されるかマッカーサーに提起せよ、とも命じた。[56] スターリンは、ベルリンのように東京を分割占領するつもりだった。

スターリンの鶴の一声で、ソ連軍では北海道占領の準備があわただしく始まる。

ヴァシレフスキー極東ソ連軍総司令官は八月一八日にスターリンへ作戦計画を送る。それによれば、北海道の北半分と千島列島南部の占領は第一極東方面軍が担う。千島列島北部の占領は第二極東方面軍が担当する。その境界は新知島(しむしるとう)で分ける。また八月一九日から九月一日までに、第一極東方面軍に属す第八七狙撃軍団の二個師団を北海道に、一個師団を千島列島へ送るとしている。[57]

八月一九日に、ユマーシェフ太平洋艦隊司令長官も北海道の詳細な占領計画をヴァシレフスキーに提出した。留萌への上陸は八月二四日午前五時の予定だ。[58] だが、アメリカがその前に制止する。

トルーマンの拒絶

一九四五年八月一七日付のスターリンへの返信でトルーマンは、北海道の北半分でも譲るのを拒絶した。

「日本固有の北海道・本州・四国・九州の全島の日本軍は、マッカーサー将軍に降伏するというのが私の意図で、その準備もされています[59]」

実は、日本の占領にソ連を参加させる案がアメリカでも検討されていた。八月一六日に完成した統合戦争計画委員会（ＪＷＰＣ）の文書は、日本を米英中ソで分割占領し、北海道と東北地方はソ連の占領下に置くことを提案していた（「米国における対日占領政策の形成過程（二・完）」）。

しかし、トルーマンは八月一八日に、日本の占領の枠組みを決めた「日本の敗北後における本土占領軍の国家的構成」を承認する。日本の占領は米軍が主体となり、分割占領は避けられた。トルーマンは「ソ連は無情な取引者」だとポツダムで見抜き、「ポツダムにおける苦い経験から、私はソ連には日本の管理に参加させない決意を固めた」という（『トルーマン回顧録』第二）。

ただし、千島列島は別だ。八月一七日付のスターリンへの返信で、トルーマンは、「全クリル諸島」をヴァシレフスキー極東ソ連軍総司令官へ明け渡す領域に含めるのに同意する。もっとも、千島列島とはどこの島までを指すのか具体的には示さなかった。これが北方領土の命運を左右することになる。

北海道上陸を諦めず

トルーマンの書簡は、一九四五年八月一八日にモスクワでソ連側に渡される。これで、北海道上陸に向けた準備は止まったと記すものが多い。しかし、スターリンは上陸作戦の準備を続けさせていた。

八月二〇日にアントーノフ参謀総長は、最高総司令官すなわちスターリンの命令として、ヴァシレフスキー極東ソ連軍総司令官に以下を命じた。

まず占守島、次に幌筵島を占領する。また、北海道と千島列島南部での作戦を準備する。ただし、作戦開始は最高総司令部の「特別命令」を待つ。南樺太に集結している第八七狙撃軍団が、北海道か「千島列島南部」の作戦に向けて準備する。[60]

八月二〇日、この命令を受けてヴァシレフスキーは、北海道への上陸作戦は、南樺太を占領した後、八月二二日に開始できるよう「真剣に取り組んでいる」とスターリンへ報告した。[61]同じ日、ヴァシレフスキーはメレツコフ第一極東方面軍司令官に、九月一日までに北海道の北半分と新知島までの千島列島南部を占領するよう準備を命じた。[62]

だがスターリンも、ついに北海道への侵攻を諦める。

八月二二日午前一〇時から午後一時の間に、スターリンは北海道上陸の準備中断を命じたとされる。[63]しかし、この命令書は見つかっておらず、どう理由づけしたのかは不明だ。作戦開始の当日に命令を出したことから、直前まで悩んでいたことだけはわかる。

同日にスターリンは、トルーマン大統領に返信する。北海道の占領を拒否された失望を記し、千島列島でアメリカに飛行場を提供するのを拒否した[64]。スターリンからすれば、軍部の過大な要求を抑え、「つつましく」北海道の北半分だけ要求したつもりなのに、認められなかったからだろう。

待機から中止へ

スターリンの命令を受けて、ヴァシレフスキー極東ソ連軍総司令官は一九四五年八月二二日午後二時五五分に、ユマーシェフ太平洋艦隊司令長官らへ最高総司令部の特別許可があるまで北海道への上陸作戦は待機するよう命じた[65]。作戦は中止ではなく待機だ。翌八月二三日、ヴァシレフスキーはスターリンに報告している。

「北海道での作戦は、あなたからの追加命令があるときに限って開始し、それまでは船は一隻たりとも送りません[66]」

日本側も、ソ連軍による北海道占領を阻止しようと動いた。モスクワ放送が北海道へソ連軍の空挺部隊を上陸させると放送していると伝え、八月二四日に大本営はマッカーサーに各国の軍隊を統制するように求めた（『日本外交文書』太平洋戦争第三冊）。

しかし、八月二六日にアントーノフ参謀総長はハリマン駐ソ米国大使へ、そのような放送はされておらず、ソ連軍の参謀本部には北海道への上陸作戦の計画はないと明言する[67]。翌八月二七日には、極東ソ連軍参謀長のセミョーン・イヴァノフ大将が北海道にいかなる艦艇も航空機も近寄ることを禁じた。連合国との衝突を避けるためという理由だ。[68]

なぜ北海道を諦めたのか

北海道への上陸作戦をスターリンはなぜ断念したのか。研究者の意見は分かれる。

第一に、南樺太や千島列島での日本軍の奮戦が北海道の占領を防いだとする（『一九四五年夏』）。

第二は、朝鮮北部と全千島列島をソ連が占領するのを、アメリカが認めたのでソ連も妥協したと見る（「アリューシャン・千島列島をめぐる第二次大戦期の日米露関係」）。

第三に、ソ連がアメリカとの関係悪化を恐れたのが最大の理由とする（『日ソ戦争　南樺太・千島の攻防』）。

ロシア連邦国防省編纂『大祖国戦争一九四一～一九四五』は、上陸作戦を行えば、すでに緊張していた連合国すなわちアメリカとの関係が複雑になることや、兵士たちの犠牲が大きいことなど、さまざまな要因を考慮した上での判断だとしている。[69]

アメリカとの関係から北海道には手を出しづらかった、という説は受け入れやすい。しかし、何がスターリンに影響を与えたのか、明確に立証できる史料に欠けていることが議論の続く背景にある。

北方領土への作戦計画

ソ連軍が北方領土を作戦計画に組み込んだのは、北海道の占領作戦が動き出したのと同時だ。

一九四五年八月一九日に、アレクサンドル・ノヴィコフ空軍総元帥は、第九航空軍司令官のイヴァン・ソコロフ空軍大将に、部隊の一部を北海道・択捉島・国後島へ進発できるよう準備を命じる。[70] 北海道への侵攻に際して、択捉島の飛行場を日本軍に使わせないようにするつもりだったのだろう。

しかし、北海道への作戦は待機となる。待機命令が出た八月二二日、ヴァシレフスキー極東ソ連軍総司令官は、クズネツォーフ海軍人民委員とユマーシェフ太平洋艦隊司令長官に、北海道を避けて樺太から択捉島と国後島へ部隊を送れるか検討を命じた。[71] 北海道を断念しても、この二島を諦めるつもりはなかった。

翌八月二三日の報告で、ヴァシレフスキーらは、新知島から国後島までの占領は第八七狙撃軍団が担当するとモスクワの最高総司令部に知らせている。[72] この時点では占領の目標は国後島までだ。色丹島と歯舞群島はまだ目標に入っていない。

北方領土を占領するにあたり、ソ連側が懸念したのはアメリカの介入だ。そのため北方領土への上陸作戦は、「一般命令第一号」でソ連軍に降伏するべき地域として千島列島が含まれているか、アメリカ側に再確認した翌日の八月二七日に始まる。同じ八月二七日には、イヴァノフ極東ソ連軍参謀長が北海道への接近を禁じたことはすでに記した。

つまり、北方領土を占領したのは北海道の占領を断念したのと表裏一体だ。もっとも、それからもソ連内部ではソ連軍が北海道に進駐する案は消えなかった。アメリカによる日本単独占領を阻止するためだ（「ソ連による日本の分割占領と海峡管理計画」）。

択捉・国後・色丹の占領

南樺太を占領した第八七狙撃軍団は、北海道への上陸作戦が中止となったので、北方領土の占領に振り向けられた。一九四五年八月二八日にメレツコフ第一極東方面軍司令官は、第八七狙撃軍団の一部を国後島・択捉島に輸送するようユマーシェフ太平洋艦隊司令長官に命じた。[73]

八月二八日、ソ連軍が択捉島の留別（るべつ）（現ピオネール）に上陸する。同日、日本軍の第八九師団の主力は択捉島の天寧飛行場（現ブレヴェスニク空港）で武装解除された（「千島方面兵団の終戦」防衛省防衛研究所　北東―千島―二八）。三六〇八人いた島民の多くは脱出できなかった。

ソ連軍はさらに南を目指す。八月二九日、メレツコフは第八七狙撃軍団に、国後島と色丹島の占領のため、翌日までに部隊を大泊から出航させるように命じた。[74]このように、色丹島が標的にされたのは八月も末のことだ。

九月一日、ソ連軍は国後島の古釜布（現ユジノクリリスク）に上陸する。国後島の人口は七三六四人で、北海道に近いため占領前後に島民の約半数が脱出できたという。

同じ九月一日、ソ連軍が色丹島の村役場がある斜古丹（現マロクリリスク）に上陸する。色丹島や歯舞群島を守る混成第四旅団の司令部は同日に武装解除された。[75]

歯舞群島の占領

最後に占領されたのは歯舞群島だ。北海道の根室半島と色丹島の間に点在する島々で、水晶・秋勇留・勇留・志発・多楽の五島のほか、いくつかの岩礁からなる。

これらの島々は根室半島先端部と合わせて花咲郡歯舞村を構成し、その村役場は現在の根室市内に置かれていた。行政区分では北海道本島の一部という位置づけだ。当時の総人口は五二八一人である。

パーヴェル・チチェーリン海軍少佐率いる部隊が歯舞群島へ向けて国後島を出港したのは、日本が降伏文書への調印を終えた翌日の九月三日だった。同じ日に、ユマーシェフ太平洋艦隊司令長官はヴァシレフスキー極東ソ連軍総司令官に次のように報告した。

「四五年九月三日二〇時三〇分、小クリル諸島の水晶島・勇留島・アキネリ島〔秋勇留島〕・シベツ島〔志発島〕は占領された[76]」

このように、ソ連側は歯舞群島を「小クリル諸島」と名づけ、千島列島の一部として占拠した。ソ連側がまとめた報告書によると、多楽島・志発島・勇留島の武装解除は九月七日に終わった。千島列島と北方領土での捕虜は、八月一八日から九月七日までに合わせて四万七六〇五人になった[77]。

歯舞群島でソ連軍の進軍は止まる。色丹島から根室港へ逃げてきた島民によると、ソ連軍の将兵は「北海道は米国の持分だからわれわれは行かぬ」と話していたという(『千島及離島ソ連軍進駐状況綴』)。

満洲や南樺太に比べれば、千島列島の占領では民間人の流血は少なかった。ソ連軍とのトラブルで殺害された日本の民間人は一〇人にとどまる。しかし、夜間に小型船で北海道に渡ろうとして遭難した者や、その後の強制退去で命を落とした者、ソ連軍に徴用されて死亡した者を含めると、犠牲者の数はさらに多い(『北方領土の基礎知識』)。

千島列島の占領に動く米軍

なお、一九四五年一二月一日に安藤石典(あんどういしすけ)根室町長はマッカーサーに対し、北方領土を米軍の占領下に置いて治安の回復を図るよう要請した。これが北方領土返還を求める運動の始まりだが、同年八月に時間を戻すと、米軍は北方領土のみならず、千島列島の占領すら画策していた。

一九四五年八月一一日から翌日にかけて、アメリカの太平洋艦隊の軽機動部隊は、温禰古丹島・松輪島・幌筵島などを砲撃し、日本の船舶を撃沈する（『日ソ戦争 南樺太・千島の攻防』）。米軍も千島列島の近海で作戦を展開していたのだから、占領は非現実的ではなかった。

ワシントンでも、一九四五年七月にポツダムで合意した米ソの作戦区域に基づいて千島列島を占領するのか、議論があった。

八月一四日、米統合参謀本部事務局長は、日本の占領計画を策定する国務・陸軍・海軍三省調整委員会（SWNCC）に、次の覚書を提出する。

「クリル諸島の問題では、米露両参謀総長が、温禰古丹海峡を通過する作戦区域の境界線で合意した。このような現状を踏まえ、統合参謀本部は、ニミッツ提督に、本線以南のクリル諸島の降伏を受け入れる計画を立てるよう提案する」[78]

この覚書によると、米統合参謀本部はソ連に幌筵島と占守島の占領しか「期待」していなかった。つまり、千島列島のそれ以外はアメリカが占領するつもりだ。しかし、前記のようにトルーマンがスターリンへの書簡で千島列島をソ連に譲ったことで、この計画は消えた。

北海道は守ったアメリカ

ソ連軍が北方領土に上陸した頃、米軍の主力はようやく関東平野へ姿を現したばかりだった。米軍が日本本土への進駐を開始したのは一九四五年八月二八日で、マッカーサーが厚木飛行場に降り立ったのは八月三〇日である。

マッカーサーも千島列島の占領をソ連と競うつもりはない。八月二九日、マッカーサーの司令部はソ連の占領地域として満洲・三八度線以北の朝鮮・「サハリンとクリル諸島」を、ソ連代表を務めるデレヴャンコに提示した[79]。

問題は、ソ連軍が占領する千島列島はどの島までを指すのか、このときも米ソ間で合意がなかったことだ。この曖昧さを利用し、ソ連軍はこの日以降に国後島や色丹島・歯舞群島へ触手を伸ばすことができた。

ソ連軍が歯舞群島の武装解除を終えた直後の九月八日、青森県の大湊に米軍の第九艦隊が進駐する。米陸軍の北海道への進駐は一〇月四日に始まった。このように、ソ連に先手を取られながらも、アメリカは北海道を無事に占領できた。その代わり、アメリカは千島列島をソ連へ差し出した形になった。

米軍は千島列島の譲渡に不満

もし、米軍が先んじて千島列島の作戦担任区域に進駐していたらどうなっただろうか。ソ連軍は占領を諦めただろう。ソ連側は不満を表明しただろうが、独ソ戦で国土が荒廃し、二七〇〇万人ともいわれる犠牲者を出していたソ連に対し、世界で唯一の核兵器保有国だったアメリカは軍事的にも経済的にも優位に立っていた。ソ連軍も米軍と衝突してまで占領を強行しなかったはずだ。

当時から千島列島の戦略的価値に着目するアメリカ人たちは、千島列島をみすみすソ連の手に委ねたと国務省を非難していた。

「国務省は、この問題ではまったく誤りを犯してしまった」

一九四五年八月二三日にジョン・ハル少将は電話でそう不平を述べた（『北方領土問題と日露関係』）。

駐米英国大使のハリファックス卿も同年九月一五日に、ワシントンの著名なジャーナリストのドリュー・ピアソンのコラムをロンドンへ報告している。

それによると、公の場では言わないが、アメリカの提督や将軍たちはバーンズ国務長官が自分たちに相談せず千島列島をソ連に引き渡したと怒り心頭である。なぜなら、千島列島はアメリカを狙うミサイル基地として、太平洋では最適な場所だからだ。千島列島からアメリカ西部のワシントン州やオレゴン州には、強い偏西風が吹いている。かつて日本軍は千島列島から風船爆弾を飛ばした。将来のロケットを使う作戦ではこの風が重要になるのだと。[80]

実際には、風船爆弾は関東地方から放たれ、被害も少なかった。しかし、千島列島から飛ばされるのが、ドイツ軍が開発したミサイルだったらどうなるのか。アメリカの軍人たちは時代の先を読み、憂慮したのである。

千島列島の「喪失」は大統領の決断

軍人たちから非難の的にされたバーンズ国務長官は、たしかに千島列島への執着が薄い。千島列島の占領を米統合参謀本部がまだ模索していた一九四五年八月一三日、彼はハリマン駐ソ米国大使へ、千島列島の一つの島への着陸権についてソ連側と協議したことがあるかを問い合わせている[81]。千島列島では着陸権を得れば十分だと考えていたのだろう。

もっとも、千島列島で着陸権を得るというアイデアはスティムソン陸軍長官のものだろう。同年七月一六日、彼はトルーマン大統領へ、千島列島がソ連に割譲されるのなら、日米間の航空・海上ルートの短縮のために千島列島で「永続的な上陸権」を得るべきだと進言していた[82]。

バーンズやスティムソンの進言を受けて、スターリンと書簡を交わし、千島列島を占領する道を自ら閉ざしたのはトルーマンだ。そもそも、ヤルタ秘密協定に署名したのはローズヴェルト大統領である。アメリカで千島列島の「喪失」の責任者を問うなら、彼ら大統領だろう。現在も北方領土問題にアメリカが消極的なのは、こうした過去と無関係ではない。

4 日ソ戦争の犠牲者たち

降伏文書への調印

スターリンは、日本の降伏式典にも口を出した。「日本人は不実だ」という彼は、式典での「事故」を防ぐため日本から人質を取るべきだと、一九四五年八月二七日の会談でハリマン駐ソ米国大使へ述べている。さらに、日本軍の全艦艇と航空機をマニラに向かわせ、マニラのマッカーサーの司令部で降伏文書に調印させればよいと述べた。ハリマンは、日本の中枢で式典を執り行うことに意味があると反論している[83]。

九月二日、東京湾に泊まる戦艦「ミズーリ」で、日本と連合国の代表が降伏文書に署名する。同日、サザランド連合国最高司令部参謀長の名で、「一般命令第一号」が出された。そのなかで、極東ソ連軍総司令官が降伏を受け入れる地域は、「満洲・北緯三八度以北の朝鮮・樺太及千島諸島」だと正式に布告された。

スターリンは九月二日付で、トルーマンに対日戦の勝利を祝う祝電を送る。トルーマンは九月五日に、スターリンへ祝電を返した。

トルーマンは、ソ連軍が八月一五日以降も戦闘を続けたことはもちろん、北方領土まで占領したのも咎(とが)めなかった。米ソ関係の将来を考えれば、連合国が力を合わせて日本に勝利したと演出する方がより重要だったのである。

ソ連側の戦死傷者数

日ソ戦争に参加した兵士は、ソ連軍がおよそ一八五万人、日本軍も一〇〇万人を超える。

同じくソ連を相手にした一九三八年の張鼓峰事件や、三九年のノモンハンの戦役とは比較にならない、全面戦争である。

大規模な動員に反して、戦闘は一ヵ月足らずで終わった。しかし、死傷者は少なくない。ソ連軍の戦死傷者は、戦争直後の九月一二日には戦死者八二一九人、負傷者二万二二六四人で合計三万四八三人と報じられた。[84]

ソ連崩壊後に明らかになった統計では戦死傷者は計三万六四五六人とされる。このうち、戦死か行方不明のいずれかを意味する「未帰還者」の合計は一万二〇三一人であった。各戦線の内訳からは、日ソ戦争は陸戦が主戦場で、なかでも第一極東方面軍が最も激しく抵抗を受けたことがわかる。[85]

一方、ソ連側で参戦したモンゴル人民革命軍の戦死傷者は一九七名だ。これに対し、同じく関東軍と戦ったノモンハンの戦いは九九〇名の戦死傷者を出している。[86] 現在のモンゴルでは、犠牲者もより多く、「祖国防衛」のために戦ったノモンハンの戦いが日ソ戦争よりも重視されている。

日本側の戦死傷者数

一方、日本側の戦死傷者は不明である。そもそも戦闘による死者を正確に数えることは難しいが、戦後、ソ連に抑留された日本軍は戦場に残る遺体を回収する術もなかった。

日本では、しばしば「戦死者八万人」と報じられる。これは、ソ連側の発表をうのみにしている。一九四五年九月一二日にソ連の『プラウダ』紙は、八月九日から九月九日までの戦闘で、日本軍の将兵は八万人以上が戦死したと報じた。[87]

九月四日の極東ソ連軍の報告によると、日本軍の戦死者は七万七九九二人である。第一極東方面軍の戦線では日本軍の戦死者は六万五〇〇〇人以上（負傷者は一〇〇〇人）、ザバイカル方面軍の戦線では六七九二人（負傷者は九〇人）、第二極東方面軍の戦線では六二〇〇人（負傷者は不明）である。[88]

だが、第一極東方面軍のあげる「六万五〇〇〇人以上」は大雑把で疑わしい。さらに、ソ連側の報告書が日本軍の損害を誇張していることも考えられる。

日本側では、厚生省援護局がまとめた数字がある。しかし、一九四五年八月一五日以前と以降で分けるなど統計の取り方に問題があり、三万人を確実に超えるとしかいえない（『完結　昭和国勢総覧』第三巻）。中山隆志は、戦闘での死者は関東軍が二万数千人、一般邦人が三万人で、計六万人としている（『満洲――一九四五・八・九』）。

傷病者の統計にも疑念がある。関東軍は開戦時にすでに二万八〇〇〇人もの入院患者を抱えていた。停戦後には、その総数が三万六三七名と報告されている。差し引きすると二六三七名しか戦闘後には増えていない。これはやや少なく感じる（関東軍軍医部「衛生ニ関スル事項」「傷病者處理要綱（案）」鹵獲関東軍文書）。

犠牲者を民間人に広げ、停戦後の死者数まで含むならば、この戦争の特徴がよりはっきりする。確認できる限り、ソ連側では民間人の死傷者は出ていない。それに対し、日本人の民間人は約二四万五〇〇〇人が命を落とした。このうち開拓団員らの死者は、およそ七万二〇〇〇人にのぼると見られている（『海外引揚の研究』）。

なお、日ソ戦争にかかわる死者のほとんどの遺骨は収集できていない。日ソ戦争の古戦場を、冷戦下では日本人は訪れることすらできなかった。そうしたなか、埋葬地の情報は現地でも忘れられていった。現在も遺骨の収集作業が難しい地域がほとんどである。

第4章　日本の復讐を恐れたスターリン

1　対日包囲網の形成

戦争の正当化

日ソ戦争は、ソ連国民が奮い立つ戦争ではなかった。

開戦時にモスクワにいたディーン在ソ米軍使節団長を驚かしたのは、参戦のニュースに対して一般のロシア人が見せた「無気力ぶり」だった。ドイツとの戦争では、近親者が殺されて発奮した彼らも、四年も中立を守った日本が相手では切迫感がなかった。[1]

ソ連国民の厭戦（えんせん）気分は、近年の研究でも明らかになってきている。ある工場の女性労働者は、こう不満をもらした。

「何のために、どうしてソ連は参戦したの。復員は中断されるし、肉親の復員をもう待てない。戦争が早く終わればいいのに。もう、うんざり」[2]

しかし、こうした声は、ソ連では弾圧の対象にすらなった。

この戦争で少なくない犠牲を払ったソ連国民に、スターリンは戦争を正当化しなければならない。一九四五年九月二日、彼はソ連国民に向けてラジオで演説する。そのなかで、南樺太と千島列島は「ソ連邦を大洋と直接に結びつける手段、日本の侵略からわが国を防衛する基地として役立つ」と述べた。

注目すべきは、日露戦争の復讐を果たしたと語ったことだ。

「四〇年間、われわれ古い世代のものはこの日を待っていた。そして、ここにその日は訪れた」

かつてウラジーミル・レーニンは、一九〇五年一月の寄稿で、「旅順の陥落は、ツァーリズムのもろもろの罪悪にもっとも大きな歴史的総決算の一つをつける」と、日露戦争におけるロシア軍の敗北をむしろ喜んだ（『レーニン全集』第八巻）。

けれども、スターリンはこの演説でそうした歴史認識を反故にした。優先されたのは歴史認識の一貫性よりも国益だ。

九月八日、ヴァシレフスキーも幕僚を率いて旅順を訪れ、日露戦争で亡くなったロシア帝国の軍人たちの墓参をした。日ソ戦争を日露戦争の復讐に見せる演出だ。

こうした演出は戦後も続いた。一九四六年九月三日、スターリンの布告が『プラウダ』紙に掲載された。九月三日を対日戦勝記念日として、モスクワと各共和国の首都、それにハバロフスク・ウラジオストク・旅順でも祝典を催すように命じる。国外にもかかわらず、旅順は日露戦争を象徴する場所だからだろう。

日本の復讐を防げ

さて、日露戦争の復讐を掲げ、日ソ戦争を正当化したスターリンだが、日本の復讐を人一倍恐れていた。彼は一九四五年七月二日に、重慶国民政府の宋子文へ、日本は無条件降伏を強いられても、第一次世界大戦後のドイツのように復活するという見通しを述べている。[3]

では、日本の復讐を防ぐにはどうすればよいのか。スターリンは四つの手を打つ。

第一に日本の民主化の推進、第二に対日同盟網の構築、第三に南樺太と千島列島の併合、第四にシベリア抑留である。要点のみ記す。

第一の日本の民主化の推進は、ソ連に牙を剝かないようにする非軍事化とセットだ。そのためにはソ連も日本本土の占領行政に関与すべきだが、マッカーサーの影響力に圧倒され、占領行政でソ連はほとんど意見を通せなかった。

日本の復讐を防ぐ第二の方法は、対日同盟網の構築である。一九四五年八月一四日に結ばれた中ソ友好同盟条約は、日本を仮想敵としている。さらに、ソ連はこの対日同盟網をアメリカまで広げようとする。しかし、アメリカは対日同盟をソ連と結ぶことはなかった。

第三の手段は、日本の復讐に備え、極東の要所を手に入れることだ。

スターリンが初めてこの考えを披露したのが、一九四三年のテヘラン会談である。「日本周辺の島々は、〔戦後に〕日本が侵略に乗り出すのを防ぐため、強力な管理下に置かれるべき」だとスターリンは語った。アメリカのローズヴェルト大統領は「一〇〇％賛成する」と答えた。[4]

戦後、アメリカは奄美諸島・小笠原諸島・沖縄を支配し、米軍基地を置くことになる。一方、ソ連が手に入れたのが、南樺太と千島列島である。ソ連でも、千島列島の編入は、日本との平和条約の後にすべきだという意見もあった。しかし、一九四六年二月二日に、これらをハバロフスク地方に編入する。翌年一月に、樺太全島と千島列島が「サハリン州」となり、ハバロフスク地方から切り離されて現在に至る。こうした性急な領土編入は、自国の安全保障を最優先した結果だろう。

2　シベリア抑留と物資搬出

第二次世界大戦と捕虜

日本の復讐を防ぐ第四の方法、それが抑留だった。

戦後、ソ連やモンゴル人民共和国で強制労働に従事させられた抑留者には、軍人や軍属として動員された朝鮮人や、樺太の先住民もいた。また、日本人女性も抑留された。彼女たちは看護師など、後方業務の軍属として動員されていた。

抑留者は、重労働に寒さと飢えが加わり、望郷の思いを抱えたまま、約六万人が亡くなった。いまだに正確な数はわかっていない。抑留者の総数も、日本の厚生労働省は五七万五〇〇〇人とする。しかし、多くの研究者はそれを上回ると考えている。極東ソ連軍の各方面軍の統計を分析し、六一万一二三七人と算出した研究もある（小林昭菜『シベリア抑留』）。

シベリア抑留にはまだ謎が多い。特に、スターリンがいつ抑留を決めたかについては論争が続いている。

中国側の記録によると、一九四五年八月一三日の宋子文との会談で、スターリンは、日本人の捕虜を満洲の都市建設に当たらせるといっていた。「彼らはどう働けばよいか知っている」というスターリンに、宋子文も賛同した[5]。

八月一六日には、ベリヤ内務人民委員とブルガーニン国防人民委員代理、それにアントーノフ参謀総長は、捕虜をソ連領に運ばないと、ヴァシレフスキー極東ソ連軍総司令官に命じていた。しかし、スターリンは八月二三日に、五〇万人をソ連へ移送するようベリヤらに命じる（『シベリア抑留関係資料集成』）。

なぜ抑留が始まったのか

この方針転換の裏で何があったのか。主に三つの説がある。

第一に、ソ連は北海道を占領して日本人の労働力を得るつもりだったが、トルーマンに北海道の占領を阻止されたために、日本軍の捕虜を抑留したとする（『暗闘』（中公文庫版）下巻）。

第二に、八月一九日に停戦後に関東軍の将兵が大量に投降したので、ソ連指導部でその処遇が問題となり、八月二三日の移送命令が出たとする（「ソ連政府の日本人抑留者送還政策」）。

第三の説は、八月一六日の最初の命令を捕虜の輸送に向けての準備とみなし、八月二三日の命令で輸送を実行に移したと見る。スターリンはドイツやその同盟国の捕虜をソ連に移送して使役していたのだから、日本軍捕虜も「その先例を踏襲したにすぎない」と断じている（『日ソ戦争　一九四五年八月』）。

いずれも決め手となる史料に欠けているため、結論を出すのは早急だろう。ただ、関東軍がソ連軍に媚びて、労働力の供出を申し出たことがソ連への抑留につながったという第四の説には、近年の研究は否定的である（『海外引揚の研究』）。

敵軍の将校に容赦なし

きっかけは何であれ、抑留がなぜ必要だったのかは捕虜の移送後の使い方でわかる。何よりも労働力である。ソ連は独ソ戦で二七〇〇万人近い国民を失い、労働者が不足していた。そこで捕虜が労働力に転用された。

その一方で、国家防衛委員会は八月一三日に、ソ連領内にいる独ソ戦などでの捕虜七〇万八〇〇〇人の送還を決めた。内訳は、「労働能力を失ったか、労働に適さない」ドイツ人四一万二〇〇〇人やハンガリー人一五万人などである。[6] ソ連は、新たに勢力圏に組み込んだ東欧各国の復興を援助しなければならなかった。そのため、東ヨーロッパ各国の捕虜を解放したのだろう。その結果、減少する労働力を日本軍から補充したのではないか。

ただ、目的は労働力のみ、と結論を下すのは早計だ。捕虜のなかでも将校が早くから標的にされていたことは、シベリア抑留には他の目的があったことを物語る。

以前から、降伏させた敵軍の将校をスターリンは容赦しなかった。ポーランドやバルト三国・ドイツなどでは、ソ連軍の占領下に置かれると、亡国の将校たちがソ連領内に連行され、一部は戦争犯罪などを理由に処刑された。一九四〇年三月に、ポーランドの将校らを虐殺したカチンの森事件は有名だ。

日本軍も例外ではない。一九四五年八月二二日、ヴァシレフスキー極東ソ連軍総司令官は前線の司令官たちに、降伏した日本軍の将校と将軍は「スメルシ」、つまり国防人民委員部防諜総局に引き渡すように命じた。[7] ソ連領内へ日本軍将兵を五〇万人移送するよう、スターリンが指示する一日前のことだ。これも、日本軍が復活する際に要となる将校を手元に留め、復讐を防ごうとしたと考えられる。

日露戦争の恩義

この結果起きたシベリア抑留は、悲惨なエピソードに満ちている。ただここでは、帰国後に大和ハウス工業を創業することになる石橋信夫（いしばしのぶお）中尉の回想を紹介したい。

> 救いがなかったわけではない。ある日、ジューコフ中尉という警備小隊長が「サカイを知っているか」と聞いてきた。父親が日露戦争で捕虜となり、日本の収容所で国防婦人会の慰問を受けたり親切にされたという。堺の他に習志野とかいろいろ地名をあげてくる。これをきっかけに親しく口をきくようになった。大雪のときなど「異常な降雪で警備できないと報告するから即刻引き揚げろ」と何かと気をつかってくれた。
>
> （『私の履歴書　経済人（二八）』）

大阪府の堺や千葉県の習志野には、日露戦争中にロシア軍の捕虜収容所があった。当時は国際法を遵守した日本は、ロシア軍の捕虜を厚遇した。日露戦争の復仇（ふっきゅう）を叫ぶスターリンの下でも、日露戦争で受けた恩義に報いたソ連国民もいたのである。

現物賠償

スターリンは人だけではなく、物資もソ連領内へ運ぶよう命じた。

先に占領したドイツでも収奪が繰り広げられていた。ソ連軍が一九四五年にドイツ領に入ってから、化学工場のプラントから天文台の望遠鏡まで、ありとあらゆるものが国家防衛委員会の指令でソ連領へ送られた。

ソ連は戦争で荒れた国土と経済の復興を課題としていたので、このような収奪が繰り広げられた。また、スターリンは一九四五年五月に除隊する兵士に戦利品を安価で売り、軍務に対する報酬にするようにも指示している（『勝利と悲劇』下巻）。いわば「ボーナス」だ。

米英も枢軸国から現物賠償を取り立てている。しかし、スターリンは相手が同盟国や友好国であっても、戦場で獲得した物はその国に返還する義務はないと考えていた。一九四五年一月九日のユーゴスラヴィア代表団との会談でも、「戦利品はそれを得た軍のものだ」として、ユーゴスラヴィアで得た戦利品も返そうとしなかった[8]。

その「ルール」が日ソ戦争にも適用される。一九四五年八月七日には、重慶国民政府の宋子文へ、日本人の財産の一部はソ連の戦利品と見なすと、スターリンは述べた（『中ソ外交史研究』）。国民政府と中ソ友好同盟条約を結んでからも、その方針に変わりはない。

武器は中国共産党へ

先述のように、スターリンとアントーノフは連名で、戦利品は中国人に引き渡さないよう一九四五年八月一七日に命じていた。これが満洲における号砲となる。

政府と軍は一体となり、満洲国内から物資を運び出す。八月三〇日、国家防衛委員会は、そのための委員を任命し、満洲へ行き、戦利品を搬出するように命じた（『シベリア抑留関係資料集成』）。工場から搬出した機械などは、主にソ連極東やシベリアの工場に送られているが、全貌は明らかになっていない。

文化遺産も収奪された。たとえば、満洲映画協会に保管されていた映画のフィルムもその一つで、黒澤明監督のデビュー作『姿三四郎』など多数が持ち去られている。本書が用いた鹵獲関東軍文書も、新京の総司令部などから持ち去られたものだ。筆者が入手できたものの他にも、ロシアにはまだ眠っている日本軍の文書がある可能性は高い。

なお、関東軍から没収した戦利品のうち、航空機・戦車・火砲などは、中国共産党にほとんどが引き渡された。ロシア側の研究によると、一九四五年九月から一一月までに、中国共産党に、砲と迫撃砲を三七〇〇から五二一二門、戦車と装甲車輌は六〇〇から七四三輌などが渡されたという。これらは、中国共産党の軍事力を飛躍的に向上させた。

こうしてソ連側は、自らの懐を痛めず、中国共産党に恩を売ることに成功した。

中国に与えた経済的打撃

このように、日ソ戦争で得をしたのが中国共産党なら、損をしたのは中国国民党である。

一九四五年八月一三日、スターリンは国民政府の宋子文へ、満洲国へ侵攻したソ連軍のため、食料購入に必要な代金を中国が用意するよう提案した。ルーマニアを占領したときのように軍票を発行してもいいが、同盟国とそうしたことはしたくないとスターリンはいう。

宋子文は反論する。中国は日本と八年間も戦い、最も豊かな地域を奪われ、自軍すら食料は十分ではない。米軍は自らの食料はドルで支払っていると。[10] さらに宋子文が「中国は貧しい国ですから」というと、スターリンは「ソ連も貧しい国だ」と返す。ついに、宋子文もソ連軍が軍票を発行するのを認め、その債務は日本に負わせることになった。[11]

一九四五年九月五日、国民政府はソ連軍の軍票発行を正式に認める。[12] これを受けてソ連軍は、一〇月二二日から翌年四月の撤兵までに、総額九七億二五〇〇万元に達する「紅軍票」を濫発（らんぱつ）した。この軍票は旧満洲中央銀行券と等価とされ、国民政府はこの軍票に兌換（だかん）の義務を負うものとされた。しかし、一九四五年七月の時点で満洲中央銀行券の発行残高は八〇億八五〇〇万元である。それを上回る額の軍票をソ連軍がばら撒（ま）いて、経済は混乱した（「戦後ソ連の中国東北支配と産業経済」）。

軍票が濫発された満洲ではインフレが進み、物価の高騰で住民は苦しむ。これが戦後、中国本土におけるインフレを誘発した。そして、中国国民党の支持基盤である都市部の中間層の没落すら招いた、という見方もある（『中ソ外交史研究』）。

アメリカからは無償で戦略物資を得て、中国からは鉄道や港の利権をもぎ取り、さらに債務も負わせて戦争したスターリンを、辣腕（らつわん）と呼ぶべきか、悪辣（あくらつ）と呼ぶべきか。

おわりに——「自衛」でも、「解放」でもなく

日ソ戦争は、日本に無条件降伏を強いるという戦略目標を達成するために行われた、連合国の数ある作戦の一つである。軍事的にはそれ以上のものではない。

しかし、この戦争を政治的にどう見るかは大きな争点だ。日本側からすると、日ソ戦争はやむを得ず戦った「自衛戦争」である。一方、ソ連側からすれば、「軍国主義」日本からの「解放」となる。このどちらかの見方で日ソ戦争を論じてきたことが、この戦争の研究を狭めてきたと、筆者は考える。

そこで最後に、日ソ戦争を別の角度から考察してみたい。第一にアメリカが及ぼした影響、第二に日ソ双方の勝因と敗因、第三に現代とのつながりだ。

アメリカの用意した「切り札」

ソ連を対日戦に引き込んだのはアメリカだ。その張本人は、対日戦の早期終結のため、ソ連参戦を熱望したローズヴェルト大統領である。しかし、スターリンはヨーロッパとアジア

で二正面作戦に陥るのを徹底的に避けた。

日ソ戦争を芝居に譬えると、舞台を演出したのはアメリカだ。ソ連は出演を渋る大物役者である。最終的に、莫大な報酬を目当てにソ連は出演を了承する。そして、ひとたび舞台の幕が上がると、演出家そっちのけで暴れ回った。

もっとも、ローズヴェルトが死去してからのアメリカはソ連への不信感を強めていた。そのため、アメリカは原爆の実験が成功してからはソ連の参戦を必要としていなかったという説もあるが、それは一面的な見方だ。

原爆とソ連参戦のどちらを重んじるか。アメリカでも意見は割れていた。バーンズ国務長官は原爆で日本を無条件降伏に追い込めると信じ、マーシャル参謀総長はソ連参戦を必要悪と見なした。大統領でも、ローズヴェルトはソ連参戦を熱望したが、トルーマンは最終的に原爆を重視した。

しかし、両大統領とも原爆とソ連参戦のどちらか一方に賭け、もう一方を止めようとはしていない。結果を知るわれわれと違って、当時のアメリカ人はどちらも実現に確信が持てない。そのため、どちらか一方に賭けようとはしなかった。その結果、ソ連への参戦要請と日本への核攻撃の準備は最後まで並行して進められた。

なお、日本がポツダム宣言の受諾を表明した八月一〇日以降には、トルーマンの周辺や米軍の一部が、ソ連と合意した作戦区域を反故にして、大連や朝鮮半島・千島列島を占領しようとする。米ソが競合関係に転じたのは、アメリカの最大の目標である日本の無条件降伏が達成されたうえに、「大日本帝国の遺産相続」をめぐる争いが本格化したからだ。すでに東ヨーロッパではソ連との勢力争いが勃発していたことも、競合に拍車をかけた。

米ソは日本に無条件降伏を強要するという点では戦略的利害が一致していたものの、それが達成されてからは、それぞれ国益を全面に押し出した占領政策を推進したことが対立の根本にある。

結果的に、ソ連が参戦したことでアメリカと中国国民党は満洲や千島列島などを取りこぼした。さらに、ソ連の勢力は東アジアで拡大し、この地域の大部分が共産主義陣営に組み込まれるきっかけともなった。日ソ戦争は、軍事面よりもこうした後世への政治的影響の方が深刻である。

ソ連の勝因

アメリカによる軍需物資の提供や、日本政府が予想以上に早く降伏を決意したことが、ソ連軍を有利にしたことは疑いない。しかし、それだけが勝因ではない。

アメリカの歴史家デーヴィッド・グランツは、満洲での対日戦は、ソ連軍にとって一九四一年六月のドイツ軍の奇襲攻撃を応用した「大学院の演習」だったと記す[1]。

しかし、ソ連軍が奇襲だけで勝ったと考えるなら短絡的だ。スターリンは、まずヨーロッパの戦争を終結させるまで時間を稼ぎ、日本軍を凌駕する大軍を投入できるよう、兵站やインフラを入念に準備した。この物的・人的資源の優位が第一の勝因である。

もっとも、「一定の時間に一定の地点で数量的優越を誇ることこそ兵学の全奥義」と考えてはいけないと、プロイセンの軍事思想家カール・フォン・クラウゼヴィッツは戒めている（『戦争論』上巻）。

イギリスの歴史家ヘドリー・ウィルモットによると、ソ連軍の最大の成功要因は侵攻ルートにある。満洲を攻める場合、ハイラルからチチハルを経て、ハルビンに至る中東鉄道沿いに攻めるか、黒龍江を渡って黒河に攻め込むのが定石だ。だが、ソ連軍はそれらのルートからも攻めたが、主力を内モンゴルのゴビ砂漠から北京方面へ、大興安嶺を越えてハルビン方面へも向かわせた。結果として、「関東軍は東部では力負けして西部では機動力に翻弄された」（『大いなる聖戦』下巻）。

実際に、モンゴル方面からの機甲部隊の来襲が、関東軍には「鵯越」のような大きなインパクトをもたらした。さらに、最後は通化に籠もり持久戦に持ち込もうとする関東軍に、機甲部隊をぶつけるというソ連軍の「非対称的なアプローチ」が効を奏した。平たく言えば、ソ連軍は関東軍の用意した持久戦という土俵には乗らなかった。これが第二の勝因である。

第三の勝因はリーダーシップだ。独ソ戦では、スターリンが作戦の細部にまで直接介入するマイクロ・マネージメントで失敗した例が多い。最高司令官は戦域全体について戦略的見地から判断を下すことを求められており、戦闘について細かい判断を下すのは指揮の原則に反するどころか、かえって現場を混乱させることを理解していなかった。

これに対して日ソ戦争では、スターリンは作戦の大枠は示した。だが、開戦後にはほとんど口を出していない。その結果、前線の司令官たちは戦況に応じた指揮ができた。一方でスターリンは、開戦までの後方支援と、主にアメリカに対応するための国家戦略を担った。

イギリスの軍事評論家ベイジル・リデルハートは、「戦略とは政策上の諸目的を達成するために軍事的手段を分配し、適用する術」だと定義した（『リデルハート 戦略論』下巻）。野戦軍の司令官には不向きなスターリンも、戦略家としては「成長」していた。

日本の敗因

日本には、こうした軍事と政治を束ねる政戦略家や組織が不在だったとはかねてから指摘されている。

政府と軍部のトップが顔をそろえた最高戦争指導会議も政戦両略を一元化するには至らなかった。大本営も陸海軍を統合するには不十分な組織で、最後まで陸軍と海軍の間には情報の共有や意思の疎通が欠けた。昭和天皇は大元帥だが御前会議でも自由には発言できず、問題を調整し決断を下すより、会議の決定を権威づけるために必要とされた。

だが、日ソ戦争の最大の敗因は政戦略家の不在ではない。すでに対米戦で日本の軍事力と経済は破綻しており、加えて対ソ戦では勝機はなかった。国家戦略の失敗を作戦や戦闘のレベルで逆転するのは、いかなる軍隊であれ困難である。

なお、日ソ戦争をすべて日本の軍部の責任に帰する論者は日本にも少なくない。だが、そうすると軍部以外の日本の指導者たちを免責することになる。さらにそうした論調は、「軍国主義の日本」がソ連に打倒されたのは歴史の必然とみなす、ロシア国内の議論とも紙一重の危うさがある。

そもそも、対米戦ですでに国力が尽きていることを知る日本の指導者たちは、軍部をはじめ誰もソ連との開戦を望んでいなかった。それどころか、ソ連に和平の仲介すら打診している。ソ連はこの申し出を開戦までの時間稼ぎに利用した。日本の指導者たちが重ねたこの国家戦略のミスが「対ソ静謐」につながり、最前線の部隊には足枷となる。

もっとも、大本営や関東軍には対ソ開戦の期日をほぼ正確に見通した参謀たちもいた。しかし、本土決戦の準備が優先され、ソ連に和平仲介の希望も託すなか、軍上層部はソ連が参戦の準備をしているのに気づきながら、見て見ぬ振りをする。

こうして、大本営はソ連との国境地帯にいた部隊を南方や日本本土に送り続けてしまう。それは、ソ連を仮想敵としてきた日本陸軍の伝統を一変させるほど、米英との戦いが熾烈だったということでもある。ソ連と国境を接する満洲や朝鮮半島・南樺太・千島列島でも、米軍との本土決戦の準備が最優先され、いざ敵はソ連軍となって混乱した。

戦術に目を転じよう。日本軍は火力や機甲戦力で劣勢だった。そこで歩兵による戦車への肉迫攻撃や、陣地や要塞の死守が命じられた。これらは将兵の玉砕を前提としていた。物量よりも精神力の優位を重んじてきた日本陸軍の組織のあり方が、最前線の将兵を死地に追い込む。日ソ戦争が短期間で、戦力も大差があったにもかかわらず、双方に多数の死傷者を出したのは、ソ連軍が降伏を容易に受け付けなかったのと、日本軍も兵士の犠牲を顧みない戦術を選んだことによる。

さりながら、圧倒的に不利な状況下でも敢闘した日本軍の将兵は特筆に値する。この点は近年の研究でも裏づけられ、ソ連軍の圧勝という通説は見直されるべきだ。

現代の日露関係の起点

日ソ戦争は同時代の米英との戦いに比しても、さらに陰惨な印象を受ける。それにはソ連そしてロシアの「戦争の文化」が関係している。自軍の将兵の命すら尊重せず、軍紀が緩い。こうした第二次世界大戦におけるロシアの「戦争の文化」が、今世紀のウクライナでも繰り返されている感覚を覚えているが、それは別稿に譲る（「継承されるロシアの「戦争の文化」」）。

ここでは、日ソ戦争で特徴的な三点をあげたい。

第一に、日ソ戦争では民間人の虐殺や性暴力など、現代であれば戦争犯罪に当たる行為が停戦後にも多発した。ソ連兵から受けた蛮行は、いまなお日本人の集団的なトラウマとなっている。こうした占領地での蛮行は、ソ連軍が大戦末期に占領した東ヨーロッパ各地での事例と通じる。

第二に、住民の選別とソ連への強制連行である。シベリア抑留は有名だが、大戦初期にソ連軍が占領したポーランドやバルト三国でも、旧体制下の将校や官僚は容赦なく連行された。ドイツ軍を撃退して再占領したウクライナでも住民はふるいにかけられ、シベリアなどに送られた。日本軍の将兵や民間人の連行もこの流れに連なる。

第三に、領土の奪取である。連合国は、一九四一年の大西洋憲章から自国の領土拡大のために戦争をしているのではないと強調してきた。戦後に東ヨーロッパや日本周辺で領土を拡大したソ連の行動はそれに反する。たしかに、アメリカも沖縄や奄美諸島・小笠原諸島を戦後に統治下に置いたが、のちに日本に返還し、「南方領土問題」は尾を引かなかった。

念願の領土と利権を手に入れて、スターリンは満足しただろう。しかし、日ソ関係はこの戦争を境に断絶したまま、一九五三年にスターリンは没した。正式に戦争状態が終結したのは、「日本国とソヴィエト社会主義共和国連邦との共同宣言」の効力が発生した一九五六年一二月一二日である。だがそれからも、スターリンが奪取させた南樺太と千島列島の帰属と北方領土問題は日露関係の最大の懸案のままだ。いまだに日露両国は「スターリンの呪縛（じゅばく）」に苦しんでいるともいえる。

歴史的な経験が他国に対するイメージを形成し、それが現在の対外政策にも影響を及ぼす。

ロシアはこの戦争で領土を得たが、対して日本では、ロシアは条約を平然と破って領土を奪取したという不信感が根強く残る。日ソ戦争は、このような不信感を基調とする現代の日露関係の起点である。

あとがき

日ソ戦争で流された血や涙はまだ乾いていない。

この戦争は当事者が存命なので、執筆にはためらいがあった。また、クレムリンの奥の院でどのような議論がなされたのか、その全貌も明らかではない。それでも刊行したのは、戦争の記憶の風化に抗いたいからだ。

私事で恐縮だが、曽祖父は末娘の薬を買いに出かけた際、踏切で米軍の戦闘機の機銃掃射を受けて亡くなった。一八歳だった長女の祖母が、無残に散った遺体を運んだそうだ。終戦の五日前だった。

数年前、このときの戦闘記録が残っているだろうと、メリーランド州にあるアメリカ国立公文書館にメールで問い合わせた。返信で丁重な弔意を表されたのに驚いたが、肝心の戦闘記録は見つからなかった。その戦闘機の所属した部隊名が分からなければ探しようがないという。

個々の戦闘を調べるには、部隊名を押さえ、部隊が作った戦闘記録を紐解くのが定石だ。

できれば戦闘記録は敵味方双方とも検証するのが望ましいが、日ソ戦争となるとそうした研究は途上にある。にもかかわらず、日ソ戦争の経験者は次々に亡くなり、記憶の風化は進んでいる。一歴史家にできるのは過去の戦争から学ぶべき点を提示し、風化に抗うことだ。本書はその一里塚である。

逆にロシアでは、日ソ戦争の記憶は風化するどころか、社会に刻む動きが加速している。九月三日の「大戦終結の日」は、二〇二三年六月に「軍国主義日本に対する勝利と第二次大戦終結の日」と名前を改めた。これは同日が「抗日戦」の記念日の中国に足並みを合わせたのだろう。ロシアは日ソ戦争の記憶を、愛国心を高め、中露の連帯を誇示し、日本を牽制するため政治的に利用している。

ロシアの真似は、感情的な対立を煽るだけで悪手だろう。しかし、沖縄・広島・長崎と違って、日ソ戦争には公的な個別の慰霊行事もない。いまは夢物語だが、全ての参戦国が参加して犠牲者を追悼する場が設けられ、古戦場で日本政府や天皇・皇族による慰霊が実現する日が来ることを願いたい。

なお、本書は日本学術振興会の国際共同研究加速基金「日ソ戦争アーカイブズ構築に関する日露共同研究」の研究成果の一部である。研究代表の加藤聖文先生には鹵獲関東軍文書の利用を認めて頂いた。厚く御礼申し上げる。原稿にコメントを下さった等松春夫先生、花田智之先生、岡崎久弥氏にも感謝申し上げる。

中公新書での刊行は『シベリア出兵』に続き二冊目となる。『シベリア出兵』と対（つい）になることで、日露関係の複雑さも浮き彫りになるだろう。再び編集の労をとって頂いた白戸直人さんをずいぶん待たせたが、その分、磨かれたことを願うばかりだ。

最後に、研究の時間を与えてくれている家族に深く感謝したい。

本書を日ソ戦争の全ての犠牲者へ捧げる。

二〇二三年一一月一七日　盛岡にて

麻田雅文

註記

第1章

1 Советско-американские отношения во время Великой Отечественной войны, 1941-1945: Документы и материалы. Т. 1. 1941-1943. Москва, 1984. С. 63.

2 U.S. Department of State, *Foreign Relations of the United States: Diplomatic Papers* (以下では *FRUS* と略記), *Conferences at Washington and Quebec, 1943* (Washington, D.C.: United States Government Printing Office, 1970), p. 417.

3 *Ibid.*, p. 32.

4 "Extract from"EUREKA,"1st meeting held on 28th November, 1943," CAB 121/473, The National Archives, Kew.

5 "Paraphrase of Navy Cable," September 23, 1944, W. Averell Harriman Papers, Box 174, Manuscript Division, The Library of Congress, Washington, D.C. (以下では LC と略記).

6 David Reynolds and Vladimir Pechatnov (eds.), *The Kremlin Letters: Stalin's Wartime Correspondence with Churchill and Roosevelt* (New Haven: Yale University Press, 2018), p. 475.

7 *FRUS, 1944, Europe, Volume IV* (Washington, D.C.: United States Government Printing Office, 1966), p. 1011.

8 "Secret and Personal Memorandum of Conversations with the President During Trip to Washington, D.C., October 21-November 19, 1944," W. Averell Harriman Papers, Box 175, LC.

9 "Document Handed by M. Molotov to Secretary of State," February 10, 1945, FO 371/54073, The National Archives, Kew.

10 *FRUS, Conferences at Malta and Yalta, 1945* (Washington, D.C.: United States Government Printing Office, 1955), p. 396.

11 "MINUTES of 2nd Plenary Session between the United States and Great Britanie," February 9, 1945, CAB 120-170, The National Archives, Kew.

12 Walter Millis (ed.), *The Forrestal Diaries: The Inner History of the Cold War* (London: Cassell, 1952), pp. 65-66.

13 John Morton Blum (ed.), *The Price of Vision: The Diary of Henry A. Wallace, 1942-1946* (Boston: Houghton Mifflin Company, 1973), p. 451.

14 Joseph Davies Diary, May 21, 1945, Joseph Davies Papers, Box 17, LC.

15 *FRUS, The Conference of Berlin (The Potsdam Conference), 1945, Volume I* (Washington, D.C.: United States Government Printing Office, 1960), p. 909.

16 Русский архив: Великая Отечественная. Т. 18(7-1). Советско-японская война 1945 года. История военно-политического противоборства двух держав в 30-40-е годы. Москва, 1997. С. 308.

17 Dennis Merrill (ed.), *Documentary History of the Truman*

Presidency: Volume 1: The Decision to Drop the Atomic Bomb on Japan (New York: University Publications of America, 1995), p. 118.

18 Robert Ferrell, (ed.), *Dear Bess: The Letters from Harry to Bess Truman, 1910–1959* (Columbia: University of Missouri Press, 1998), p. 519.

19 *Documentary History of the Truman Presidency. Volume 1*, p. 121.

20 "Walter Brown Diaries, July 10-August 3, 1945." https://nsarchive.gwu.edu/document/28468-document-49-walter-brown-diaries-july-10-august-3-1945（二〇二三年七月二一日参照）

21 R. Butler and M. Pelly (eds.), *Documents on British Policy Overseas Series 1: Volume 1: The Conference at Potsdam, July-August 1945* (London: Routledge, 1984), p. 573.

22 John W. Huston (ed.), *American Airpower Comes of Age: General Henry H. "Hap" Arnold's World War II Diaries; Volume. 2* (Maxwell Air Force Base: Air University Press, 2002), p. 379.

23 Великая Отечественная война 1941–1945 годов. Т. 8. С. 639.

24 Атомный проект СССР: документы и материалы Т. 1. 1938-1945. Ч. 2. Москва, 2002. С. 335-336.

25 Великая Отечественная война 1941-1945 годов. Т. 11. Политика и стратегия Победы: стратегическое руководство страной и Вооруженными силами СССР в годы войны. Москва, 2015. С. 634.

26 *Documents on British Policy Overseas Series 1: Volume 1*, p. 416.

27 Stimson Diary, July 23, 1945.（国立国会図書館憲政資料室蔵）

28 Stimson Diary, July 25, 1945.（国立国会図書館憲政資料室蔵）

29 *FRUS, The Conference of Berlin (The Potsdam Conference), 1945, Volume II* (Washington, D.C.: United States Government Printing Office, 1960), pp. 345-351.

30 Великая Отечественная война 1941–1945 годов. Т. 5. Победный финал. Завершающие операции Великой Отечественной войны в Европе. Война с Японией. Москва, 2013. С. 485.

31 Русский архив. Т. 18(7-1). С. 340.

32 Там же. С. 338.

33 Там же. С. 341.

34 *Василевский А.М.* «Финал» // Военно-исторический журнал. №6. 1967. С. 86.

35 "Memorandum of Conversation," August 8, 1945, W. Averell Harriman Papers, Box 181, LC.

36 АВП РФ. Ф. 06. Оп. 7. П. 43. Д. 678. Л. 25.

37 "Memorandum of Conversation," August 8, 1945, W. Averell Harriman Papers, Box 181, LC.

38 "Washington Embassy Telegram 5599 to Foreign Office, August 14, 1945, Top Secret," FO 800/461, The National Archives, Kew.

39 *FRUS, 1941, General, The Soviet Union, Volume I* (Washington, D.C.: United States Government Printing Office, 1959), p. 803.

40 John R. Deane, *The Strange Alliance: The Story of our Efforts at Wartime Cooperation with Russia* (New York: Viking Press, 1947), p. 226.

41 Советско-американские отношения во время Великой Отечественной войны, 1941-1945. Т. 1. С. 247.

42 Советско-американские отношения во время Великой Отечественной войны 1941-1945: Документы и материалы. Т. 2. 1944-1945. Москва, 1984. С. 21.

43 Anita Prazmowska (ed.), *British Documents on Foreign Affairs: Reports and Papers from the Foreign Office Confidential Print, Part III, Series A: The Soviet Union and Finland, 1940-1945, Volume 5: Soviet Union and Finland, April 1944-December 1944* (Frederick, MD: University Publications of America, 1997), pp. 395-397.

44 原文は以下に掲載されている。За кулисами тихоокеанской битвы (японо-советские контакты в 1945 г.) // Вестник МИД СССР. 19 (77). 1990. С. 49.

45 АВП РФ. Ф. 06. Оп. 7. П. 54. Д. 897. Л. 1-6.

46 АВП РФ. Ф. 06. Оп. 7. П. 47. Д. 743. Л. 3-4.

47 この会談を記録した文書によると、スターリンがトルーマンに「天皇メッセージ」を渡したのは七月一七日午後〇時からの会談だったという。"Memorandum of Conversation," July 17, 1945, W. Averell Harriman Papers, Box 181, LC. だが、米ソの史料を検討し、七月一八日の通説に従った。

48 АВП РФ. Ф. 06. Оп. 7. П. 55. Д. 904. Л. 2-6.

49 "Record of a Meeting between T.V. Soong and Stalin," August 10, 1945, Wilson Center Digital Archive. https://digitalarchive.wilsoncenter.org/document/134355（二〇二二年一二月二六日参照）

50 "Paraphrase of Navy Cable," May 28, 1945, W. Averell Harriman Papers, Box 187, LC.

51 ЦАМО. Ф. 946. Оп. 0000001. Д. 0246. Л. 50. 引用文はザバイカル方面軍に属する第五三軍の司令部内の文書からだ。この命令書は四八時間以内に返却するよう記されているが、以下など他の部隊の記録でも確認できる。ЦАМО. Ф. 32176. Оп. 0000001. Д. 0044. Л. 41.

第2章

1 *Кулепанов Р. В.* Развертывание сил Квантунской армии 1939–1942 гг. как угроза безопасности для советского Дальнего Востока // Труды Института истории, археологии и этнографии ДВО РАН. 2020. Т. 27. С. 84.

2 Восточная Европа в документах российских архивов. 1944-1953 гг. Т. I. 1944-1948 гг. Москва, 1997. С. 123-124.

3 Советско-японская война - день за днём. «Победный Финал Второй мировой войны». По материалам рассекреченных архивных документов Верховного Главнокомандования и фронтов Красной Армии. Москва, 2011. С. 104.

4 1941 год. Кн.1. (Серия «Россия. XX век. Документы»). Москва, 1998. С.181-193.

5 ЦАМО. Ф. 210. Оп. 3116. Д. 65. Л. 1.
6 *FRUS, Conferences at Malta and Yalta, 1945*, pp. 366-367.
7 "Memorandum of Conversation," October 17, 1944, W. Averell Harriman Papers, Box 175, LC.
8 "Memorandum of Conversation," October 15, 1944, W. Averell Harriman Papers, Box 174, LC.
9 *Ibid.*
10 "US Military Mission, Moscow, Russia to War Department," October 18, 1944, Franklin D. Roosevelt, Papers as President: Map Room Papers, 1941-1945, Box 33. (Franklin D. Roosevelt Presidential Library & Museum). http://www.fdrlibrary.marist.edu/_resources/images/mr/mr0156.pdf（二〇二三年一二月一〇日参照）
11 Coakley and Leighton, *Global Logistics and Strategy, 1943–1945, part 6*, pp. 690-696.
12 *Штеменко С.М.* Разгром Квантунской армии // Освободительная миссия на Востоке. Москва, 1976. С. 4.
13 *FRUS, Conferences at Malta and Yalta, 1945*, p. 759.
14 Великая Отечественная война 1941-1945 годов. Т. 5. С. 468.
15 Великая Отечественная война 1941-1945 годов. Т. 11. С. 655.
16 РГАСПИ. Ф. 644. Оп. 1. Д. 397. Л. 146-178.
17 *FRUS, 1945, The Far East, China, Volume VII* (Washington, D.C.: United States Government Printing Office, 1969), pp. 41-47.
18 РГАСПИ. Ф. 644. Оп. 1. Д. 422. Л. 136-166.
19 Великая Отечественная война 1941–1945 годов. Т. 8. Внешняя политика и дипломатия Советского Союза в годы войны. Москва, 2014. С. 661.
20 その内訳は以下の通り。陸上兵力一三七万七七五三人、空軍一一万三六一二人、防空軍七万八七〇五人、太平洋艦隊一七万七三九五人。陸上兵力の内訳は以下の通り。ザバイカル方面軍が五八万二五一六人、第一極東方面軍が五三万一〇〇五人、第二極東方面軍が三六万四三三二人。Великая Отечественная война 1941-1945 годов. Т. 11. С. 673. 極東ソ連軍の合計を一六六万九五〇〇人とする統計もある。Россия и СССР в войнах XX века. Потери вооруженных сил. Москва, 2001. С. 309.
21 Русский архив. Т. 18(7-1). С. 333-336.
22 *Василевский*, « Финал ». С. 85.
23 Русский архив. Т. 18(7-1). С. 336. 総司令部の本部は七月二七日から八月七日まではハバロフスクに、八月八日から八月一九日まではチタに、そして八月二〇日から作戦終了までは再びハバロフスクに置かれた。Великая Отечественная война 1941-1945 годов. Том 11. С. 655.
24 Русский архив. Т. 18(7-1). С. 337.
25 *Сенявская Е.С.* Дальневосточная кампания 1945 года в сознании советских военнослужащих // Вестник МГИМО - Университета. №4. 2013. С. 166-167.
26 *British Documents on Foreign Affairs, Part III, Series A, Volume 5*, p. 395.
27 *Сенявская*, Дальневосточная кампания 1945 года в сознании советских военнослужащих.

С. 173.

28 “Memorandum of Conversation,” August 8, 1945, W. Averell Harriman Papers, Box 181, LC.

29 “Meeting with Antonov and Zhukov,” August 11, 1945, W. Averell Harriman Papers, Box 181, LC.

30 Русский архив : Великая Отечественная. Т. 18(7-2). Советско-японская война 1945 года. История военно-политического противоборства двух держав в 30-40-е годы. Москва, 2000. С. 308.

31 *Сенявская*, Дальневосточная кампания 1945 года в сознании советских военнослужащих. С. 169.

32 ЦАМО. Ф. 234. Оп. 3213. Д. 126. Л. 116.

33 Там же. Л. 122.

34 Там же. Л. 106.

35 *Сенявская*, Дальневосточная кампания 1945 года в сознании советских военнослужащих. С. 168.

36 *Ворсин В.Ф., Жуматий В.И.* Тыловое обеспечение войск в маньчжурской стратегической наступательной операции (9 августа - 2 сентября 1945 г.) // Военно-исторический журнал. №8. 2020. С. 6.

37 *Плиев И.А.* Конец Квантунской армии. Орджоникидзе, 1969. С. 189.

38 “Record of a Meeting Between T.V. Soong and Stalin”, August 10, 1945, Wilson Center Digital Archive, Victor Hoo Collection, Box 6, Folder 9, Hoover Institution Archives. Contributed by David Wolff. https://digitalarchive.wilsoncenter.org/document/134355（二〇二三年九月一四日参照）

39 *Черевко К.Е., Кириченко А.А.* Советско-японская война (9 августа - 2 сентября 1945 г.). Рассекреченные архивы (предыстория, ход, последствия). Москва, 2006. С. 262.

40 Великая Отечественная война 1941-1945 годов. Т. 5. С. 474.

41 Советско-японская война - день за днём. С. 28.

42 Русский архив. Т. 13(2-3). С. 364-365.

43 Русский архив. Т. 18(7-1). С. 339.

44 *Сенявская*, Дальневосточная кампания 1945 года в сознании советских военнослужащих. С. 170.

45 Великая Отечественная война 1941-1945 годов. Т. 11. С. 639-640.

46 *Гордеев Н.В., Жданов С.А.* Забайкальский фронт в Маньчжурской операции. Август 1945. Чита, 2018. С. 54-73.

47 *Смирнов С.В.* Август 1945 г. в Северной Маньчжурии : вооружённая борьба русских эмигрантов против японцев // Россия и АТР. №3. 2015. С. 82-90.

48 *Кузнецов Д.*, «Аресту подлежат все»: политические репрессии в СССР и судьба так называемых «харбинцев». Проблемы Дальнего Востока. №3. 2015. С. 144.

49 Русский архив. Т. 18(7-2). С. 50-51.

50 АВП РФ. Ф. 06. Оп. 7. П. 1. Д. 18. Л. 49.
51 "Memorandum of Conversation," August 15, 1945, W. Averell Harriman Papers, Box 181, LC.
52 "From John R. Deane to Army General A. E. Antonov No. 1257," August 15, 1945, W. Averell Harriman Papers, Box 181, LC.
53 Великая Отечественная война 1941-1945 годов. Т. 11. С. 683.
54 Там же. С. 683.
55 ЦАМО. Ф. 1121. Оп. 1. Д. 7. Л. 30.
56 Русский архив. Т. 18(7-1). С. 364.
57 Там же. С. 362.
58 Там же. С. 360-361.
59 Восточная Европа в документах российских архивов. 1944-1953 гг. Т. I. С. 120.
60 Советско-японская война - день за днём. С. 580-581.
61 溥儀を捕えた空挺部隊を率いた、アレクサンドル・プリトゥラ少将によると、居並ぶ群臣のなかで、溥儀が武器を捨てたのは最後だったという。ただ、この回想も裏付けがとれない。*Усов В.* Последний император Китая. Пу И (1906-1967). Москва, 2003. С. 261.
62 Советско-японская война - день за днём. С. 580-581.
63 *FRUS, 1945, The Far East, China, Volume VII*, pp. 527-528.
64 Великая Отечественная война 1941–1945 годов. Т. 5. С. 508.
65 "Memorandum of Conversation," August 27, 1945, W. Averell Harriman Papers, Box 182, LC.
66 *FRUS, 1945, The Far East, China, Volume VII*, p. 967.
67 Dmitriĭ Antonovich Volkogonov papers, Reel 5, containers 7 through 9. (Library of Congress, Manuscript Division). https://digitalarchive.wilsoncenter.org/document/122337（二〇二二年一〇月八日参照）
68 Русский архив. Т. 18(7-1). С. 248.
69 Советско-японская война - день за днём. С. 103-104.
70 *FRUS, 1942, China* (Washington, D.C.: United States Government Printing Office, 1956), p. 186.
71 Kathryn Weathersby, "Soviet Aims in Korea and the Origins of the Korean War, 1945-50: New Evidence from the Russian Archives," *Cold War International History Project: Working Paper*, No. 8 (1993), pp. 10-11.
72 АВП РФ. Ф. 0129. Оп. 29 АВТО. П. 168. Д. 18. Л. 1.
73 Русский архив. Т. 18(7-1). С. 333-334.
74 *FRUS, The Conference of Berlin (The Potsdam Conference), 1945, Volume II*, p. 345.
75 Русский архив. Т. 18(7-1). С. 248.
76 ЦАМО. Ф. 234. Оп. 3213. Д. 126. Л. 90, 214.
77 Русский архив. Т. 18(7-1). С. 407.
78 Там же. С. 408.
79 ЦАМО. Ф. 234. Оп. 3213. Д. 126. Л. 103.
80 Русский архив. Т. 18(7-1). С. 408.
81 Великая Отечественная война 1941–1945 годов. Т. 5. С. 541.
82 Русский архив. Т. 18(7-1). С. 423, 426.
83 ЦАМО. Ф. 234. Оп. 3213. Д. 126, Л. 125.
84 Русский архив. Т. 18(7-1). С. 423.

85 ЦАМО. Ф. 234. Оп. 3213. Д. 126. Л. 140.
86 *FRUS, 1945, The British Commonwealth, The Far East, Volume VI* (Washington, D.C.: United States Government Printing Office, 1969), p. 689.
87 АВП РФ. Ф. 06. Оп. 7. П. 55. Д. 905. Л. 10.
88 Там же. Л. 8-9.
89 Там же. Л. 7.

第3章

1 ちなみに、ペルシャ湾経由が二三・八％、北ロシア経由が二二・七％を占めた。Великая Отечественная война 1941-1945 годов. Т. 9. Союзники СССР по антигитлеровской коалиции. Москва, 2014. С. 599.
2 John J. Stephan, *The Russian Far East: A History* (Stanford: Stanford University Press, 1994), p. 239.
3 *FRUS, Conferences at Malta and Yalta, 1945*, p. 362.
4 "Pacific Situation," October 1944, W. Averell Harriman Papers, Box 175, LC.
5 *FRUS, Conferences at Malta and Yalta, 1945*, p. 764.
6 *Ibid.*, p. 759.
7 *Ibid.*, p. 835, 840.
8 *FRUS, 1941, The Far East, Volume IV* (Washington, D.C.: United States Government Printing Office, 1956), pp. 742-744.
9 РГАСПИ. Ф. 558. Оп.11. Д. 363. Л. 72-74.
10 РГАСПИ. Ф. 82. Оп. 2. Д. 867. Л. 16-17.
11 W. Averell Harriman and Elie Abel, *Special Envoy to Churchill and Stalin, 1941–1946* (New York: Random House, 1975), pp. 160-161.
12 "US Military Mission, Moscow, Russia, to War Department," December 16, 1944, Franklin D. Roosevelt, Papers as President: Map Room Papers, 1941-1945, Box 33. (Franklin D. Roosevelt Presidential Library & Museum). http://www.fdrlibrary.marist.edu/_resources/images/mr/mr0156.pdf（二〇二三年一二月一〇日参照）
13 *FRUS, Conferences at Malta and Yalta, 1945*, p. 766.
14 Deane, *The Strange Alliance*, pp. 264-265.
15 Records of the Joint Chiefs of Staff Part 1:1942-1945 The Pacific Theater, Reel 3, 0659 (May 3, 1945).（国立国会図書館憲政資料室蔵）
16 Русский архив. Т. 18(7-1). С. 332.
17 *FRUS, The Conference of Berlin (The Potsdam Conference), 1945, Volume II*, p. 352.
18 Русский архив. Т. 18(7-2). С. 7.
19 Там же. С. 12
20 Там же. С. 14-15.
21 Там же. С. 19.
22 Там же. С. 22.
23 *Зайцев Ю.М.* Действия подводных лодок ТОФ в войне с Японией 1945 г. // Россия и АТР. №1. 2006. С. 79.
24 *Тураев В.А.* Этническая история айнов Сахалина и Курильских островов в контексте российско-японских территориальных размежеваний // Россия и АТР. №2. 2018. С. 222.
25 *Кузин А. Т.* Корейцы - бывшие японские подданные в послевоенной советской

системе управления на Южном Сахалине (1945-1947 гг.) // Власть и управление на Востоке России. №3. 2010. С. 2.
26 АВП РФ. Ф. 06. Оп. 7. П. 55. Д. 905. Л. 7.
27 “Memorandum of Conversation,” June 10, 1944, W. Averell Harriman Papers, Box 172, LC.
28 “Memorandum of Conversation,” October 17, 1944, W. Averell Harriman Papers, Box 175, LC.
29 “From US Military Mission, Moscow, Russia,” October 17, 1944, Franklin D. Roosevelt, Papers as President: Map Room Papers, 1941-1945, Box 33. (Franklin D. Roosevelt Presidential Library & Museum). http://www.fdrlibrary.marist.edu/_resources/images/mr/mr0156.pdf（二〇二三年一二月一〇日参照）
30 *FRUS, Conferences at Malta and Yalta, 1945*, pp. 377-378.
31 Records of the Joint Chiefs of Staff Part 1: 1942-1945 The Pacific Theater, Reel 3, 0530 (February 22, 1945).（国立国会図書館憲政資料室蔵）
32 *FRUS, 1945, The Far East, China, Volume VII*, p. 877.
33 その内訳は大型護衛艦（フリゲート）一〇隻、小型護衛艦（コルベット）二〇隻、潜水艦五〇隻などである。*FRUS, Conferences at Malta and Yalta, 1945*, p. 371.
34 Coakley and Leighton, *Global Logistics and Strategy, 1943–1945, Part 6*, p. 692.
35 *FRUS, The Conference of Berlin (The Potsdam Conference), 1945, Volume II*, p. 351.
36 *Ibid.*, p. 410.
37 Великая Отечественная война 1941–1945 годов. Т. 5. С. 558.
38 Великая Отечественная война. 1941-1945: Документы и материалы. Т. IV. С. 245.
39 Там же. С. 282.
40 Великая Отечественная война 1941-1945 годов. Т. 11. С. 681.
41 Великая Отечественная война 1941–1945 годов. Т. 5. С. 562.
42 Великая Отечественная война. 1941-1945: Документы и материалы. Т. IV. С. 59.
43 *Зорихин А. Г.* Боевые действия на Южном Сахалине и Курилах в августе 1945 г. в свете новых архивных материалов // Ежегодник Япония. Т. 50 (2021). С. 216.
44 Великая Отечественная война. 1941-1945: Документы и материалы. Т. IV. Десант на Шумшу и возвращение Курил. Москва, 2015. С. 285.
45 Русский архив. Т. 18(7-1). С. 364.
46 カムチャツカ防衛区司令官のグネチコが一九四五年一二月に作成した報告による。Великая Отечественная война. 1941-1945: Т. IV. С. 312, 315.
47 Русский архив. Т. 18(7-2). С. 47.
48 *Мединский В. Р., Торкунов А. В.* История России. 1945 год - начало XXI века. 11 класс. Базовый уровень. Москва, 2023. С. 43.
49 РГАСПИ. Ф. 558. Оп. 11. Д. 372. Л. 104.
50 АВП РФ. Ф. 06. Оп. 7. П. 1. Д. 10. Л. 5.
51 Там же. Л. 6.
52 Советско-американские отношения. 1939-1945

(Серия «Россия. XX век. Документы»). Москва, 2004. С. 735.

53 АВП РФ. Ф. 06. Оп. 7. П. 1. Д. 10. Л. 5.

54 *FRUS, 1945, The British Commonwealth, The Far East, Volume VI*, p. 668.

55 *Василевский*, «Финал». С. 86.

56 Русский архив. Т. 18(7-2). С. 262.

57 Русский архив. Т. 18(7-1). С. 355-356.

58 Русский архив. Т. 18(7-2). С. 39.

59 *FRUS, 1945, The British Commonwealth, The Far East, Volume VI*, p. 670.

60 Dmitriĭ Antonovich Volkogonov papers, Reel 5, containers 7 through 9, LC. この文書は以下のサイトからも閲覧可能である。https://digitalarchive.wilsoncenter.org/document/122337（二〇二二年一〇月八日参照）

61 Русский архив. Т. 18(7-1). С. 363.

62 Dmitriĭ Antonovich Volkogonov papers, Reel 5, containers 7 through 9, LC.

63 Великая Отечественная война 1941–1945 годов. Т. 5. С. 575.

64 *FRUS, 1945, The British Commonwealth, The Far East, Volume VI*, p. 687.

65 Русский архив. Т. 18(7-2). С. 43.

66 Там же. С. 45.

67 "To CINCAFPAC, information to WARCOS from DEANE," August 26, 1945, W. Averell Harriman Papers, Box 182, LC.

68 Великая Отечественная война 1941–1945 годов. Т. 5. С. 575.

69 Там же. С. 577.

70 Русский архив. Т. 18(7-2). С. 40.

71 Там же. С. 43.

72 Там же. С. 44.

73 Там же. С. 46.

74 Там же. С. 46.

75 Великая Отечественная война. 1941-1945. Т. IV. С. 369.

76 Dmitriĭ Antonovich Volkogonov papers, Reel 5, containers 7 through 9, LC.

77 Великая Отечественная война. 1941-1945. Т. IV. С. 320.

78 *FRUS, The Conference of Berlin (The Potsdam Conference), 1945, Volume II*, p. 658.

79 Dmitriĭ Antonovich Volkogonov papers, Reel 5, containers 7 through 9, LC.

80 "From Washington to Foreign Office," September 15, 1945, FO/371/46459, The National Archives, Kew.

81 "James F. Byrnes to W. Averell Harriman," August 13, 1945, Telegrams Maintained by W.A. Harriman, 1944-45, Box 2, RG84, National Archives, College Park, Maryland.

82 *FRUS, Conferences at Malta and Yalta, 1945*, p. 1323.

83 "Memorandum of Conversation," August 27, 1945, W. Averell Harriman Papers, Box 182, LC.

84 «Правда» от 12 сентября 1945 года, С. 1.

85 内訳は以下の通りで、カッコ内の数字は「未帰還者」である。ザバイカル方面軍が八三八三人（二二二八人）、第一極東方面軍が二万一〇六九人（六三二四人）、第二極東方面軍が五五八三人（二四四九人）、太平洋艦隊が一二九八人（九九八人）、アムール艦隊が一二三人（三二人）。Россия и

СССР в войнах XX века. С. 309. 別の統計も示す。戦死傷者は合計三万一五五九人で、その内、戦死者を含む未帰還者は一万一五一六人、負傷者は二万四三人である。*Черевко и Кириченко*, Советско-японская война. С. 266.

86 *Равдангийн Болд*, Ограниченная война : военно-дипломатическая история сражения у реки Халкин-Гол. Москва, 2019. С. 453.

87 «Правда» от 12 сентября 1945 года, С. 1.

88 Русский архив. Т. 18(7-2). С. 136.

第4章

1 Deane, *The Strange Alliance*, p. 276.

2 *Коршенко С.В.* Настроения населения советского Союза в связи собъявлением советско-японской войны (август 1945 г.) // Научные ведомости Белгородского государственного университета. Серия : История. Политология. №22. 2016. С. 170.

3 Русско-китайские отношения в XX веке. Т. IV. Кн. 2. С. 74.

4 U.S. Department of State, *FRUS, The Conferences at Cairo and Tehran, 1943* (Washington, D.C.: United States Government Printing Office, 1961), p. 532.

5 "Record of Meeting Between T.V. Soong and Stalin," August 13, 1945, History and Public Policy Program Digital Archive, Victor Hoo Collection, Box 6, Folder 9, Hoover Institution Archives. Contributed by David Wolff. http://digitalarchive.wilsoncenter.org/document/134356（二〇二三年一二月二六日参照）

6 Советский фактор в Восточной Европе. 1944-1953 гг. В 2-х тт. Документы. Т. 1. 1944-1948 гг. Москва, 1999. С. 224.

7 Органы государственной безопасности СССР во Второй мировой войне. Победа над Японией : Сб. док. Москва, 2020. С. 257-258.

8 Восточная Европа в документах российских архивов. 1944-1953 гг. Т. I. С. 120.

9 *Самохин А.В.* Советская военная помощь КПК (1945-1946 гг.) // Россия и АТР. №3. 2007. С. 62.

10 "Record of Meeting Between T.V. Soong and Stalin", August 13, 1945, Wilson Center Digital Archive, Victor Hoo Collection, Box 6, Folder 9, Hoover Institution Archives.

11 "Paraphrase of Navy Cable," August 14, 1945, W. Averell Harriman Papers, Box 181, LC.

12 Русско-китайские отношения в XX веке : Материалы и документы. Т. IV. Советско-китайские отношения. 1937-1945. Кн. 2. 1945 г. Москва, 2000. С. 227.

おわりに

1 David Glantz, *August Storm: Soviet Operational and Tactical Combat in Manchuria, 1945* (Portland: Frank Cass, 2003), p. 175.

参考文献

未公刊史料所蔵先

アジア歴史資料センター（本サイトで閲覧可能なものは、初出に限り出典の冒頭に※印をつけた。サイトは以下の通り。https://www.jacar.go.jp/）

アメリカ議会図書館手稿部（Manuscript Division, Library of Congress, Washington D.C.）

アメリカ国立公文書館（The National Archives and Records Administration）

イギリス国立公文書館（The National Archives, Kew）

ウィルソンセンター・デジタルアーカイブ（Wilson Center Digital Archive　https://digitalarchive.wilsoncenter.org/）

國史館（台北）

国立公文書館（東京）

国立国会図書館憲政資料室（東京）

フランクリン・ローズヴェルト大統領記念図書館・博物館（Franklin D. Roosevelt Presidential Library and Museum）

防衛省防衛研究所（東京）

友邦文庫（東京）

ロシア国立社会政治史公文書館（Российский государственный архив социально-политической истории, 註記ではРГАСПИと略記）

ロシア国防省中央公文書館（Центральный архив Министерства обороны Российской Федерации, 註記ではЦАМОと略記。なお、鹵獲関東軍文書を除く同公文書館の史料は以下のサイトから引用した。https://pamyat-naroda.ru/）

ロシア連邦外交政策公文書館（Архив внешней политики Российской Федерации, 註記ではАВП РФと略記。なお、同公文書館の史料はロシア外務省が公開している以下のサイトから引用した。https://agk.mid.ru/）

※註記は、ロシアの公文書館史料を引用する際、公文書館（アルヒーフ）名に続き、文書群（フォンド）、目録（オーピシ）、簿冊（ジェーラ）、枚（リスト）の番号を記載した。ただし、以下の鹵獲関東軍文書は枚を省略して記載する。

ロシア国防省中央公文書館所蔵　鹵獲関東軍文書（簿冊番号順）

「航空作戦経過ノ概要」ЦАМО. Ф. 500. Оп. 2. Д. 1.

「第一方面軍作戦計画」ЦАМО. Ф. 500. Оп. 2. Д. 2.

「患者（今次作戦ノ損耗）数」ЦАМО. Ф. 500. Оп. 2. Д. 6.

「治安状況概要（二七／八）　奉天地区」ЦАМО. Ф. 500. Оп. 2. Д. 6.

「満洲兵器生産能力ニ就イテ　一九四五年八月二八日」ЦАМО. Ф. 500. Оп. 2. Д. 8.

「関東軍車輌概見表」ЦАМО. Ф. 500. Оп. 2. Д. 8.

「関東軍部隊装備主要兵器現況表（銃砲）」ЦАМО. Ф. 500. Оп. 2. Д. 8.

「皇帝今後ノ処置ニ関スル件」ЦАМО. Ф. 500. Оп. 2. Д. 8.

「飛行機現況表」ЦАМО. Ф. 500. Оп. 2. Д. 9.

関東軍軍医部「衛生ニ関スル事項」「傷病者処理要綱（案）」ЦАМО. Ф. 500. Оп. 2. Д. 10.

関東軍「後方関係調査要綱　八月二六日」ЦАМО. Ф. 500. Оп. 2. Д. 10.

第八八師団司令部「報告書　昭和二〇年九月一九日」ЦАМО. Ф. 500. Оп. 2. Д. 12.

「関東軍作戦構想ノ大要」ЦАМО. Ф. 500. Оп. 2. Д. 12.

「国際情報綴」ЦАМО. Ф. 500. Оп. 2. Д. 13.

「満洲国帝室ニ関スル現況」ЦАМО. Ф. 500. Оп. 2. Д. 13.

第一〇七師団「凪　第二〇〇〇部隊報告　昭和二〇年八月二八日」ЦАМО. Ф. 500. Оп. 2. Д. 14.

「満洲国軍兵員表」ЦАМО. Ф. 500. Оп. 2. Д. 15.

「達電第一〇〇号」ЦАМО. Ф. 500. Оп. 2. Д. 17.

「関總参編第五號」ЦАМО. Ф. 500. Оп. 2. Д. 17.

「関總戰作命甲第百六號」ЦАМО. Ф. 500. Оп. 2. Д. 18.

「無題」ЦАМО. Ф. 500. Оп. 2. Д. 18.

「関總参一電第一〇五六號」ЦАМО. Ф. 500. Оп. 2. Д. 18.

「関總参一電第一〇四五號」ЦАМО. Ф. 500. Оп. 2. Д. 18.

「関總参一電第一〇五〇號」ЦАМО. Ф. 500. Оп. 2. Д. 18.

「軍兵力区分並階級別兵員表」ЦАМО. Ф. 500. Оп. 2. Д. 19.

「『ワシレフスキー』元帥ニ対スル報告」ЦАМО. Ф. 500. Оп. 2. Д. 21.

「上奏　関東軍総司令官山田乙三　昭和二〇年九月一日」ЦАМО. Ф. 500. Оп. 2. Д. 21.

日本語公刊史料

愛新覚羅溥傑（金若静訳）『溥傑自伝——「満洲国」皇弟を生きて』河出書房新社、一九九五年

相原秀起「一九四五　ウラジオのカミカゼ」北海道ノンフィクション集団『断面——北の昭和史』柏艪舎、二〇二二年

赤塚不二夫『これでいいのだ』日本図書センター、二〇〇二年

麻田雅文「継承されるロシアの「戦争の文化」——戦争犯罪の「黙認」と占領地からの強制連行」『歴史評論』八八二号、二〇二三年

麻田雅文「ソ連による日本の分割占領と海峡管理計画——新史料からの再検討」『国際政治』二一一号、二〇二三年

麻田雅文「研究動向　日ソ戦争研究の成果と課題」『歴史学研究』一〇四六号、二〇二四年

麻田雅文「書評　日ソ戦争史研究会編『日ソ戦争史の研究』」『社会経済史学』第九〇巻一号、二〇二四年

浅野豊美「アリューシャン・千島列島をめぐる第二次大戦期の日米露関係」日ソ戦争史研究会編『日ソ戦争史の研究』勉誠出版、二〇二三年

朝日新聞テーマ談話室編『戦争——血と涙で綴った証言』下巻、朝日ソノラマ、一九八七年

安部公房「私の中の満州——生活と感情の実験室」『安部公房全集　第七巻　一九五七・一～一九五七・一一』新潮社、一九九八年

天野尚樹「日ソ戦争樺太戦」日ソ戦争史研究会編『日ソ戦争史の研究』勉誠出版、二〇二三年

五百旗頭真「米国における対日占領政策の形成過程——その機構的側面と占領軍構成の問題（二・完）」『国際法外交雑誌』第七四巻四号、一九七五年

五百旗頭真『戦争・占領・講和　一九四一～一九五五』中央公論新社、二〇〇一年

五百旗頭真編『日米関係史』有斐閣、二〇〇八年

生田美智子編『女たちの満洲――多民族空間を生きて』大阪大学出版会、二〇一五年

石郷岡建、黒岩幸子『北方領土の基礎知識』東洋書店新社、二〇一六年

石原莞爾（玉井禮一郎編）『石原莞爾選集（八）日蓮聖人伝覚え書／国防論』たまいらぼ、一九八六年

石割平造『満洲に関する用兵的観察』第二巻、復員局資料整理課、一九五二年

井澗裕「占守島・一九四五年八月」『境界研究』二号、二〇一一年

井澗裕「樺太国民義勇戦闘隊」日ソ戦争史研究会編『日ソ戦争史の研究』所収

一又正雄「戦犯裁判研究余論（二）――太平洋戦争の停戦処理に関する国際法的考察――とくに日ソ戦争について」『国際法外交雑誌』第六六巻二号、一九六七年

五木寛之「敗戦国民の純潔」『五木寛之エッセイ全集』第七巻、講談社、一九八〇年

伊藤隆編『高木惣吉――日記と情報』下巻、みすず書房、二〇〇〇年

稲子恒夫編著『ロシアの二〇世紀――年表・資料・分析』東洋書店、二〇〇七年

稲葉千晴「関東軍総司令部の終焉と居留民・抑留者問題――日本側資料の再検討とソ連接収文書の分析によせて」『軍事史学』第三一巻四号、一九九六年

李恢成『サハリンへの旅』講談社、一九八三年

井村哲郎「戦後ソ連の中国東北支配と産業経済」江夏由樹、中見立夫、西村成雄、山本有造編『近代中国東北地域史研究の新視角』山川出版社、二〇〇五年

岩手放送編『続 戦争と私 体験手記 戦後三五年目の証言』北日本書房、一九八〇年（引用部分は証言者のプライバシーを尊重して論題名を除いた）

A・I・クラフツェヴィチ「ヤルタ会談前後のソ米関係と日本」五百旗頭真、下斗米伸夫、A・V・トルクノフ、D・V・ストレリツォフ編『日ロ関係史――パラレル・ヒストリーの挑戦』東京大学出版会、二〇一五年

H・P・ウィルモット（等松春夫監訳）『大いなる聖戦――第二次世界大戦全史』国書刊行会、二〇一八年

江藤淳編『占領史録（上）――降伏文書調印経緯、停戦と外交権停止』講談社学術文庫、一九九五年

江藤淳監修、栗原健、波多野澄雄編『終戦工作の記録』下巻、講談社文庫、一九八六年

NHKスペシャル取材班『樺太地上戦――終戦後七日間の悲劇』KADOKAWA、二〇一九年

エル・ヤ・マリノフスキー（石黒寛訳）『関東軍壊滅す――ソ連極東軍の戦略秘録』徳間書店、一九六八年

エレーナ・サヴェーリエヴァ（小山内道子訳、サハリン・樺太史研究会監修）『日本領樺太・千島からソ連領サハリン州へ――一九四五年〜一九四七年』成文社、二〇一五年

エレーナ・ドミートリエヴァ「満洲国における白系ロシア人の位置付け――東洋人と西洋人の共存共栄・民族協和社会の実態」『岡山大学経済学会雑誌』第四九巻三号、二〇一八年

及川琢英『帝国日本の大陸政策と満洲国軍』吉川弘文館、二〇一九年

大江志乃夫『昭和の歴史（三）――天皇の軍隊』小学館、一九八二年

岡崎哲夫『秘録北満永久要塞――関東軍の最期』サンデー新書、一九六四年

岡崎久弥「主陣地・中猛虎山穹窖内における遺骨調査」『第二

次世界大戦最後の激戦地——ソ満国境の地下に眠る関東軍の巨大軍事要塞』虎頭要塞日本側研究センター、二〇〇七年

岡部伸『第二次大戦、諜報戦秘史』PHP新書、二〇二一年

小此木政夫『朝鮮分断の起源——独立と統一の相克』慶應義塾大学出版会、二〇一八年

外務省編『終戦史録』官公庁資料編纂会、一九九一年

外務省欧亜局東欧課（竹内桂編）『戦時日ソ交渉史』下巻、ゆまに書房、二〇〇六年

笠原孝太『日ソ張鼓峯事件史』錦正社、二〇一五年

香島明雄『中ソ外交史研究　一九三七〜一九四六』世界思想社、一九九〇年

加瀬谷陸男「強かった北千島守備軍」『軍事研究』第一二巻一〇号、一九七七年

加藤聖文編『海外引揚関係史料集成』第三〇巻、ゆまに書房、二〇〇二年

加藤聖文『「大日本帝国」崩壊——東アジアの一九四五年』中公新書、二〇〇九年

加藤聖文『満蒙開拓団——虚妄の「日満一体」』岩波現代全書、二〇一七年

加藤聖文『海外引揚の研究——忘却された「大日本帝国」』岩波書店、二〇二〇年

加藤聖文「ソ連軍の満洲進攻と関東軍の解体」日ソ戦争史研究会編『日ソ戦争史の研究』所収

加藤陽子「敗者の帰還——中国からの復員・引揚問題の展開終戦外交と戦後構想」『国際政治』一〇九号、一九九五年

金子俊男『樺太一九四五年夏——樺太終戦記録』ちくま学芸文庫、二〇二三年

河西陽平『スターリンの極東戦略　一九四一〜一九五〇——インテリジェンスと安全保障認識』慶應義塾大学出版会、二〇二三年

木戸日記研究会『木戸幸一日記』下巻、東京大学出版会、一九六六年

金孝淳（キム・ヒョスン）（渡辺直紀訳）『朝鮮人シベリア抑留——私は日本軍・人民軍・国軍だった』東京外国語大学出版会、二〇二三年

草地貞吾「関東軍終戦の概貌」『偕行』平成七年三月号、一九九五年

草地貞吾『その日、関東軍は——元関東軍参謀作戦班長の証言』宮川書房、一九六七年

熊野直樹「関東軍国境要塞と七三一部隊」『法政研究』第八二巻二・三号、二〇一五年

クラウゼヴィッツ（清水多吉訳）『戦争論』上巻、中公文庫、二〇〇一年

黒岩幸子監修『千島及離島ソ連軍進駐状況綴』ゆまに書房、二〇一九年

軍事史学会編『大本営陸軍部戦争指導班　機密戦争日誌』下巻、錦正社、一九九八年

軍事史学会編『大本営陸軍部作戦部長宮崎周一中将日誌』錦正社、二〇〇三年

小林昭菜『シベリア抑留——米ソ関係の中での変容』岩波書店、二〇一八年

斎藤治子「ソ連の対日参戦と千島列島占領の過程——「北方領土」問題一試論」『共産主義と国際政治』第五巻三号、一九八〇年

斎藤六郎『シベリアの挽歌　全抑協会長の手記——関東軍文書、ソ連対日戦文書一挙掲載』終戦史料館出版部、一九九五年

坂田二郎『ペンは剣よりも——昭和史を追って五〇年』サイマル出版会、一九八三年

迫水久常『機関銃下の首相官邸——二・二六事件から終戦まで』ちくま学芸文庫、二〇一一年
「座談会 戦車の学校を語る 歩兵戦車の歩み④」『偕行』四二〇号、一九八五年
佐藤元英、黒沢文貴編『GHQ歴史課陳述録——終戦史資料』上下巻、原書房、二〇〇二年
佐藤文香「戦争と暴力——戦時性暴力と軍事化されたジェンダー秩序」『シリーズ戦争と社会（一）——「戦争と社会」という問い』岩波書店、二〇二一年
司馬遼太郎『司馬遼太郎対話選集（六）——戦争と国土』文春文庫、二〇〇六年
下斗米伸夫『アジア冷戦史』中公新書、二〇〇四年
白井久也「三八度線で射殺されたソ連抑留元朝鮮人兵士（下）名誉回復と補償要求に知らぬ顔を決め込んでいる日本政府」『図書新聞』二〇〇九年五月三〇日号
白神保夫「国境要塞最後の日」『秘録大東亜戦史（二）——満洲篇下』富士書苑、一九五三年
鈴木多聞『「終戦」の政治史 一九四三～一九四五』東京大学出版会、二〇一一年
瀬島龍三『幾山河——瀬島龍三回想録』産経新聞ニュースサービス、一九九五年
戦後強制抑留史編纂委員会編『戦後強制抑留史』第一巻、平和祈念事業特別基金、二〇〇五年
ソ同盟共産党中央委員会付属マルクス＝エンゲルス＝レーニン研究所編『レーニン全集』第八巻、大月書店、一九五五年
ソ連共産党中央委員会附属マルクス・レーニン主義研究所編『第二次世界大戦史（一〇）——関東軍の壊滅と大戦の終結』弘文堂、一九六六年
高橋憲一『札幌歩兵第二五連隊誌』大昭和興産出版部、一九九三年
高松宮宣仁『高松宮日記』第八巻、中央公論社、一九九七年
田島道治（古川隆久ほか編）『昭和天皇拝謁記——初代宮内庁長官田島道治の記録』第二・三巻、岩波書店、二〇二二年
立石洋子『スターリン時代の記憶——ソ連解体後ロシアの歴史認識論争』慶應義塾大学出版会、二〇二〇年
田淵陽子「内モンゴル人民共和国臨時政府の樹立と崩壊」西村成雄、田中仁編『中華民国の制度変容と東アジア地域秩序』汲古書院、二〇〇八年
田淵陽子「蒙疆における日ソ戦」『日ソ戦争の研究』所収
千々和泰明『戦争はいかに終結したか——二度の大戦からベトナム、イラクまで』中公新書、二〇二一年
茶谷誠一「『終戦工作』における宮中勢力の動向」片山慶隆編『アジア・太平洋戦争と日本の対外危機』ミネルヴァ書房、二〇二一年
中央日韓協会、友邦協会編『朝鮮総督府終政の記録』第一、友邦協会、一九五六年
寺崎修「大本営陸軍部の一資料よりみたソ連の対日参戦問題について」慶應義塾大学法学研究会『法學研究——法律・政治・社会』第五一巻五号、一九七八年
寺崎英成、マリコ・テラサキ・ミラー『昭和天皇独白録』文春文庫、一九九五年
東郷茂徳『時代の一面——東郷茂徳外交手記』原書房、二〇〇五年
戸部良一、寺本義也、鎌田伸一、杉之尾孝生、村井友秀、野中郁次郎『失敗の本質——日本軍の組織論的研究』中公文庫、二〇〇〇年
ドミートリー・ヴォルコゴーノフ（生田真司訳）『勝利と悲劇——スターリンの政治的肖像』下巻、朝日新聞、一九九二年

富田武『シベリア抑留――スターリン独裁下、「収容所群島」の実像』中公新書、二〇一六年

富田武、長勢了治編『シベリア抑留関係資料集成』みすず書房、二〇一七年

富田武『日ソ戦争 一九四五年八月――棄てられた兵士と居留民』みすず書房、二〇二〇年

富田武『日ソ戦争 南樺太・千島の攻防――領土問題の起源を考える』みすず書房、二〇二二年

豊田正義『妻と飛んだ特攻兵 八・一九満州、最後の特攻』角川文庫、二〇一五年

中野敬止編『芳沢謙吉自伝』時事通信社、一九六四年

中山隆志『満洲――一九四五・八・九 ソ連軍進攻と日本軍』国書刊行会、一九九〇年

中山隆志『一九四五年夏 最後の日ソ戦』中公文庫、二〇二二年（原本は一九九五年刊行）

日ソ戦争史研究会編『日ソ戦争史の研究』勉誠出版、二〇二三年

日本経済新聞社編『私の履歴書――文化人（一三）』日本経済新聞社、一九八四年

日本経済新聞社編『私の履歴書――経済人（二八）』日本経済新聞社、二〇〇四年

長谷川毅『北方領土問題と日露関係』筑摩書房、二〇〇〇年

長谷川毅『暗闘――スターリン、トルーマンと日本降伏（新版）』みすず書房、二〇二三年（英語版の原本は二〇〇五年刊行、日本語版の原本は二〇〇六年刊行。文庫版は上下巻で中公文庫より二〇一一年刊行。加筆修正が施されているため、新版と文庫版の両方を参照した）

秦郁彦『明と暗のノモンハン戦史』PHP研究所、二〇一四年

泰彦三郎『苦難に堪えて』日刊労働通信社、一九五六年

秦彦三郎「関東軍の最後」『ソ連革命四〇年』自由アジア社、一九五七年

畠山圭一「第二次世界大戦後半期（一九四三～四五）における米軍部内の対ソ戦略論争と対日政策への影響」『学習院女子大学紀要』一三号、二〇一一年

波多野澄雄『宰相鈴木貫太郎の決断』岩波現代全書、二〇一五年

波多野澄雄編著『日本外交の一五〇年――幕末・維新から平成まで』日本外交協会、二〇一九年

波多野澄雄、赤木完爾、川島真、戸部良一、松元崇『決定版大東亜戦争（上）』新潮新書、二〇二一年

花田智之「ソ連の対日参戦における国家防衛委員会の役割」『戦史研究年報』二一号、二〇一八年

半藤一利『「昭和天皇実録」にみる開戦と終戦』岩波ブックレット、二〇一五年

樋口季一郎、樋口隆一編著『陸軍中将樋口季一郎の遺訓――ユダヤ難民と北海道を救った将軍』勉誠出版、二〇二〇年

平井友義「ソ連の初期対日占領構想」『国際政治』八五号、一九八七年

平井美帆『ソ連兵へ差し出された娘たち』集英社、二〇二二年

平田康治「ソ連による戦後満洲工業設備撤去――ロシア文書館新資料による再検討」『アジア遊学』二二五号、二〇一八年

復員局『本土作戦記録』第四巻付録（樺太及千島方面の作戦）、復員局、一九五〇年

福田實『満洲奉天日本人史――動乱の大陸に生きた人々』謙光社、一九七六年

福地スヴェトラーナ「日本人捕虜のシベリア抑留決定とアメリカ合衆国の対応」『史学雑誌』第一二九巻六号、二〇二〇年

藤城和美「三八度線分割――太平洋戦争における米国の朝鮮政策」『愛知大学国際問題研究所紀要』七五号、一九八四年

藤沼敏子『不条理を生き貫いて――三四人の中国残留婦人た

ち』津成書院、二〇一九年
二木博史「ボヤンマンダフと内モンゴル自治運動」『東京外国語大学論集』六四号、二〇〇二年
古川隆久『昭和天皇――「理性の君主」の孤独』中公新書、二〇一一年
ベイジル・ヘンリー・リデルハート（市川良一訳）『リデルハート 戦略論――間接的アプローチ』下巻、原書房、二〇一〇年
防衛庁防衛研修所戦史室編『戦史叢書』全一〇二巻、朝雲新聞社、一九六六～一九八〇年
細川護貞『細川日記』下巻、中公文庫、二〇〇二年
堀栄三『情報なき国家の悲劇―大本営参謀の情報戦記』文春文庫、一九九六年
ボリス・スラヴィンスキー（加藤幸廣訳、木村汎解説）『千島占領 一九四五年夏』共同通信社、一九九三年
ボリス・スラヴィンスキー（高橋実、江沢和弘訳）『考証日ソ中立条約――公開されたロシア外務省機密文書』岩波書店、一九九六年
ボリス・スラヴィンスキー（加藤幸廣訳）『日ソ戦争への道――ノモンハンから千島占領まで』共同通信社、一九九九年
本田良一『日ロ現場史 北方領土――終わらない戦後』北海道新聞社、二〇一三年
マーチン・ファン・クレフェルト（石津朋之監訳）『戦争の変遷』原書房、二〇一一年
松田万貴子「帰国する迄」岩手放送編『戦争と私 体験手記 戦後三五年目の証言』北日本書房、一九八〇年
松山文生『満州ハイラル戦記』松山文生、一九九四年
満洲日報社編『満洲年鑑 昭和二〇年版』満洲日報社奉天支社、一九四四年
三上綾子『匪賊と共に――チチハル脱出記』第二書房、一九五六年
三木理史「日ソ戦争期の中国東北地域の鉄道輸送」日ソ戦争史研究会編『日ソ戦争史の研究』所収
三谷太一郎『近代日本の戦争と政治』岩波書店、一九九七年
薬袋宗直「昭和二〇年八月一五日 その日と、それから戦場を去るまで（二）」『偕行』昭和五〇年九月号、一九七五年
南雅也『肉弾学徒兵戦記』鱒書房、一九五六年
百瀬孝（伊藤隆監修）『史料検証 日本の領土』河出書房新社、二〇一〇年
森繁久彌『森繁自伝』中公文庫、二〇〇三年
森繁久彌、久世光彦『生きていりゃこそ』新潮社、二〇〇五年
守島伍郎『苦悩する駐ソ大使館』港出版合作社、一九五二年
森田芳夫「朝鮮における日本統治の終焉――日韓関係の展開」『国際政治』二二号、一九六三年
森田芳夫『朝鮮終戦の記録――米ソ両軍の進駐と日本人の引揚』巌南堂書店、一九六四年
山口平四郎「満洲の思い出――その山河と季節の印象」立命館大学人文学会編『東洋文化論叢――橋本博士喜寿記念』立命館大学人文学会、一九六七年
山田朗『昭和天皇の戦争指導』昭和出版、一九九〇年
山田朗「日本の敗戦と大本営命令」『駿台史学』九四号、一九九五年
山田朗『軍備拡張の近代史――日本軍の膨張と崩壊』吉川弘文館、一九九七年
山本めゆ「神聖化と卑小化のあいだで―引揚げと性暴力被害をめぐる記憶の形成と揺らぎ」『植民地文化研究』二〇号、二〇二一年
山本有造「「満洲」の終焉――抑留・引揚げ・残留」山本有造

編著『満洲——記憶と歴史』京都大学学術出版会、二〇〇七年

楊海英『日本陸軍とモンゴル——興安軍官学校の知られざる戦い』中公新書、二〇一五年

楊大慶「南京残虐事件——原因論の考察」倉沢愛子、杉原達、成田龍一、テッサ・モーリス-スズキ、油井大三郎、吉田裕編『岩波講座アジア・太平洋戦争（五）——戦場の諸相』岩波書店、二〇〇六年

横手慎二「ソ連政府の日本人抑留者送還政策」『スラブ研究センター研究報告シリーズ』八一号、二〇〇二年

吉岡幾三「救い無き教化」『秘録大東亜戦史（二）満洲篇下』富士書苑、一九五三年

吉田豊子「内モンゴル人民解放委員会」貴志俊彦、松重充浩、松村史紀編『二〇世紀満洲歴史事典』吉川弘文館、二〇一二年

吉田裕『日本軍兵士——アジア・太平洋戦争の現実』中公新書、二〇一七年

読売新聞社編『昭和史の天皇』5、読売新聞社、一九六八年

和田春樹「ソ連の朝鮮政策 一九四五年八月〜一〇月」『社會科學研究』第三三巻四号、一九八一年

渡邊諒『大いなる流れ—満洲終戦実記』大いなる流れ刊行会、一九五六年

中国語公刊史料

傅秉常（傅錡華、張力校註）『傅秉常日記』中央研究院近代史研究所、二〇一四年

林美莉編『王世杰日記』上巻、中央研究院近代史研究所、二〇一二年

章百家「中國為抗日尋求外國軍事援助與合作的經歷」『中共黨史研究』二〇〇七年第五期

中共中央文献研究室編『毛沢東年譜修訂本一八九三〜一九四九』下巻、中央文献出版、二〇一三年

英語公刊史料

Blum, John Morton (ed.), *The Price of Vision: The Diary of Henry A. Wallace, 1942-1946* (Boston: Houghton Mifflin Company, 1973).

Butler, R. and Pelly, M. (eds.), *Documents on British Policy Overseas Series 1: Volume 1: The Conference at Potsdam, July-August 1945* (London: HMSO, 1984).

Deane, John R., *The Strange Alliance: The Story of our Efforts at Wartime Cooperation with Russia* (New York: Viking Press, 1947).

Ferrell, Robert (ed.), *Dear Bess: The Letters from Harry to Bess Truman, 1910–1959* (Columbia: University of Missouri Press, 1998).

Glantz, David, *August Storm: Soviet Operational and Tactical Combat in Manchuria, 1945* (Portland: Frank Cass, 2003).

Harriman, W. Averell and Abel, Elie, *Special Envoy to Churchill and Stalin, 1941–1946* (New York: Random House, 1975).

Huston, John W., (ed.), *American Airpower Comes of Age: General Henry H. "Hap" Arnold's World War II Diaries; Volume. 2* (Maxwell Air Force Base: Air University Press, 2002).

Merrill, Dennis (ed.), *Documentary History of the Truman Presidency. Volume 1: The Decision to Drop the Atomic Bomb on Japan* (New York: University Publications of America, 1995).

Millis, Walter (ed.), *The Forrestal Diaries: The Inner History of the Cold War* (London: Cassell, 1952).

Prazmowska, Anita (ed.), *British Documents on Foreign Affairs:*

Reports and Papers from the Foreign Office Confidential Print, Part III, Series A: The Soviet Union and Finland, 1940-1945, Volume 5: Soviet Union and Finland, April 1944-December 1944 (Frederick, MD: University Publications of America, 1997).

Reynolds, David and Pechatnov, Vladimir (eds.), *The Kremlin Letters: Stalin's Wartime Correspondence with Churchill and Roosevelt* (New Haven: Yale University Press, 2018).

Stephan, John J., *The Russian Far East: A History* (Stanford: Stanford University Press, 1994).

U.S. Department of Defense, *The Entry of the Soviet Union into the War against Japan: Military Plans, 1941–1945* (Washington, D.C.: GPO, 1955).

U.S. Department of State, *Foreign Relations of the United States: Diplomatic Papers*.

Weathersby, Kathryn, "Soviet Aims in Korea and the Origins of the Korean War, 1945-50: New Evidence from the Russian Archives," *Cold War International History Project: Working Paper*, No. 8 (1993).

ロシア語公刊史料

Атомный проект СССР: документы и материалы Т. 1. 1938-1945. Ч. 2. Москва, 2002.

Василевский А.М. «Финал» // Военно-исторический журнал. №6. 1967.

Великая Отечественная война 1941-1945 годов. В 12 т. Москва, 2011-2015.

Великая Отечественная война. 1941-1945: Документы и материалы. Т. IV. Десант на Шумшу и возвращение Курил. Москва, 2015.

Венгерские военнопленные в СССР: Док 1941-1953 гг. Москва, 2005.

Ворсин В.Ф., Жуматий В.И. Тыловое обеспечение войск в маньчжрской стратегической наступательной операции (9 августа - 2 сентября 1945 г.) // Военно-исторический журнал. №8. 2020.

Восточная Европа в документах российских архивов. 1944-1953 гг. Т. I. 1944-1948 гг. Москва, 1997.

Гордеев Н.В., Жданов С.А. Забайкальский фронт в Маньчжурской операции. Август 1945. Чита, 2018.

Зайцев Ю.М. Действия подводных лодок ТОФ в войне с Японией 1945 г. // Россия и АТР. №1. 2006.

Кузин А.Т. Корейцы - бывшие японские подданные в послевоенной советской системе управления на Южном Сахалине (1945-1947 гг.) // Власть и управление на Востоке России. №3. 2010.

Мединский В.Р., Торкунов А.В. История России. 1945 год - начало XXI века. 11 класс. Базовый уровень. Москва, 2023.

Мерецков К.А. На службе народу: страницы воспоминаний. Москва, 1969.

Органы государственной безопасности СССР во Второй мировой войне. Победа над Японией: Сб. док. Москва, 2020.

Плиев И.А. Конец Квантунской армии. Орджоникидзе, 1969.
Россия и СССР в войнах XX века. Потери вооруженных сил. Москва, 2001.
Русский архив: Великая Отечественная. Т. 18(7-1). Советско-японская война 1945 года. История военно-политического противоборства двух держав в 30-40-е годы. Москва, 1997.
Русско-китайские отношения в XX веке. Т. IV: Советско-китайские отношения. 1937-1945 гг. Кн. 2: 1945 г. Москва, 2000.
Самохин А.В. Советская военная помощь КПК (1945-1946 гг.) // Россия и АТР. №3. 2007.
Сенявская Е.С. Дальневосточная кампания 1945 года в сознании советских военнослужащих // Вестник МГИМО Университета. №4. 2013.
Советский фактор в Восточной Европе. 1944-1953 гг. В 2-х тт. Документы. Т. 1. 1944-1948 гг. Москва, 1999.
Советско-американские отношения во время Великой Отечественной войны, 1941-1945: Документы и материалы в 2 т. Москва, 1984.
Советско-американские отношения. 1939-1945 (Серия «Россия. XX век. Документы»). Москва, 2004.
Советско-японская война-день за днём. «Победный Финал Второй мировой войны». По материалам рассекреченных архивных документов Верховного Главнокомандования и фронтов Красной Армии. Москва, 2011.
Тураев В.А. Этническая история айнов Сахалина и Курильских островов в контексте российско-японских территориальных размежеваний // Россия и АТР. №2. 2018.
Усов В. Последний император Китая. Пу И (1906-1967). Москва, 2003.
Черевко К.Е., Кириченко А.А. Советско-японская война (9 августа-2 сентября 1945 г.). Рассекреченные архивы (предыстория, ход, последствия). Москва, 2006.
Штеменко С.М. Разгром Квантунской армии // Освободительная миссия на Востоке. Москва, 1976.
1941 год. Кн.1. (Серия «Россия. XX век. Документы»). Москва, 1998.

図版出典

国立国会図書館　二九、三三ページ
Министерство обороны Российской Федерации　一六（下）、七四ページ

巻末史料1　ヤルタ秘密協定草案（1945年2月10日付）

三大国、すなわちソヴィエト連邦、アメリカ合衆国及びグレート・ブリテンの指導者は、ソヴィエト連邦が、ドイツが降伏し、かつ、ヨーロッパにおける戦争が終了した後2ヵ月又は3ヵ月で、次のことを条件として、連合国に味方して日本国に対する戦争に参加すべきことを協定した。

1、外モンゴル〔モンゴル人民共和国〕の現状が維持されること
2、1904年の日本国の背信的攻撃により侵害されたロシアの旧権利が次のとおり回復されること
（a）サハリン島の南部及びこれに隣接するすべての諸島がソヴィエト連邦に返還されること
（b）旅順と大連の租借権が回復されること
（c）中国が満洲における完全な主権を引き続き保持するという了解のもと、日露戦争前にロシアが有していた、中東鉄道、及び大連への出口を提供する南満洲鉄道の経営権が回復されること
3、千島列島がソヴィエト連邦に引き渡されること

三大国の首脳は、これらソヴィエト連邦の要求が、日本国が敗北した後に確実に満たされるべきことを合意した。

ソヴィエト連邦は、中国を日本国の羈絆から解放する目的をもって、自国の軍隊により中国を援助するため、ソヴィエト社会主義共和国連邦と中国国民政府との間の友好同盟条約を中国政府と締結する用意があることを表明する。

"Document Handed by M. Molotov to Secretary of State," February 10, 1945, FO 371/54073, The National Archives, Kew.

巻末史料2　ヤルタ秘密協定（1945年2月11日調印）

ソ連が対日参戦するにあたっての協定

機密

協　定

三大国、すなわちソヴィエト連邦、アメリカ合衆国及びグレート・ブリテンの指導者は、ソヴィエト連邦が、ドイツが降伏し、かつ、ヨーロッパにおける戦争が終了した後2ヵ月又は3ヵ月で、次のことを条件として、連合国に味方して日本国に対する戦争に参加すべきことを協定した。

1、外モンゴル〔モンゴル人民共和国〕の現状が維持されること

2、1904年の日本国の背信的攻撃により侵害されたロシアの旧権利が次のとおり回復されること

（a）サハリン島の南部及びこれに隣接するすべての諸島がソヴィエト連邦に返還されること

（b）大連港が国際化され、同港におけるソヴィエト連邦の優先的利益が擁護され、かつソヴィエト社会主義共和国連邦の海軍基地としての旅順の租借権が回復されること

（c）中東鉄道及び大連への出口を提供する南満洲鉄道が中ソ合同会社の設立により共同で運営されること。ただし、ソヴィエト連邦の優先的利益が擁護されること及び中国が満洲における完全な主権を保持することが了解される

3、千島列島がソヴィエト連邦に引き渡されること

前記の外モンゴル並びに港及び鉄道に関する協定は、蔣介石大元帥の同意を必要とするものとする。大統領は、この同意を得るため、スターリン元帥の勧告に基づき措置を執るものとする。

三大国の首脳は、これらソヴィエト連邦の要求が、日本国が敗北した後に確実に満たされるべきことを合意した。

ソヴィエト連邦は、中国を日本国の羈絆から解放する目的をもって、自国の軍隊により中国を援助するため、ソヴィエト社会主義共和国連邦と中国との間の友好同盟条約を中国国民政府と締結する用意があることを表明する。

ヨシフ・スターリン
フランクリン・ローズヴェルト
ウィンストン・チャーチル
1945年2月11日

FRUS: Conferences at Malta and Yalta, 1945, p. 984.

日ソ戦争 関連年表

年	日本の動向	米ソの動向
1941	4月13日 日ソ中立条約が調印される 12月8日 日本軍、ハワイの真珠湾を攻撃（日米英の戦争勃発）	6月22日 ドイツ軍がソ連に侵攻（独ソ戦勃発）
1943	3月27日 南樺太を内地に編入 5月30日 大本営がアッツ島玉砕を発表 6月19日 大本営政府連絡会議、北樺太石油利権をソ連に有償譲渡と決定（翌年に譲渡）	5月21日 スターリンがコムソモリスク・ナ・アムーレからソヴィエツカヤ・ガヴァニ（ソフガヴァニ）までの全長475キロメートルの鉄道敷設を命じる 11月28日 スターリン、ドイツ降伏後の対日参戦を米英首脳に伝達 12月1日 日本の無条件降伏と、満洲・台湾・澎湖諸

		島の中国への返還、朝鮮の自由と独立などに言及した「カイロ宣言」が出される
1944	7月22日 東條英機内閣が総辞職	10月17日 スターリン、満洲における作戦計画を米英側に示す
1945	4月1日 米軍が沖縄本島に上陸 4月5日 小磯国昭内閣が総辞職 4月7日 鈴木貫太郎内閣が成立 6月22日 昭和天皇が御前懇談会で「戦争の終結」の「具体的研究」を求める 6月23日 沖縄で日本軍の組織的な抵抗が終わる 7月13日 佐藤駐ソ大使が特使の派遣希望と昭和天皇の「聖旨」をソ連側に伝達 7月28日 鈴木首相がポツダム宣言を「ただ黙殺する	2月11日 米英ソの首脳がヤルタ秘密協定に調印。ドイツ降伏の2ヵ月または3ヵ月後にソ連は対日参戦すると約束 4月5日 ソ連は日本に翌年期限切れとなる日ソ中立条約を延長しないと通達 4月12日 ローズヴェルト米国大統領死去、トルーマンが大統領に 5月7日 ドイツが無条件降伏（ソ連には5月9日に無条件降伏） 7月26日 米英中が日本に無条件降伏を求めるポツダム宣言を発表

	のみ」と表明
8月9日	ソ連軍、満洲へ侵攻を開始。関東軍が応戦
8月10日	1度目の「御聖断」。「国体護持」を条件にポツダム宣言受諾を各国へ通知 「神州護持の聖戦を戦い抜かんのみ」との阿南陸相の訓示がラジオで放送
8月11日	ソ連軍、南樺太へ侵攻を開始。第88師団が応戦
8月12日	満洲北東部の麻山で開拓民が戦闘に巻き込まれ多数死亡（麻山事件）
8月13日	ソ連軍、朝鮮北東部の清津に上陸
8月14日	2度目の「御聖断」。ポツダム宣言の受諾を各国へ通知 開拓民約1000人がソ連軍戦車に襲撃され、戦死または自決（葛根廟事件）
8月15日	「終戦の詔書」が放送される（玉音放送） 鈴木貫太郎内閣が総辞職 大本営陸軍部・海軍部が各軍に、積極侵攻作戦を中止するよう命じる（大陸命第1381号・大海令47号）。ただし大陸命は

8月6日	米軍が広島に原子爆弾を投下
8月8日	モロトフ外務人民委員、対日宣戦布告を佐藤駐ソ大使に通告
8月9日	米軍が長崎に原子爆弾を投下
8月11日	モロトフ外務人民委員、攻勢継続を米英の駐ソ大使に通告
8月13日	国家防衛委員会がソ連領内にいる捕虜70万8000人の送還を決定
8月14日	ソ連と重慶国民政府が中ソ友好同盟条約を締結
8月15日	米軍が戦闘行動を停止

「現任務を続行すべし」とも命じる

8月16日 大本営陸軍部・海軍部が即時戦闘停止を命令。ただし「止むを得ざる自衛の為の戦闘行動は之を妨げず」（大陸命第１３８２号・大海令48号）

関東軍が幕僚会議で停戦を決定。各部隊へ伝達するが、一部は不通

8月17日 東久邇宮稔彦内閣成立

8月18日 ソ連軍が占守島を奇襲、第91師団が応戦（8月21日に停戦）

8月19日 沿海地方のジャリコーヴォで関東軍と極東ソ連軍は停戦に合意

8月20日 ソ連軍が南樺太の真岡を占領

8月22日 南樺太で日本軍とソ連軍が停戦（知取協定）

この日の早朝に「三船遭難事件」、午後に豊原空襲

8月16日 トルーマン宛書簡で、スターリンが北海道の北半分をソ連軍が占領することを提案（8月17日付の返信でトルーマンは拒否）

ベリヤ内務人民委員らが、日本軍捕虜をソ連領内へ移送しないようヴァシレフスキー極東ソ連軍総司令官へ指示

8月18日 ソ連軍最高総司令部が停戦を命じる

8月19日 満洲国の元皇帝、愛新覚羅溥儀がソ連軍に拘束される

ソ連軍の先遣隊が新京に入城

8月22日 スターリン、北海道の占領作戦は待機と命じる

ヴァシレフスキー極東ソ連軍総司令官、日本軍の将校と将軍を「スメルシ」に引き渡すよう指令

8月23日 スターリン、日本軍の将兵50万人をソ連領内へ移送するよう命じる

8月26日 ソ連軍、満洲で虎頭要塞を陥落させる

8月27日 イヴァノフ極東ソ連軍参謀長が北海道への部隊の接近を禁止

9月2日 日本政府と軍の代表が降伏文書に調印

9月5日 関東軍総司令部の幕僚がハバロフスクに連行される

8月28日 連合国最高司令官総司令部（GHQ）が横浜に設置

8月30日 連合国最高司令官のマッカーサー元帥が厚木飛行場に到着

9月7日 ソ連軍、歯舞群島で日本軍の武装解除を完了

9月17日 ソ連軍、北緯38度線以北の朝鮮半島の占領を完了

麻田雅文（あさだ・まさふみ）

1980（昭和55）年東京都生まれ．2003年学習院大学文学部史学科卒業．10年北海道大学大学院文学研究科博士課程単位取得後退学．博士（学術）．日本学術振興会特別研究員，ジョージ・ワシントン大学客員研究員などを経て，15年より岩手大学人文社会科学部准教授．専攻は近現代の日中露関係史．本書により第10回猪木正道賞正賞受賞．

著書『中東鉄道経営史——ロシアと「満洲」1896-1935』（名古屋大学出版会，2012年／第8回樫山純三賞受賞）
『満蒙——日露中の「最前線」』（講談社選書メチエ，2014年）
『シベリア出兵——近代日本の忘れられた七年戦争』（中公新書，2016年）
『日露近代史——戦争と平和の百年』（講談社現代新書，2018年）
『蔣介石の書簡外交——日中戦争、もう一つの戦場』上下（人文書院，2021年）
編著『ソ連と東アジアの国際政治 1919-1941』（みすず書房，2017年）
共著『知略の本質 戦史に学ぶ逆転と勝利』（日経 BP，2019年）ほか

日ソ戦争（にっそせんそう）
中公新書 *2798*

2024年 4 月25日初版
2024年12月10日 9 版

著　者　麻田雅文
発行者　安部順一

本文印刷　三晃印刷
カバー印刷　大熊整美堂
製　　本　小泉製本

発行所　中央公論新社
〒100-8152
東京都千代田区大手町 1-7-1
電話　販売 03-5299-1730
　　　編集 03-5299-1830
URL https://www.chuko.co.jp/

Published by CHUOKORON-SHINSHA, INC.
Printed in Japan　ISBN978-4-12-102798-6 C1221

中公新書

現代史

2105 昭和天皇　古川隆久
2687 天皇家の恋愛　森　暢平
2309 朝鮮王公族―帝国日本の準皇族　新城道彦
2482 日本統治下の朝鮮　木村光彦
632 海軍と日本　池田　清
2703 帝国日本のプロパガンダ　貴志俊彦
2754 関東軍―満洲支配への独走と崩壊　及川琢英
2192 政友会と民政党　井上寿一
1138 キメラ―満洲国の肖像（増補版）　山室信一
2144 昭和陸軍の軌跡　川田　稔
2587 五・一五事件　小山俊樹
76 二・二六事件（増補改版）　高橋正衛
2657 平沼騏一郎　萩原　淳
795 南京事件（増補版）　秦　郁彦
84 90 太平洋戦争（上下）　児島　襄

2707 大東亜共栄圏　安達宏昭
2465 日本軍兵士―アジア・太平洋戦争の現実　吉田　裕
2525 硫黄島　石原　俊
2798 日ソ戦争　麻田雅文
2015 「大日本帝国」崩壊　加藤聖文
244 248 東京裁判（上下）　児島　襄
2296 日本占領史 1945-1952　福永文夫
2411 シベリア抑留　富田　武
2471 戦前日本のポピュリズム　筒井清忠
2171 治安維持法　中澤俊輔
2806 言論統制（増補版）　佐藤卓己
828 清沢洌（増補版）　北岡伸一
2638 幣原喜重郎　熊本史雄
1243 石橋湛山　増田　弘
2796 堤康次郎　老川慶喜